# 繁栄と衰退と——オランダ史に日本が見える

繁栄と衰退と／目次

序　章　大国盛衰論としてのオランダ史　5
第一章　オランダと大英帝国　23
第二章　火と剣の支配　46
第三章　自由か死か　71
第四章　若き共和国　91
第五章　世界の海へ　119

第六章　忍び寄る衰退の影　134
第七章　宗教的対立からマーカンティリズムへ　165
第八章　戦備も戦意もないまま戦争へ　188
第九章　クロムウェルの夢と現実　208
第十章　カルタゴ滅ぼさざるべからず　228
終　章　歴史の教訓　250
あとがき　274
索　引

初　出　『文藝春秋』一九九〇年一月号〜十月号
底　本　『繁栄と衰退と』文藝春秋、一九九一年六月
装　画　ウィレム・ファン・デ・ヴェルデ父子作
「(英国海軍の) 戦艦左舷」アムステルダム国立美術館蔵

# 序章　大国盛衰論としてのオランダ史

現在の日本人にとって十七世紀のオランダ史は怖ろしい歴史である。オランダ史を通読していて十七世紀の英蘭戦争、仏蘭戦争のくだりとなると、ところどころ現在の日本が置かれている国際環境と思いくらべて背筋に冷水を浴びる気持がして、思わず頁を閉じて日本の前途について思いめぐらしたくなる個所が多々ある。

経済の繁栄と技術の優位がいかに他国の嫉視の的になり得るか、そして、その嫉妬の感情だけが——他の理由は全くなくて、むしろ他の理由はすべて対立と戦争を避け、友好関係を増進しなければならないという方向に働いているにもかかわらず——国際的なオランダいじめの動機ともなり、戦争を避け難くする原因ともなり得るという冷酷な事実が、この時期のオランダ史からわかってくるのである。

もちろん、オランダ史の深みと面白さはそれだけにとどまらない。

私自身、過去二十年間、オランダ史の資料を渉猟してきた。当初の目的は、近代国家としてのオランダの生き方が、戦後の日本という国家のあり方について参考となるのではないかという問題意識からである。

当時は、まだ六〇年安保のほとぼりが冷め切らないうちに七〇年安保の跫音《あしおと》が聞え、日本国民の間でも識者やインテリの間でも、日本の将来の国家路線について――端的にいえば、占領、平和条約、六〇年安保改定を通じての対米協調路線のままでよいのかどうかについて――コンセンサスのない時代だった。

日米同盟などという言葉は口にするのさえ憚《はばか》られた時代である。そんな時代があったことさえ最近の若い人には理解し難いかもしれないが、当時は「同盟といっても軍事的な同盟ではない」などという意味不明の説明さえ行われていたのである。安保条約を弁護するためにも、絶対平和主義が国民の願望であることは認めるといいながら、理想は理想、現実は現実として、日米安保の下で日本は経済繁栄に専念するのがいちばん賢いやり方だ、などという「現実主義」を説いた時代である。

従来、私自身は一貫して、地政学的にいって日本はアングロ・アメリカン世界と結ぶのが最良の国策であり、それ以外は危険な道だと思っていた。

日本は米英を相手に大戦争をして一敗地に塗《まみ》れて、現在は日米安保体制に安全を託している。それを占領の継続と言ったり自主性がないと言ってみても、これは大きな歴史の流れであって、日本だけにかぎった話ではない。

ナポレオンの下に英国と世界の覇を争ったフランスも、英米の覇権に二度挑戦したドイツも、今はアングロ・アメリカン支配の世界の中に安住して、繁栄と安全と自由を享受している。

しかし一九七〇年前後の日本では、フランスやドイツのように、アメリカの同盟国としてNA

TO防衛の主軸となっているような国の国家像を、日本のあるべき姿として描くことは――私個人としてはそれでよいではないかと思っていたが――とうてい言い得べくもなかったし、また蛮勇を振るって発言してみても、人々はそういう発言を耳にすることさえ惧《おそ》れるという風潮だった。

それならもう一つ歴史を溯って、オランダならどうかと考えた。かつては英国と世界の海上の覇を争った強国であったが、今は軍事的役割はほとんど放棄して経済の繁栄に専念している。風車とチューリップの平和な国というのが、日本人の持っているイメージである。それでいて米国からも英国からも信頼され、尊敬されている国である。この国の歴史を勉強してみれば、国際政治における現実主義というものの真の意味が見出せるかもしれない、そう思ったのである。

しかし、これといって私の目的にピッタリ合うようなよいオランダ史の本も見つからず、そうこうしているうちに日本国民の良識は戦後の左翼思想や観念的平和主義を克服してしまい、何も今さら「オランダのような国もある」と言って、観念論を離れた国際常識の範囲内にも日本のモデルとなり得るような国もあるという、いわば姑息な議論を展開する必要もない状況となった。

また、最近のように日本の経済規模がここまで大きくなり、他方、西太平洋の要としての日本の戦略的価値が高まってくると、こういうこぢんまりした国家像を提示しても、国際的、国内的に説得力がなくなってしまった。

他方、その間、資料を読んでいるうちに、オランダ史というものが現代史家によって特殊な問題意識から興味を持たれていることがわかってきた。それは、大国の盛衰論の一部として、かつて海上に覇を唱えたオランダの興亡についてである。

モデルスキーの「世界政治の長期周期」説などがそれである。大ざっぱにいうと、十六世紀をポルトガルの世紀、十七世紀をオランダの覇権時代、十八世紀はイギリス覇権の第一期、十九世紀はその第二期、二十世紀をアメリカの世紀と考えて、大体一世紀毎の興亡の周期があるという理論の下で、やがて来るべきアメリカの衰運に警告を発するという考え方である。

私自身としては、この種のシェマティック（図式的）な分析というものには必ず無理があり、国家や人間の生きるか死ぬかの争いの場である歴史の流れを把握するには役に立たないと思っている。現にオランダの覇権時代といっても、それはあとで論じるように、英国がスペイン帝国に併呑されないように必死に抗争している間に、オランダが世界的規模でその経済力を伸ばすチャンスをつかんだという話であり、もともと英国との友好協力関係が前提であって、スペインの脅威が去るや否や英国の嫉視の的となって衰退するまでの期間に過ぎない。

それはさておき、この種の大国盛衰論は、一つの国の力が絶頂に達して、その衰退が囁かれる頃によく出てくるものである。最近、日本で評判になったポール・ケネディの『大国の興亡』も、まさにそうである。

ただ、ケネディの本の場合はそもそもの論旨が、大帝国を維持するために経済力を超えた軍事力を保持し続けることが、帝国の衰退の大きな原因となるということである。したがって、オランダの抵抗を軍事力で抑えようとして果せなかった、スペイン・ハプスブルク帝国の没落の記述には詳しい。しかし、そのあと経済、通商の大国となったオランダが、その豊かな経済力にもかかわらず——むしろその富の故に——没落する過程に触れるところ少ない。第一次英蘭戦争の場合などは、オランダがそのありあまる富を軍事力に使わなかった油断を英国につかれ、それが戦争の誘因ともなり、敗戦と没落の原因ともなったという、ケネディの理論とはまさに逆のケースであるのだから、ポール・ケネディの本の中ではとり上げようもなかったのであろう。

ケネディの著書でいえば、むしろ一九七六年に出版された初期の作品『英国海上覇権の盛衰』の方が、この問題をまともに扱っている。ここではケネディは、オランダの衰退の原因、というよりは英蘭戦争に負けた原因を、オランダ経済が貿易、海運、漁業に依存し過ぎたという脆弱性を持ったことと、イギリス人が地理的にオランダの通商路を扼《やく》する地位にあったという戦略的有利さの故に帰している。以後、ケネディという場合は、別に断らないかぎりは、この本からの引用である。

## 大英帝国衰退の危機感

経済大国オランダの衰退により深い関心を示しているのは、最近のものよりもむしろ、大英帝国の衰退に危機感の持たれた二十世紀の前半にイギリスで書かれた本である。

その圧巻ともいうべきものは、日露戦争の翌年である一九〇六年に出版されたエリス・バーカーの五百頁近い大著『オランダの興亡』である。

英国の衰退が何時頃から言われ出したかについては私には定かでないが、日露戦争の二年前に日英同盟を結んだ時の小村意見書の中に、すでに英国衰退論があることが指摘されているから、もうその頃には危機感があったのであろう。

私がこの本を知ったのは、昭和七年に出版された大類伸編の『小国興亡論』の中にその短い抄訳があったからである。以来、多年、その原著を求めていたが、英国内の図書館にはついに見あたらず、アムステルダムの王立図書館でようやくそのフォト・コピーを手に入れることが出来た。その後、アメリカの議会図書館にも一部あることも確かめた。また、上智大学の図書館にも寄贈図書として一巻がある由である。

もう一つ面白いと思ったのは、第二次大戦後に出版されたチャールズ・ウィルソンの“*Profit and Power*”である。「国家の経済的利害関係と軍事力」というほどの意味であるが、歴史上起ったことの事実からいえば、敢えて「経済大国と軍事大国」と訳すことが許されるかもしれない。

現に一六五二年、英蘭戦争を回避しようという任務に失敗して英国から帰任する途次のオランダ大使は、次のように述べたという。

「英国は今や黄金の山を攻めようとしている。そしてわれわれオランダは、鉄の山を攻めようとしているのだ」

まさに経済大国と軍事大国との戦争である。

右の本はいずれも、かつて英国より経済、技術の面ではるかに先進国だったオランダが、英蘭戦争などを通じて衰えていく過程を記述して、英国も同じ運命を辿ることを憂いた警世の書である。もともとオランダの繁栄を嫉視して、これを破壊したのはイギリスであるが、かつてカルタゴを滅ぼした小スキピオ・アフリカヌスが、同行していた歴史家ポリビウスの手を取って、「次に来るものはローマの衰亡か?」と長嘆息したのと同工異曲というべきであろうか。

バーカーは、ポール・ケネディと違ってより伝統的な史観の上に立っている。つまり、富んで栄えた国が武事を閑却し、質実剛健、尚武の未開人に滅ぼされるというローマ帝国の衰亡、平家の滅亡の史観であり、この方が本来は人類の常識であって、その意味ではポール・ケネディの理論は独創的であるといえるが、まだどこか未熟であやふやなところがあり、多くの専門家にその弱点を突かれているのもそのためである。

現にポール・ケネディが危機感を持ったレーガンの大軍拡はソ連に、軍備競争ではとうていアメリカにかなわないとあきらめさせ、ペレストロイカにふみ切らせて冷戦におけるアメリカの勝利をもたらした。当時、ケネディの理論の批判者が「そんなことを言うのならソ連の方が先に滅ぶはずだ」と言った通りになったわけである。もしアメリカが中途半端なところでソ連との競争をやめていたならばペレストロイカもなく、冷戦の勝利もなかっただろう。

バーカーはオランダの衰退の最大の理由として、武事を閑却したことのほかに、国内の党争が中央権力の弱体化を招いたことを挙げている。バーカーの抄訳が日本で出版された昭和七年といえば、犬養首相が暗殺されて日本の政党政治が事実上、終った年であり、日本にとっても時代的な意義があったのであろう。

またウィルソンは、資源と市場を外国に依存している通商国家の脆弱性を指摘している。これはまさに、二つの大戦を通じて英国人が肌で感じた危機感だったのである。

このようなことは、大英帝国の将来に危機感を持った二十世紀前半のイギリス人が、オランダ史を読んで感じるところなのであろうが、現在の日本人の眼でこうした本を読んでみると、それとは別の意味で、日本の来し方行く末を考えて思い半ばに過ぎるものがある。

いくら昔の話でも、他国の成功に対する嫉妬だけで戦争になるというのはいかにも不思議な感じがするが、実際にあり得るのである。

私はこの両著に行きつくまでにも、英蘭両国の通史の中で二、三、英蘭戦争のくだりを読んだが、いずれも戦争の原因については、オランダの繁栄に対する英国の嫉妬（ジェラシー）にあったと書いてあった。

歴史的な出来事の記述としてはあまりにも妙な用語なので、おそらくは誰かが言い出して、すべて同じ出典から来ているのだろうと思っていたが、探してみても何も特別な出典などは見つからなかった。客観的な記述として、英国の嫉視という表現が英蘭戦争の原因として正確なのである。右に引用した著作の中にも、嫉妬という言葉は数えるにいとまがないぐらい出てくる。

ポール・ケネディは述べている。

「英国の経済界の人の多くが、海運、東方貿易、バルティック貿易、漁業、財政金融一般などにおけるオランダの優位に対して深い嫉妬心を持った、という証拠は歴然たるものがある」

たしかに嫉妬も理由の一つではあろうが、もっと他の理由もあったのではないかと疑うのは、歴史家としてはむしろ常識であろう。その故にこそ、ウィルソンはこの点をさらに詳細に論じつめている。彼は英国がオランダに戦争をしかけた理由について、

「国際法にしたがえばどうであるとか、従来の慣習にしたがえばどうであるかというような侃々諤々たる議論や、あきらかに牽強付会の議論もあるが、その裏には、オランダが通商、航運及び技術の面で世界をリードし、英国やフランスなどの嫉妬を招いたという事実が存在するのである。オランダは、オランダが英仏を経済的に圧迫し収奪しているという口実を英仏に与えたのである。

英蘭間のすべての摩擦や果しない論争の裏には、英国の技術が遅れていたという問題があった。……英国にとって何がいちばん不満かといえば、一言でいえばオランダ人が、英国とその属領から原材料と半製品だけを輸入して、それを加工、貿易する過程で巨利を博しているということであった。そして、こうして生産した生活必需品や奢侈品を英国に売り込むノウ・ハウをオランダが持っているということを、英国人は英国に対する二重の収奪と考えたのである。

時が経過するにつれてこの種の不満は理論的な形をとり、法的規制となっていった。今では抽象化された理論のように考えられているいろいろなことも、実際は十七世紀における英蘭間の経済摩擦に端を発している」

「抽象化された理論」というのは、あとで歴史を詳しく読めばおのずとわかるように、公海の自由とか、経済水域とか、漁業権とか、国際収支不均衡とか、保護主義とかのことである。いずれも、当時、英蘭戦争の原因として数えられたもののことをいう。とくに国際収支の不均衡の問題は、当時の英国で最も喧しく議論された問題であった。

「国際収支の問題は、当時の英国の評論家達の間ではものに憑かれたように、それればかりが議論されていた。しかしその多くは、英国の政治家や経済人が、英国がオランダの経済システムの中で従属的な地位におかれていると感じていた、その不満から来ているものであった。

何故、財貨が英国から流出していくのだ？　そしてどうして、その結果として英国内の流通が不自由になり、圧迫されねばならないのだ。その答えは簡単であった。オランダ人が英国から原材料をみんな持っていってしまっているかぎり、英国の製造業の進歩というものはあり得ず、英国の商人は最も大きい利潤を生む部門から締め出されているのである。

英国の消費者が、輸入規制されず自由に入ってくるオランダ製品に魅惑されているかぎり、そしてまた、自由貿易の下では、英国人の輸入業者はオランダ人相手に商品の価格で競争出来ないかぎりは（オランダの造船、海運の技術がはるかに進んでいたので、運送、流通の効率では英国はオランダに太刀打ち出来なかった）、国際収支の不均衡を改善することは不可能である。

このような議論は、その前の時代の経済理論よりも理論的に優れていたからというよりも、むしろわかり易い議論であるし、眼前の経済状況にうまくあてはまるように見えたので、一般の支持を得ることが出来た」

もちろん英国の識者も、問題の根本は英国の産業、技術の立ち遅れにあることは知っていた。そして政府も、政策的に産業振興、とくに当時の二大産業である繊維と漁業の振興をはかった。

「しかし、それは惨めにも、かつ明々白々に失敗した。そして英国政府は、もっと迅速にかつ確実に効果の出る武器――非経済的な武器――に頼ることとなった。英国は、国力の伸長のための経済技術はないかもしれないが、地理的、戦略的に有利な地位を使うことが出来た。当時の議論は、一言でいえば、英国はオランダの通商路を扼する地理的位置にあり、またオランダの富、すなわち漁業の源泉である海域を抑えることが出来るのであるから、オランダの富と力の根源を絶つことが可能だということであった」

そしてバーカーが書いているように、「英国人は繰り返し同じ疑問をもった。われわれのように強く勇敢な国民が経済的に困窮していて、自分達のための戦いも金を払って他国民に戦ってもらっているような卑怯な商人どもが世界の富を集めているのは、果して正しいことなのであろうか？」という事態になった。

## 平和主義の罪

ウィルソンは次のように続ける。

「現在（註・第二次大戦前後の頃）、英国の戦略は、英国の通商路を守るための海軍力を中心に構築されているが、実は一六三〇年代及び一六七〇年代には、英国の戦術はもっぱら攻撃的（他の通商路を脅かすという意味）なものであった。

英国の立場から書かれた通俗的な英蘭戦争の歴史は、英蘭戦争を競合する利害関係を持つ二つの同等の国の間の衝突のように書いている。中には、オランダの経済的優位が英国の安全にとって何か脅威であったかのように書いてあるのもあるが、これは間違いである。……

オランダという国は本質的に平和的であった。オランダは、英国やフランスにとって何ら脅威ではなかった。ただ、その経済的優位を誇って一歩も譲ろうとせず、またその経済的優位は経済的方法によっては覆すことが出来なかった、というだけのことである」

オランダは真に平和主義の国であった。国際法の祖といわれるグロチウスは、まさに当時のオランダの産物である。また、当時のネーデルラントの画家は戦争を呪い、戦争の悲惨を訴える絵画を描き続けた。十七世紀のオランダ史にとって最も価値の高い文献と考えられている、いわゆる「デ・ウィットのメモワール」の元の作者であるド・ラ・クールは次のように書いている。

「オランダにとって戦争、とくに海上の戦争は何にもまして有害であり、平和は極めて有益である。オランダの商品は海上にあるか、あるいは多くの場合、外国の倉庫の中にあるのであるから、何時も危険をともなっている。オランダの富の大きな部分は、掠奪者の餌食になり易い。一般的にいって、外国人はオランダほどの貿易商品や船舶を持っていないから、外国人がオランダ経済の弱点を突いた場合、オランダはこれに報復することは困難である。したがってオランダは、いかなる条件の下でも自分から戦争を仕掛けることはない」

オランダが、自分の都合で平和を最も欲していたことはよくわかる。問題はオランダが、その国是ともいうべき平和主義のために戦争の危険に直面しようとせず、迫る危険に眼をつぶっていたことである。

バーカーは言っている。

「オランダの政治家達は、国内政治では常に詐術や暴力を使っていたにもかかわらず、国際政治や戦争の問題についてはセンチメンタルな観点に立ってものを考えた。戦争の恐怖については文学的な調子で書き、かつ語っていた。そして、戦争というものは、国家が何らかの形で富を獲得するビジネスの一つであり、損益勘定もある程度までは計算出来るビジネスであることを閑却していた」

つまり自分中心に、「戦争はいやだ」「何としても戦争は避けねばならない」というセンチメンタルな議論や、「戦争はしてはならない」という国際法的な議論ばかりして、他の国から見れば戦争は差し引き得になるという勘定も成立する一つのビジネスでもある、という事実に眼をつぶっていた、ということである。

とくにイギリスとの戦争などは、オランダ人から見てあり得べからざることであった。アングロ・サクソンとオランダ人はほとんど同文同種といってよい。もともとアングロ、サクソン、ジュートの三部族は、現在のオランダからデンマークにかける地域に住んでいた。当時、オランダ付近にいた部族でイギリスに渡ったのがイギリス人となり、大陸に残ったのがオランダ人だといっても過言でない。言葉も、もしフランス語化したノルマンの英国征服がなかったならば、英語はオランダ北部のフリースラント地方の言葉とほとんど同じだったという。

政治思想もほとんど同じである。現在の世界の政治思潮の主流であるアングロ・サクソン風のデモクラシーというものは、近代思想の産物というよりもむしろ部族国家の頃からのアングロ・サクソンの古い伝統的制度、伝統的なものの考え方に根ざすところの方が大きいという。

それは、イギリスの大憲章（一二一五）、オランダの大特権（一四七七）、スペイン王に対する忠誠破棄宣言（一五八一）、オランダ人とイギリス人の合作ともいうべき権利宣言（一六八九）、アメリカの独立宣言（一七七六）をくらべてみれば、それがいずれも同じ発想の流れの上にあることは明白である。しかもオランダ、イギリス両国は、それまでの間、旧教国スペインの脅威に対して、運命共同体として共同で立ち向ってきた。その英国がオランダを攻撃するなどということは、考えられないことであった。

バーカーは書いている。

「オランダの政治家の眼には、英国はオランダの自然な友人であり、同盟国であるとしか映らなかった。英蘭両国は多くの紐帯で結ばれていた。両国はヨーロッパの代表的な新教国であった。両国は巨大なスペイン帝国の脅威から国家の自由を守るために、肩を並べて戦った。……英国では一六四九年にチャールズ一世が処刑され共和国が設立され、オランダでは一六五〇年のクーデターで総督が廃された。英蘭両国は革命政府によって統治されている共和国であり、ともにヨーロッパの君主国の敵意を警戒せねばならず、お互いに助け合わねばならなかった。

かくて英蘭両国は、共通の利益と、共通の脅威と、共通の歴史と、同じような社会の発展と、同じような政治制度と、同じような政治的環境によって、お互いに結ばれていた。英国とオランダとの戦争などは、少なくともオランダから見て、想像し得る政治的危機の中で最も可能性の低いものであった。……

しかし、政治と商売とは別の話である。……オランダにとって破滅的な戦争をもたらした英蘭間の摩擦は、主として英国側の商売上の嫉妬から起ったものであった」

実は、英国がオランダと同じ共和制となり、議会が強力な権限を持っていたということ自体が、逆に英蘭対立の激化に拍車をかけた。

「オランダの富を剝奪しようという、こうした過激な諸提案を審議したのは、まさにクロムウェルの議会であった。クロムウェルの議会は勇気と行動力のある人々で構成され、この種の提案に対して情熱的な支持を与えた。……両国間の緊張は日々に激化していった」

もちろん、これだけの政治的な共通利益があれば、英国の識者の中には、オランダと争ってはならないという意見を持つ人もいた。

行政府の長であるクロムウェル自身もそういう意見を持っていた。こういう人々の意見をオランダが利用して戦争を避けることが出来るチャンスがあったかどうか、もしあったとすれば何故そのチャンスを逃したのか。それが今後、この時期のオランダ史を読んでいく一つの主要テーマである。

## 軍事的脅威から経済的脅威の時代へ

ただ、一つだけ明らかなことは、英蘭関係は、八十年に及んだオランダとスペインとの戦争が一六四八年のミュンステル平和条約によって終った途端に悪化し、わずか四年後に英蘭間の戦争が始まっているということである。

ウィルソンは書いている。

「この本で描写したこのプロテスタント国同士の抗争は、ローマン・カソリックの君主国——最初はスペイン、そして次はフランス——の帝国主義との大戦の間にはさまれた間奏曲だったと考えてよいのかもしれない……」

また、ポール・ケネディは書いている。

「英蘭間の競争関係は長い間、スペインの脅威に対して結束しなければならないという、差し迫った必要のため表面に出なかった。……しかしスペインの力が、長期にわたる陸上、海上の戦闘で次第に衰えてきたことが明らかになるにつれて、英国とオランダを結んでいた戦略的及び宗教的絆が弱まることは不可避であった。その敵対意識は、その時代のマーカンティリズムによって拍車がかけられた」

たしかに、スペインの脅威がある間は、英蘭両国は共通の目的のために肩を並べて戦った。しになるまで続いた。

かしスペインの脅威が去るが早いか、英国はオランダの経済力を脅威と感じるようになった。そして両国の抗争は、一六八八年の名誉革命以後、英蘭両国がフランスを共通の脅威と考えるようになるまで続いた。

この歴史上の寓意は、もう多くの読者にはおわかりだと思う。最近、アメリカの世論はソ連の軍事的脅威よりも日本の経済的脅威の方を深刻に受けとめている、というような新聞報道もある。私自身は、あとで論じる機会はあると思うが、今後ともヨーロッパ正面におけるソ連の脅威がなくなっても、極東における地政学的な条件からくる日米の共通の戦略目的は変らないと思っている。したがって、今後ともアメリカの識者との間に日米同盟の必要性についてコンセンサスを作ることは可能だと思っている。

しかし世の中はどうなるかわからないし、実際のソ連の脅威とアメリカの世論が感じる脅威とが異なることもあり得ようし、行政府の力が議会を制し切れないこともあり得るのだから、やはり歴史の先例は心に留めておく価値があるのであろう。

今の世の中、そう簡単には戦争にはならないと思う人もおられようが、それは、程度の差はあっても昔も今も同じだった。英蘭戦争の直接の引き金は、一六五一年に英国が航海条例を発布したことにある。その内容は、追ってその関係の章で詳しく御説明しなければならないが、一言でいって、オランダいじめを目的とした極端な保護主義立法だと考えればよい。

それをそのまま受諾すれば経済の衰亡が目に見えているオランダは、何とかこれを撤回させようと努力したが、それが成功しないままにずるずる戦争に引きずり込まれたのである。冷たく言えば、オランダには戦争によらないで衰亡するという選択肢も与えられていたのである。

これに関連してもう一つだけ、現在の日本の読者が思わず肌に粟を生じるような歴史上の事実がある。平和時の通常の状態ならば誰も反対出来ないような公正な議論が、急に通らなくなることもあるということである。一言でいえば、「お互い損になるからやめよう」という議論が急に通らなくなって、「俺は損は覚悟の上だ。お前をつぶすのが目的だ」ということになってくるのである。

航海条例は保護主義の元祖のようなものであるから、そういうことを強行すれば当然、両方が損をする。したがって、

「オランダ人は、航海条例はオランダに対するよりも、より一層英国に損害を与えるから、いずれは撤廃されるだろうと信じていた。いや、少なくとも信じているように振舞った」（バーカー）

たしかに、短期的には英国経済は損害を受けた。英国は船舶の不足に悩み、運賃も造船コストも高騰し、消費者は物資の不足に悩んだ。しかし、バーカーは言う。

「強い薬はその良い効果が現れるまでは、患者にとって前より辛く感じられるものだ。……しばらくの間、航海条例は英国にとってたしかに不利益だったかもしれない。しかし、それはオランダにとっては破滅的であった。……すべての保護主義に反対したアダム・スミスさえも、『国の安全は国の繁栄よりもはるかに重要であるのだから、航海条例は英国のあらゆる貿易規則の中で、おそらくは最も賢明なものである』と述べている」

英国には不利でも、オランダが破滅さえすればよいと言っているのである。

英蘭の摩擦が激化した時、オランダが期待したことの一つは、フランスの助けを借りることだった。フランスは、スペインの脅威に対してともに戦っていた間は、英国と並んで最も緊密な同盟関係にあった。またその後も、経済大国としてオランダはすべての国と友好関係を結ぶ方針だ

ったので、形式的な国家関係としては、フランスにも友好国としての援助を期待できる形となっていた。

しかし「万人の友は万人の敵であり、すべての国との同盟国は同盟を持たないのに等しい」。フランスは、むしろ英蘭抗争で双方が疲弊するのに満足して傍観しつつ、自らの介入の機会を待っていたのである。

一六七二年に、フランスが宮廷外交で英国王チャールズ二世を籠絡《ろうらく》して味方にしつつ、陸の大軍を率いてオランダを攻略しようとした時、コルベールがルイ十四世に提出したオランダ処分案は、悪魔的ともいえる冷酷無情なものであった。

「オランダはフランスの一部となるべきであるが、オランダはその貿易と産業を維持すべきではない。オランダはすべてのフランス産品を無税で輸入するよう強制されなければならないが、フランスはオランダの海運と貿易に対して、好きなだけの税を課する特権を留保すべきである」

そのほかにもコルベールは、オランダから対ヨーロッパ、対アフリカ、対アジア、対アメリカのすべての貿易を剝奪する詳細な計画も提出した。

最近、日米経済摩擦が激化するにつれて、巷間、アメリカとの関係に見切りをつけて、アジアや社会主義諸国との間に活路を求めるべきだとの声も聞く。

今の平和の状況の下では、部分的にはそういうことも可能かもしれないが、アメリカと日本が本当に対決関係に入った場合、アジアの国や共産圏の国の中で、アメリカより日本との友好関係を選んでくれる国が一体あるのだろうか。アジアの隣人達の間では、むしろ過去一世紀、帝国主義をほしいままにし、戦後も経済大国として自分達を見下していたと感じていた日本の凋落を見て、内心快哉《かいさい》を叫ぶ気持があっても少しも不思議ではない。

以上、十七世紀のオランダ史の中で、とくに読者の関心を求めたいと思う点を若干御紹介した。オランダ史について私が御紹介したいことの、おそらく六割ぐらいは右の引用でもうすんでいると思う。したがって歴史の細かい事実などは読むのが面倒だと思われる方は、ここでやめられてもよいと思う。

しかし、歴史というものは要点の引用だけで語り尽せるものではない。ましてバーカーのような浩瀚《こうかん》な力作を、これだけの紹介で終らせるのはあまりにももったいない。

その上、われわれには問題意識がある。経済大国として繁栄の極致にあったオランダが、英国との対立を避けつつ、その安全と繁栄を続けていく道はなかったのだろうか？　もしあったとするならば、その道はどこで曲ってしまったのだろうか？　曲るのを避ける方法はあったのだろうか？　それがわかれば、今後の日本の生き方にも参考となるかもしれない。

こういう問題意識の下に、バーカーの『オランダの興亡』を中心に、読者と御一緒にオランダの歴史を読んでいきたいと思う。

# 第一章　オランダと大英帝国

バーカーのオランダ興亡史は、二十世紀の初頭に立って英国人が、大英帝国の将来を憂いて書いた警世の書であり、ポール・ケネディの『大国の興亡』が書かれた現在のアメリカと同じように、「興亡」という言葉に関心が持たれた当時の英国の雰囲気をよく示している。

その第一章の副題からして、「オランダと大英帝国、その比較と類似」とある。

冒頭、バーカーは、今の世の中に不必要な歴史書の数は多いが、真に重要な歴史は書かれていないと歎いて、

「今まで閑却されている歴史の中で、アングロ・サクソン諸国民にとって何よりも興味深く、かつ重要なものは、オランダの興亡の歴史である」と述べている。

以下、しばらく抄訳を続ける。

「すべての英語国民にとってオランダの興亡の歴史は、アングロ・サクソン国家の歴史それ自体よりも、もっと重要であるといって過言でない。歴史を学ぶということの現実的な目的からいえ

ば、英国人がヘンリー八世などについて知っているかどうかはたいした問題ではないが、オランダが衰退していった原因を知ることは、英国のすべての選挙民にとって極めて重要である」

当時は英国も日本も制限選挙であったから、国家の政策に責任を持ったのは国政に参加出来る国民の一部の層、すなわち選挙民だけであった。だから、今なら「国民」と書くところを、当時は選挙民と書いたのである。

「今までのところアングロ・サクソン国家の歴史は、全体として絶えざる進歩と輝かしい拡張の記録であった。しかし、この世の中に常なるものはない。国家というものは興隆し、拡張し、やがて老い、最後には朽ちるものである。

かつて世界に指導的な地位を占めた数々の民族、文明、言語を呑み込んでいった歴史の渦の中に、アングロ・サクソンの文明も覇権もやがては巻き込まれ、消え去るのかもしれない。

われわれは歴史を学ぶことによって、われわれを取り巻く危険や困難、われわれが将来――それも近い将来――遭遇するかもしれない危険や困難を知ろうと努めなければならない。そのためには、オランダ史を学ぶのがいちばんよい。

オランダ史は、近代デモクラシー国家の興亡について存在する唯一の例であり、アングロ・サクソン国家が最も関心を持つべき例である。とくに英国とオランダは、気候、風土など一国の生成に大きな影響を持つさまざまな体質が似かよっている。英蘭両国がよく似た、あるいはほとんど同じような歴史的発展をしてきたのも、おそらくはこの両国の体質の相似に原因があるのであろう。

かつてオランダは、英国にとって政治と経済の師であった。オランダ人は文明の偉大な先覚者であった。ロジャーズは言っている。

『ヨーロッパは、オランダからほとんどすべてのことを学んだ。オランダは、農村に対しては合理的な近代農業を教えた。オランダは航海と発見の先駆者であり、近代における合理的な商業制度の創始者である。

オランダは十七世紀の最大の法律家達を産み出し、その他にも最高の学者達を有していた。オランダの出版業は、他の全ヨーロッパが出版した以上の数の本を出した。東方世界の言語はオランダ人によってはじめて紹介された。オランダは科学と医学の最先進国だった。オランダは政治家には財政学を教え、商人には銀行業務を教え、哲学者には思弁哲学を教えた。

この強風にさいなまれている北西ヨーロッパの一角は、相当な長い期間にわたって文明世界の大学であり、ヨーロッパ商業の中心であり、諸国家による讃歎と嫉妬の的であった』

オランダは物質的な面や科学の面で先駆者であっただけでなく、自由の先駆者でもあった。アメリカの歴史家バンクロフトは書いている。

『オランダはアメリカに最初の植民地を築いた点でも英国と同じ功績を有するが、アメリカに政治的自由の手本を示した功績でも英国に匹敵する。そして、英国が議会政治を教えてくれたとするならば、オランダはアメリカに連邦制度を教えてくれたのである』

英国の名誉革命、フランス革命、アメリカ独立という偉大な諸革命の源は、スペインという巨大な専制勢力を打破ったオランダの先例に溯ることが出来よう。

二世紀以上前に、オランダは現在の英国と同じように、貿易と産業を基盤とする世界帝国を持ち、現在の英国とほとんど同様の、偉大かつ光栄ある地位を占めていた。そしてオランダは、現在英国が直面している、英国にとって死活的に重要な諸問題と同じような多くの問題について解決を迫られていた。そしてオランダの政治家達は、それに対して誤った回答を与えた。その結果がオランダの凋落と衰退だったのである。英国はオランダを見舞った悲運からいかに脱《のが》れるかについて、オランダの経験から学ぶことが出来るし、学ばねばならない」

## バーカーの方法論

ここでバーカーは、この本を書くにあたっての彼の歴史学の方法論をあらかじめ説明している。

バーカーによれば、当時の英国にはものの役に立つようなオランダ史はなかった由である。十九世紀の前半に出版されたものはすでに絶版になっていて、一般に入手出来るものはといえば、「世界の歴史物語シリーズ」の一部として一八八八年に出版された、ロジャーズの簡単な通俗史書だけという状態だったらしい。

一つだけ、バーカーも絶讃している、アメリカの外交官であり歴史家であるジョン・L・モトリーの古典、九巻のオランダ史（他にバルネフェルトの伝記二巻がある）があったが、それはもっぱら一五五五年から一六〇九年までのオランダ国民の、英雄的な反スペイン闘争を描写する目的に捧げられているものである。

モトリーは彼のオランダ史の最後を、読者に対する次の告別の辞で結んでいる。

「もしこの本を読まれたことによって、それなしでは地上のすべてのものが無価値になってしまうような神の恵み――すなわち思想と言論の自由と、人間が生きることの自由――を愛する気持に読者の方がなって下さるのならば、それで著者の最高の望みが達せられたことになる」

バーカーは、

「彼の目的は見事に達せられた。しかしモトリーの歴史は、歴史の教訓を与えるというよりも理想を掲げたものであり、歴史というよりもドラマである」と言っている。

つまりバーカーによれば、モトリーのオランダ史は自由の讃歌であって、それだけでは世界的経済帝国たるオランダの衰退の理由はつかめないということである。

バーカーの力作は、おそらくはもともとモトリーの著書に触発されて出来たものではないかと思う。つまり、あれほど若いエネルギーあふれた英雄的な国民が、あんなにも屈辱的な衰退ぶりを示した原因は何であろう、という疑問から発したものであろう。それほどにモトリーの大著は感動的なものである。

ここでバーカーは彼自身の方法論を述べる。

「私は、意図的に近代史家達の常道から遠ざかったことを告白しなければならない。前々から私は、世界の歴史家達が誤った道を歩いているとの確信を持っている。彼等は正確さを厳しく追究するあまりに、すべての政治的事件を全部、忠実に写し出そうとして、彼等の描くキャンバスをあまりにも微細なディテールでいっぱいにしてしまって、読者はもはや物事の論理的なつながりや因果関係の大きな流れを把握出来なくなってしまった。いったい今の人達は、ギボン、マコーレイ、モトリーなどの歴史をはじめから終りまで読み通す勇気と忍耐があるだろうか？」

そしてバーカーは先哲の言を引用して、本来、歴史のあるべき姿を説いた上で、自分は何も新奇なことを言っているわけではなく、昔ながらにツキジデスが最高の歴史家だと信じているだけであり、むしろ現代の史家達がこの優れた伝統から遊離してしまったのである、と述べている。

わき道をさせて頂ければ、私自身も長年にわたって、ツキジデスのペロポネソス『戦史』が最高の歴史であるという確信を持っている。若い人から何を読んだらよいのかと訊かれる度に、すべての基本として歴史を読むことを奨め、その中でも司馬遷とツキジデスがいちばんよいと奨めてきた。

歴史というものは、人間と国家が生き抜いてきた記録である。この両書とも人間と国家の両方を書き尽してあますところないが、どちらかといえば人間を知るには『史記』、国家を知るには『戦史』が優れていると思う。

といって、バーカーは細かい史実は無視して大所高所の議論だけをしているわけではない。この本にバーカーが註として挙げた資料は約五百、その他に註に掲げなかった資料約二千を渉猟した由であり、バーカー自身、この本は今後、オランダ史を勉強する人にとってよい参考資料になるであろうと書いている。

しかし、その註のつけ方も他の史家達とは一味違っている。バーカーはオランダ語も堪能だったらしく、原書にも必読書が多いことを指摘しつつ、

「しかし、オランダ語を知っている人はほとんどいないので、出来るかぎり英、仏、独語に飜訳されているものを見つけて註に掲げた。何故ならば私が註をつける目的は、私の学識が深遠であることを示すためではなく、この種の研究をさらに深めようという人々の便宜のためだからである」と述べている。

註をつける習慣は、今は学者となるための必須の訓練として形式化している。中には、論文に註がついていないというだけの理由で、論文の内容に関係なく、それが学問的でないと批判する人さえいる。

しかし、問題は形式よりも実質である。註をつける習慣の起源は、本を書くぐらいの人ならば引用が正確なことはもとより前提条件と考えれば、おそらくは昨今のように、ちゃんといろいろな資料を読んでいますというアリバイ作りのためではなく、バーカーのように、情報を私蔵しないで同僚、後輩のために提供するという寛大な考慮から来ているのであろう。ただ、それはもと

もと一つの好意であって、論文自体の優劣とは無関係の話である。

現にバーカーは、今後のオランダ研究者の便宜のために重要と思う文献には星を一つ、特別に重要と思う文献には星を二つ、わざわざ註につける配慮までしている。彼の歴史の方法論は、同時代人が何とはなしに墨守している形式や慣行に囚われず、その根源に溯っているわけである。

この機会に日本の読者の方にわかって頂きたいのは、バーカーのような精神的態度はアングロ・サクソン文明の一つの特徴であり、別に彼だけが特別な例外ではないということである。

これはアングロ・サクソンのアマチュアリズムと呼ばれるものである。現にバーカーは評論家であって、大学の歴史の先生ではなかったようである。日本人には馴染みのない表現を使えば、「イングリッシュ・エクセントリシティー」といってもよい。直訳して「風変り」とか「変人」とかいうと何のことかわからなくなってしまうが、この言葉は英国人の間ではそんなに悪い意味ではない。むしろ英国の伝統の一部として尊重され、愛されている、一種の人徳ともいうべきものである。

現代日本の大衆社会ではほとんど廃語になってしまったが、江戸時代に林子平などが尊敬の念もこめて「奇人」と呼ばれたのと似た語感である。一言でいえば、他人と同じでないことを少しも気にしないということである。

日本ではあまり常識になっていないが、独創性ということはアングロ・サクソンの誇りの一つである。近代物理学の祖ニュートンも近代生物学の祖ダーウィンも、英国の産物である。古典経済学の祖アダム・スミスも近代経済学の祖ケインズもそうである。いずれもただの杓子定規のアカデミズムからは生まれてこない人達である。

ウィルソンや、あとで紹介するハーバート・ローウェン、サイモン・シャマ、ジョナサン・イスラエルなどの本も、時代が新しいだけにより精緻であるが、いずれも扱っている時期が十七世紀より溯らないこともあり、しばらくはバーカーの本を読者とともに一節ずつ読んでいくこととしたい。

ただし、英語風の言いまわしはもともと日本語とは違うものであるし、バーカーのスタイルにはヴィクトリア風の大時代的なところもあり、これを直訳したのではとても日本語にならない。また、現在の人はわからなくても、当時の知識人の常識として説明を省いたものもある一方、憂国の至情のあまり、くどい繰り返しもある。

ついては、どうしても不足な言葉は足し、冗長な表現は切って、細部より大意を重んじて抄訳せざるを得なかった。したがって、ここに抄訳、紹介した文章を再引用されたい方は、原文とチェックされるようお願いしたい。

それぐらいなら、むしろ自分の言葉でオランダ史を書き下ろして紹介すればよいではないか、という御意見もあろうが、オランダ史はもともと文献が少なく、バーカーの学識があまりにも該博なので、少しぐらい他の資料を混ぜてみても所詮はバーカー、そしてもう一つまた溯って、バーカーもふんだんに引用しているモトリーの受け売りになってしまう。

やはりこの二つの原著を引用しつつ、それに対する私の個人的コメントをつける形でオランダ史を紹介するのが、読者の便宜のためにも私自身の知的正直さのためにも正攻法であると思う。ついては今後、とくに断っていない引用はバーカーあるいはモトリーに拠っているとお考え頂きたい。

## 堅忍不抜の国民性

バーカーの第二章はヘロドトスの引用から始まる。

「温和な風土は惰弱な国民を生むというのは自然の掟である。一つの土地は、決して同時に、そこに実る果物の豊醇さと、その住民のヴァイタリティーの両方で有名となることはない」

バーカーは、オランダを偉大ならしめたオランダの国民性は、オランダの苛烈な風土から来たと説明している。

「紀元七〇年に、プリニウスはオランダの風土について書いている。それによると、オランダには大洋が日に二度侵入してくる。いったいここは海の一部なのか陸の一部なのかわからないという感じがする。満潮の時は住民は砂丘の上の小屋に避難し、まるで海に浮んだ船の上にいるようであり、引き潮となると難破船から脱出した水夫のように、そこから出てくる。バタビア人（ローマ人はオランダの住民をこう呼んだ）は、引き潮が残した魚と雨水に頼って生きている。

海からオランダを護るためには長大な堤防が必要であり、すでにプリニウスの時代から堤防のあることが記録されているが、オランダはまたライン、マース、シェルト（オランダ語ではスヘルデ）等の大河の河口にあたり、河の堤防も必要である。しかし、河底には年々土砂が堆積するので堤防も年々高くなり、オランダでは河が平地よりも高いところを流れ、船があたかも空中を帆走しているような奇観を呈している。

この土木事業のために費やされた労力と費用は想像を絶するものであるが、それでも時々、大洪水が起り、住民に壊滅的な被害を与えている。十三世紀の一世紀間だけで三十五回の大洪水があり、数十万の生命が海に吸い込まれている。一四二一年の大暴風雨では一夜に七十二の村落が壊滅し、十万人の生命が失われた。その時、水没した村落の教会の尖塔は、一五一四年になってもまだ海中に立っているのが見え、モリオソトスによれば、それからさらに百年後のも見えたという。

気候も苛烈である。ド・ラ・クールによれば、牧畜は、温かい土地にくらべて長い冬がある分だけ生産性が低いし、また小舎に入れるための余計な費用も必要である。農業も、夏が短いので農作業の日程は厳しく守られなければならず、湿地帯なので蒔いた種子はすぐ腐るし、一度腐るとそのシーズンはもう再び蒔くチャンスはない。春は冷たい風が吹いて果樹の花を散らし、秋は強風で未熟の果実が落ちてしまう。土地は元が砂地なので、肥料や養分のある土を補給しなければならないが、その養分もすぐ流出してしまうので絶えず補給しなければならない。つまり、いろいろな人々の描写によれば、オランダという湿地帯は常に洪水の危険の下にあるだけでなく、石も材木も石炭もなく、農作物もよほど手をかけて人工的に作らなければ出来ず、自然条件からいって人間が住むに値いしない土地なのである。

しかし、この厳しい風土こそがオランダをヨーロッパの最先進国とし、一時は海上に世界の覇権を唱えさせた力の源泉となった。

「初期の産業にとって不利な条件も、産業が発達して労働節約型となり、また通商が海外に広がるにつれて利点ともなった。身を切るような風が何時も吹いているという条件は、農業をほとんど不可能にしたが、それは何千という風車を回すのに利用された。風車は排水用に使われるだけでなく、製材、製粉、製紙等のために最も経済的な動力となった。

土地が低いという不利な条件も運河を発達させ、産業や流通に大いに役に立った。大河の河口にあって大陸の奥地に通じ、また海洋に向って入江に富んでいる条件は、オランダをヨーロッパの東西南北の通商の要衝とさせた」

オランダの風土は、これにもまして堅忍不抜、勤倹節約の国民性を生むのに力あった。

「オランダの住民達はこの厳しい環境を生き抜くために、質実剛健で意志が強く、勇気と自立精神に富み、そして神を畏れる人々となった。カエサルがガリア征服の時にかち得た大勝利の幾つかは、主としてオランダ人部隊の勇気と献身の賜《たまもの》だったのも驚くに値いしない。タキトゥスは数え切れないほどの個所で、バタビア人の勇気、忠誠心、軍事能力の優れていることを賞讃し、ゲルマン系部族の中で最も勇敢な尚武の民だと記している」

タキトゥスによれば、バタビアの男達は敵を切り殺すまでは髪や髭をそらなかった。何時までも毛をそらないのは卑怯者、または無能力者の証拠だった。ローマ人はベルギー人を征服し、それまでは自由人だったフリースラント人には貢物を納めさせたが、バタビア人は対等の友人として扱い、ローマの徴税人は決してバタビア人の土地に足を踏み入れなかった。

バタビア人の騎兵はカエサルの秘蔵の部隊であり、紀元前四八年のファルサルスにおけるポンペイウスとの決戦で戦いの勢いを逆転したのも、その勇武の賜であった。皇帝アウグストゥスはバタビア人をボディガードに使い、他のローマ皇帝達もこの例にならった。またバタビアは、ローマ人がイングランド、ゴール地方、ドイツに作戦する場合の基地として使われた。

歴史上、傭兵として活躍した国民には地理的共通性があるようである。スイスの傭兵もネパールのグルカも厳しい風土の産物なのであろう。そういえば、鎖国前の十七世紀の日本人は、マニラでもアユタヤでもジャワでも、勇猛果敢な傭兵として評価が高かった。日本では従来、漠然と日本人が尚武の民であるのがその理由だと思われているが、その根源を尋ねれば、狭い島国だということがその背景にあるのだろうか。

「資源に乏しく気候に恵まれない風土のために、オランダ人は絶え間なく働き続け、節倹につとめなければならなかった。また、外気は冷たく非健康的なので家に籠りがちとなり、家庭的な人々となった。一六六七年から七一年まで駐オランダ英国大使を務めたテンプルは次のように言っている。

『すべてのオランダ人には、節約とか金の始末とかいう習慣が深く根づいている。富というものは、消費する以上に収入があること——より正確にいえば、収入よりも少ない額を消費することによって生ずるものである。オランダ人の頭の中には、収入と支出の均衡という概念はない。もしそういう事態が起ったとしたならば、オランダ人はその一年間は無意味に過してしまったと考えるであろう』」

この節倹の精神も日本人に似ている。やはり土地が狭いという点が共通しているからであろう。こういう国民性を持つ国民は、機会に恵まれれば大発展を遂げる潜在能力を持っているのであろう。

「オランダ人の家庭生活は、極めて簡素でけがれのないものである。オランダの婦人は勤勉と節約の手本であり、贅沢と虚栄の敵である。女性はまた男性を作るものでもある。オランダの女性は、オランダの富を産み出す最も強力な要素であった。

戸外の楽しみがないかわりに、オランダ人は余暇を真面目な学問に打ち込み、厳しい宗教的生活を守るために使った。かつてギリシャ人は、陽光まばゆいイオニアの空の下で人生を楽しみ、造形的な芸術や詩やドラマを語ることに没頭したが、オランダ人の精神はおのずから、宗教的、政治的、経済的な問題に向けられた。道徳教育や正規の義務教育がオランダで始められ、政治的な自由、信仰の自由、国際法、近代哲学などの基礎がオランダで築かれたのにも、こういう気候的条件があずかって力があった。

知的水準が高く勤勉で、意志の力が強く、また仲間同士で種々な問題を真剣に議論し合うような習慣のある国民は、容易には専制に——とくにその専制が理不尽である場合は——屈しないものである。厳しい自然条件の中で独立自尊、そして互助協力の習慣を得たオランダ人は、必然的に民主主義によって支配されることになる」

向学心の伝統も日本人と同じであるが、デモクラシーの伝統は別のところから来ているものであろう。バーカーもその点ははっきり指摘している。

「もともと民主政治は、古代ゲルマン族の制度である。タキトゥスによれば、『たいしたことのない問題は首長が決める。大事な問題はコミュニティ全体の決定に待たねばならない』のが古代ゲルマンの制度だった。

モンテスキューが正しくも指摘しているように、英国憲政の起源はゲルマンの森から来たわれわれの先祖の政治的習慣から来ているのであり、イギリスとオランダの政治制度と伝統は、この共通の祖先から来ているのである」

この点は、はっきり日本の歴史とは違う。ローマ人の記録では「ゲルマン族でローマ人が王と呼んでいる者は、実は全員の集りで選出された将軍であり、自由な戦士達の戦いの雄叫びの中から生まれたもの」である。遊牧民族の故だろうか。日本も騎馬民族説が正しければ、太古にはそういう伝統が生まれる素地もあったはずである。聖徳太子の十七条の憲法に「夫れ事は独り断《さだ》むべからず」とあるのは、どういう伝統から来ているのだろうか。中国、韓国の古代の思想の流れには似たものがないのは、ひょっとすると騎馬民族の伝統なのだろうか。

## 進取の気性

長いヨーロッパ中世の停滞の中から、どうしてオランダが独り抜け出てヨーロッパで最初の近代国家となる基礎を築いていったのだろうか？　これがバーカーのオランダ史の第三章のテーマである。

オランダの発展の元は、一般の常識通り、海運にあり貿易にあったといって、それ自体間違いではないのであろう。しかし、要は進取の気性ということであろう。自分の住んでいる土地の条件があまりに悪いので、そこに安住しないで広い外部の世界に出かけていって、海運や物品の交易だけでなく、広く知識や技術の吸収にも努めるという、進取の気性にあったといってもよいのであろう。

「アムステルダムが町としての存在を認められるのは十四世紀半ばであり、ネーデルラント全体がまとまった領域となるのはもっとあとで、十五世紀にブルゴーニュ公爵領となってからであるが、すでに十四世紀にはオランダ人は船乗りとして国際的に知られていた。

一三二〇年頃、著名なヴェネツィア人マリノ・サヌートは、ちょうど今のオランダ人にあたるフリースラント人、ホラント人、ゼーラント人の航海技術の卓抜さを讃《ほ》め、つとにその偉大な将来を予言していた。当時からオランダ人はヴェネツィアに移住し、ヴェネツィアの進んだ商業を習った。

グイキアルディニによれば、数多くのオランダ人はイタリアに来て、建築、絵画、彫刻、銅版などの進んだ技術を自分のものとして、それをイギリス、ドイツ、デンマーク、スウェーデン、ノルウェー、ポーランド、モスコー公国に持っていった。フランス、スペイン、ポルトガルの王家や富裕な貴族達はオランダ人を求め、その技術に高額の給料や報酬を支払った。

こうしてオランダ人は、まずイタリアで勉強して、それまでイタリアだけにかぎられていたこれらの技術をヨーロッパ中に広めたのである」

その頃から南部のブラバント、フランダースにはすでに繊維工業が栄え、ロンバルディアなどのイタリアの商人はオランダとの貿易投資も行っていたという。

しかし、何といってもオランダの隆盛の主因は漁業にあった。

「初期のバタビア人は漁業に食料を求めるしかなかった。しかし、フェニキアの時代から、漁業は海運と貿易の母親であったことは特記すべきである。フェニキアの町シドンという名は漁業を意味しているし、漁業に必要な諸器材は、同じくフェニキアの町であり、ソロモン王の頃から古代オリエント商業の中心であったティールで発明されたという」

オランダ人も海岸のすなどりから始めて、次第に船を作って沖で漁獲することを覚え、またライン河沿いの豊かな葡萄園に城を構える貴族、僧侶などにその魚を売る交易を覚えるようになった。こうしてオランダ人もまた、漁業から通商、海運、造船への発展の道をたどった。しかし、十六、十七世紀のオランダを政治、通商、海運及び植民地経営において偉大ならしめた富の源泉であるオランダの大漁業は、ほんの小さな発端から起ったものである。

「十四世紀の半ば頃、ベーケルソーンという無名の一漁夫が、にしんを塩漬けにして樽に詰めて長期保存する方法を考え出した。当時、ヨーロッパはローマン・カソリックの支配下にあり、週に二日とイースター前の四十日は肉を食べることが禁止されていたので、ベーケルソーンの発明はキリスト教世界に大きな意味を持つことになった。かのヨーロッパの支配者カール五世は、一五五〇年にわざわざベーケルソーンの生地の墓を訪ねてその功績を讃え、壮大な記念碑を建てることを命令したほどである。

ちょうどまた、ベーケルソーンの発見と時を同じくして、それまでスウェーデン沖を回游していたにしんの群が、おそらくは海流の変化により回游の場所を変えて英国とオランダ沖の海域に押し寄せてきた。

オランダではやがて大規模な引き網が開発され、またバスと呼ばれる、容積は大きいが操船に人出が少なくてすむ船が開発され、オランダはたちまちにこの繁殖力の盛んな無尽蔵の漁業資源を、最も経済的な方法で開発して、その加工品をヨーロッパ中に売ることが出来るようになり、漁業はオランダの基幹産業となった」

近世のオランダの絵画には、見るからに食欲をそそられるような見事な魚の絵があるのは、こういうことだったのかと、今さらながら気がつく。

こうして漁業、加工業、貿易、造船などを中心として、オランダの経済力は十五世紀後半から急成長を遂げるが、オランダが世界の海上覇権国としての一歩をふみ出すのは、ハンザ同盟との戦いに勝って東ヨーロッパ貿易の覇権を握ってからである。

十五世紀までのヨーロッパは、大小の封建領主領、僧領、自治都市が混在、併存しているという状況で中央権力が弱かったので、各都市は自らの安定を名目的な皇帝や法皇の庇護に依存しないで、相互の同盟によって確保しようとした。

ハンブルクやリューベックの主導の下のハンザ同盟はその最も強力なものであり、バルティック海と北海の貿易に独占的な力を持っていた。当時はバルカン地方はトルコ帝国の支配下にあったので、東欧、ロシアへの航路はバルティック海しかなく、バルティック貿易というのは、現在でいえばドイツ、ポーランド、ロシア、北欧を含む、広大な北部、東部、中部ヨーロッパ全域の独占貿易を意味していた。

「オランダ人がバルティック沿岸に姿を現し出した時は、ハンザ同盟は武力でこれを阻止しようとし、オランダ商人はしばしば掠奪などの侮辱を受けた。これに抗議しても無駄と覚るや、オランダ諸都市は艦隊を編成して戦いを挑み、一四三七年に数々の海戦でハンザ同盟の船を打ち破った。この勝利は、オランダ人の勇敢さと航海、操船の技術に卓越していたことによって得られたものであり、オランダ人はこの勝利を喜んで、それぞれの船のマストに箒を掲げて海上から敵を一掃したことを誇示した。

オランダ人は、どんなにすぐれた商売人でも、武力を持たないかぎり商売も富も得られないことを覚り、その後もホラントとゼーラントの政府は、戦時において自国の貿易には国家の軍事的保護を与えることとした。ここにおいてオランダは、従来、ハンザ同盟が占めていた地位を新たに占めることになった」

すでにこの時期から、オランダでは政府と貿易の結びつきが強い伝統が生まれ、英仏等の政府が重商主義に目覚める二百年前から、政府が民間と一体となって積極的に産業、貿易の発展を援助した。これが経済発展を他国よりも有利にさせる原因ともなり、それがまた他国の嫉視と激しい競争を生む原因ともなる。

## 近代的自由のさきがけ

ハンザ同盟の独占を打ち破った後のオランダは隆盛の一途を辿るが、十五世紀のオランダは人類の近代化に二つの、あるいは数え方によっては三つの偉大な貢献をする。

一つは宗教改革であり、信仰の自由である。二つ目は、人類の普遍的な原則というよりは、当時の最先進国オランダのエゴのためという面が大きいのであるが、通商、航海の自由である。そして第三は、政治的自由であった。

政治・社会条件の変動が比較的激しかったため、中世の黄昏《たそがれ》が他より早く訪れつつあったネーデルラントでは、教会の権威は宗教改革前にすでに衰えていたらしい。シャルル雄胆公はブルゴーニュ王国の建設のために寺領の特権を剝奪し、保護を停止した。また新興ブルジョア勢力は商売の無税の競争相手である僧侶批判を強めていた。そこに出版の革命が訪れた。

「オランダ人コステルは、一四三〇年頃、活字印刷を始めた。ドイツ人はグーテンベルクが活字を発明したというが、おそらくはコステルの方が早いのではないだろうか。オランダ人は元来、あまり戸外に出ず、勉学好きの性質だったため、書籍の需要は大きく、出版業はたちまち一大産業となった。ネーデルラント中いたるところに出版所が出来、それまでは犢皮紙《こうし》の聖書は一冊五百クラウンしたのが、新たに印刷された聖書は五クラウンで手に入った。聖書だけでなく無数の書籍も出版され、新しい知識は急速に広まり、それまでもとかく問題のある存在だったローマ教会に対する批判も高まった」

ネーデルラントはつとにウィクリフの影響を受け、ルターが出るはるか前に数々の著名な宗教改革者が現れて、宗教改革の知的な産みの親といわれるエラスムスの先駆をなした。エラスムスは、ルターより十七年早い一四六六年に生まれている。エラスムスは典型的な洗練された読書人（ラティニスト）、文化人であって、「私には殉教者になる勇気はない」と言って優雅で温和な風刺に終始したが、その思想はルターに甚大な思想的影響を与えた。

「エラスムスの宗教改革の思想は、ネーデルラントの印刷所によって、オランダ語やラテン語だけでなくすべての国語に印刷され、広められた。ネーデルラントはヨーロッパ諸国民の出版所だったのである」

通商の自由においても、ネーデルラントは旗頭であった。後に国際法の大原則となる公海の自由も、そして、いまだに人類の普遍的原則たり得ないが、世界経済のあるべき姿とされている貿易の自由の思想も、その近代における源泉はこの時代に求め得る。

「衰微しつつあったハンザ同盟の諸都市はネーデルラントの繁栄と隆盛を嫉視し、バルティック海ではしばしばハンザ同盟の船とネーデルラント諸都市の船との間で戦闘が行われ、その結果、最後には通商に関する条約が結ぼれた。これによってネーデルラントは、ネーデルラントが戦い取ろうとしたものすべて――すなわち通商の自由と北の諸海域における平等の待遇――をかち得た。

バルティック貿易を獲得してからのネーデルラントは、通商の自由を唱導するチャンピオンとなり、保護、独占貿易に対する断乎たる敵となった」

ただ、ここではバーカーは、「自由貿易は最強国の武器である」というビスマルクの言葉を引用しつつ、ネーデルラントの唱導した自由貿易は観念的な経済ドクトリンに基づくものではなく、通商、海運の最強者たるネーデルラントの利益のためのものであり、オランダの海軍力の優越によってのみ支えられたものであることを、繰り返し繰り返し説いている。

ここにおけるバーカーの問題意識は明らかである。新興ドイツ、そして日露戦争勝利後の日本の進出を前にして、大英帝国が伝統的、理論的な自由貿易主義のままであってよいのか、また自由貿易によって利益を得る「最強者」としての実力を持っているのかを問いかけ、そして、結局、最後に頼りになるのは軍事力だから、これを閑却するなという警鐘を、当時の大英帝国国民に鳴らすのが本書を一貫して流れている主題の一つである。そしてまたこれは、戦後一貫して自由貿易体制を維持し増進する旗頭であった米国の中に、日本に対する管理貿易を主張する声が出てきたこととも軌を一つにしている。しかしこのテーマは、英蘭戦争のくだりでも繰り返し出てくるのでここでは省略して、三番目の政治的自由の方に話を進めることとする。

## 大特権

一四三七年以降、ネーデルラントはブルゴーニュ領となり、ブルゴーニュ公フィリップの支配の下におかれた。フィリップは反語的に善良公フィリップと呼ばれている。彼は、それまでネーデルラントの諸都市の特権と折り合いながら統治してきた悲劇の女公爵ジャクリーヌの領土を次々に奪い、ほぼ全ネーデルラントを手中に収めた。これ以降、ネーデルラント諸都市は、中世的な市民的自由から専制君主の権力の軛《くびき》の下に置かれるようになってくる。

他方、ブルゴーニュ公国は、富裕なブラバント、フランドル地方を手に入れたために財政的余裕が生じ、その宮廷は中世的騎士道社会の最後の華を咲かせた。

ドン・キホーテならずとも、中世の騎士道は西欧人のあこがれであり、一度はしてみたい贅沢であったといえる。一四六七年に跡を継いだシャルル雄胆公は、まさにドン・キホーテ的情熱に燃えた人物であった。四方を征服してブルゴーニュを公国から王国にしようと夢みて、「アレクサンダー大王の如く勝利の栄光を求め、スウェーデンのチャールズ十二世の如くむこうみずに」十年間にわたってフランスやスイスと戦争し続けて、一時はブルゴーニュとして最大の版図を築き上げたが、最後にはスイスに敗れ、自らも戦死した。その間、その戦費は際限なく自分の領域から吸い上げた。

これでは税金を払う方はとてもつき合い切れない。ブルゴーニュ支配の下に、旧来のネーデルラント諸都市の特権をふみにじられていたネーデルラント人はシャルルの死を喜んだ。そして、その娘マリーがあと継ぎとなるにあたって議会を開き、マリーに対して古来の特権を復活する文書、いわゆる「大特権」に署名しなければ、必要な経費の支出を議決しないと迫った。折柄、フランス王はシャルルの死後のブルゴーニュの継承権を主張し、マリーの地位は危機的な状況にあったので、マリーはこれを承諾した。

「ここにおいて、一二一五年に英国で行われたマグナ・カルタ署名の情景は、一四七七年にネーデルラントにおいて再現されることとなった」わけである。

ネーデルラントの政体とその問題点については、いずれあとの章で何度も出てくるので、ここでは簡単に要点だけを述べる。

大特権はマグナ・カルタと同じように、代表権なくしては課税はない、との原則を貫いている。これによれば、各州の承諾なしにはいかなる新税も課されてはならない。また、各州の承諾なしには、マリー及びその後継者はいかなる攻撃的、あるいは防衛的な戦争も行ってはならず、もし戦争が不法に行われた場合は、各州はその戦争継続のための経費を払う義務はない。

大特権は外国の支配からネーデルラントの自治を守るのにも意を用いている。マリーは各州の承諾なくしては結婚出来ない。すべての役職はその土地の人間に与えられなければならず、兼職や役職の委任も禁止される。公用語はオランダ語とする等々であった。そして、最高裁判所を復活させて、すべての裁判について控訴の道を開くことによって、人権の擁護もはかった。

ここまでは、大特権の意図するところはマグナ・カルタとあまり変らないが、はっきり異なるのは、大特権はあくまでも各州の完全な自治、主権を守り、中央政府の権限を出来るかぎり制限しようとしているところである。

バーカーの問題意識はまさにここにあり、全巻を通じて、いちいち実例を挙げてはオランダ衰退の大きな原因の一つとして数えている。

「マグナ・カルタと大特権は極めてよく似ているが、一つ大きな相違点がある。

ネーデルラントの憲章（大特権）は、君主から予算、立法、軍事の権力を剝奪し、それをすべての州に分かち与えて、それぞれの小さな政治単位に自治を許した。これに対して、イギリス人の憲章は立法を人民に、予算を議会に与えたが、軍事の権限は国王に残した。また、君主から取り上げた専制権力は、英国の場合は行政や軍事に経験を有する貴族達の手に委ねられたが、ネーデルラントでは商売にしか経験のない市民達の手にこれが委ねられた。

イギリスの考え方は国家権力を維持し、国の政策を調整する建設的なものであり、アングロ・サクソンを偉大ならしめる要素を持っていたが、ネーデルラントの考え方は国家権力を引きずり下ろすことにあり、個人や地方の利害を国家的利害の上に置くことであったために、将来のオランダの解体と衰退の種を内蔵していた。

オランダ人は、個人の努力で人間が住むのに適さない沼沢地を豊かに繁栄した国土となし、幾つかの個別の都市の連合で強大なハンザ同盟を打ち破ったという歴史があるがために、国家の統一、国家組織、国軍というものの必要を認識しなかったのである」

このバーカーの問題意識の裏には、カナダに続いてオーストラリアも一九〇一年に自治領となり、大英帝国の中央集権体制が崩れつつあるという明白な危機感があり、さらには、すでにイギリス社会に忍び寄っていた大衆政治の傾向により、英国の伝統である上流有識者支配による民主主義体制が崩れつつあることに対する危惧もあったと思う。

実は、大英帝国の政治体制に関するバーカーの問題意識は多くは杞憂《きゆう》となっている。すなわち第一次、第二次の両大戦を通じて、英国民も英連邦諸国も分裂の傾向など全くなく、よく英国という国家に協力して危機を乗り切った。

しかし通常の平時ならば、現状のままで何とかやっていけるかもしれないが、国が存立の危機を迎えるような場合、国全体として国家的にものを考えることが難しいような現在の体制のままでよいのだろうか、そのままずるずると滅亡の淵に沈んでしまうのではないだろうか、という有識者の危機感というものは、どの時代でも千古不易のものがあろう。

むしろ十七世紀のオランダ史を読んで他人事と思えないのは、現在の日本の方である。あとで読んでいけばわかるように、オランダの分立主義は中央の政策決定の力を弱くし、外交はすべて後手後手にまわって先見性のある外交などは出来なかった。また、中央集権の中心である軍の力に対する反撥から軍事も閑却されて、それが衰亡の一因となった。現在の日本において、中央の政策決定の力が弱いといわれている主な原因は、地方分権主義のためではなく、戦時中の極端な中央集権的軍国主義に対する反撥からであり、よって来るところは異なるが、現象的には十七世紀のオランダと同じような弱みを持っていると言えよう。

# 第二章　火と剣の支配

オランダがそれまでは縁もゆかりもなかったスペインの支配下に入ったのは、政略結婚の結果であり、とくに必然性のない歴史のいたずらともいうべきものである。

しかし、その歴史のいたずらが史上稀なほどの怖るべき虐政を招き、またそれに対するオランダ人の抵抗がヨーロッパの政治思想の潮流までも一変させ、ヨーロッパの歴史に近世という新たな一頁を開かせることになるのである。

政略結婚は古今東西どこにでもある話である。とくに親が子供の将来を思って、何かの時に少しでも頼りになるような良縁を求めるのは人情の自然であって、敢えて咎めるにもあたらない。ただ、そう考えてやっても、政略結婚は必ずしも成功するとはかぎらないものであるが、十六世紀のハプスブルクのように、ここまでうまくいった例は世界史上の奇観ともいうべきである。

そもそもネーデルラント諸州がブルゴーニュ領となるのも、中世を通じてブルゴーニュ公爵家が、ネーデルラントのドイツ諸侯との間に営々として通婚政策を行ってきた結果である。

先にオランダ諸都市との間に「大特権」を署名したブルゴーニュの女公爵マリーは、神聖ローマ帝国の継承者となるハプスブルクのマクシミリアンと結婚した。当時の人の観念では、ただ二つの領主が結婚しただけでは二つの領土は一緒にならない。二人の間に子が生まれて、はじめてその子が二つの領土の領主となる。こうして二人の間に生まれた子フィリップ（美公）は、今度はスペイン帝国の後継者ジョアンナ（ファナ）と結婚したが、マクシミリアンの在位の間に早逝し、その子カール五世が神聖ローマ帝国皇帝位を継いだ。その結果、カール五世は生まれながらにしてドイツ帝国、スペイン、イタリアのほぼ半分、ネーデルラントと、それだけでなく新世界をも含む、世界のほとんど半ばに君臨することになった。

当時の人はこう言ったという。

「他の国は勝手に戦争させよ。汝、幸せの国オーストリアは結婚せよ。軍神マースが他の国に与えるところのものを、愛の女神ヴィーナスが汝に与える」

ネーデルラントはこうして、一四七七年から一五五五年までハプスブルクのマクシミリアンとカール五世の統治下に入るが、ここで話を進める前に、ネーデルラントの地理について読者の便利のために簡単に説明しておきたい。ここでは、日本語で慣用されていてわかり易いオランダという言葉とネーデルラントの両方を適宜使っているが、時としてはっきりした区別の必要も出て来るからである。

ネーデルラントと呼ばれる地域は、ほぼ現在のオランダ、ベルギー、ルクセンブルクを併せた地域と考えればよい。人種、言語からいえば、北部、中部はゲルマン系、南部はフランス人と同じケルト系が多数であり、宗教からいえば、宗教改革以降は北半分はプロテスタント、南部はカソリックが優勢である。

この中部で、ゲルマン系とカソリックが重なる地方で後にベルギー領となるあたりが、ブラバントとフランドルの二地方であり、この二地方は中世以来、毛織物、麻織物を中心とする工業で栄えていた。

最初に栄えたのはイープル市（オランダ語ではイーペル）であった。最近では、イープルといえば第一次大戦の激戦地として知られているだけであるが、十四世紀にはヨーロッパの織物業の中心として、中世の時代では信じられないような二十万の人口を誇った。しかし、イープル市は一三八三年にフランドル伯に反抗して敗れ、衰微した。十五世紀初頭にはまだ十万の人口と四千の織機が残っていたが、一四九〇年には僅か六千の人口と三十の織機を持つに過ぎないところまで凋落したという。

それに代って繁栄したのが、ブリュージュ（オランダ語ではブリュッヘ）とガン（オランダ語ではヘント）である。ハプスブルクの支配に入った頃、ブリュージュは二十万の人口を擁し、「その占める重要性はおそらく現在のロンドンに匹敵するものだったろう」とバーカーは言っている。また、ガンは五万人の毛織物工を持っていたという。

しかしハプスブルク支配は、重税と貨幣価値の一方的設定による収奪でこの両都市を疲弊させてしまった。両都市は何度も大特権の確認を求めた。大特権は前後六回にわたって厳粛に確認され、その遵守《じゅんしゅ》が宣誓されたが、オーストリアの支配者側はそれをネーデルラント統治に必要な形式的な儀式として行っただけで、「何ら価値のない一片の羊皮紙」と見なしていたようである。

いくら法や特権に訴えても何の効果もなく、もうこれ以上やっていけない極限まで収奪されたと感じたブリュージュとガンは遂に反乱を起すが、もともと今まで武力と縁のなかった商人達の反乱で、統制も欠いていたので、鎮圧は容易だった。その上、オーストリア側の分割統治も功を奏したようである。

「ブリュージュとガンの武装蜂起は容易に鎮圧された。それは、ブリュージュやガンほど繁栄していない他の諸都市に対して、皇帝側が援助を与えたからである。これらの諸都市はブリュージュとガンの繁栄を憎んでいたので、喜んでブリュージュとガンの破壊に手を貸した。もしネーデルラントの大部分がブリュージュやガンの側に立っていたならば、疑いなくネーデルラント全体の平和と繁栄は維持されていたであろう」

まだ近世のナショナリズムの生まれる前であり、皇帝側は都市間の反目、競争を容易に利用し得たのである。

## 一国の衰退は他国の利益

バーカーは彼の著書の第四章全体を、フェニキア―アテネ―ロードス―カルタゴ―ローマ―アラブ―イタリア諸都市―ハンザ―フランドル・ブラバントにいたる商業覇権の盛衰を論じた独立のエッセイとしている。

たしかにネーデルラントの歴史だけ見ても、イープル市の凋落はガンとブリュージュに繁栄をもたらし、この両都市の衰退はアントワープを繁栄させ、アントワープの破滅後、その富はアムステルダムに引き継がれるのではあるが、ネーデルラントの都市国家の盛衰だけで世界の商業覇権の盛衰を論ずるのは、やや唐突の感は免れない。

しかし「一国の衰退は往々にして他国の利益になる」、これは一貫してバーカーが奏でている主題の一つであり、それ自体は重要な命題なので、ここでバーカーと一緒に、若干のわき道をさせて頂くこととする。

「最近の経済学の理論では、工業国にとっては他の諸国が平和で繁栄していることは望ましいこととなっている。しかし、端的にいえば、その工業国の市場である国が栄えていることは有利であろうが、競争相手の国は栄えていない方がよい。競争者が現れると利潤がどんどん減ってしまうからである」

言うまでもなくバーカーの問題意識は、新興ドイツの激しい追い上げに直面している大英帝国の将来である。そして、その言わんとするところは、世界市場は英独両国を容れるには狭すぎるのではないかということである。

当時の英国人の考え方を示すものとして、さらに横道へ入るが、この本が出版される九年前の一八九七年、サタデー・レヴュー紙に現れた論文の例を掲げる。

「もし明日、ドイツが壊滅すれば、明後日、今より富裕にならない英国人は一人もいないだろう。諸国民は今までに一つの都市、または一つの相続権のために戦争を行ってきた。まして、二億五千万ポンドの通商のために戦うのは当然ではないか」

そして、イギリスはその海軍力をもって、さしたる危険なくドイツを撃滅できると論じ、論文の最後を古代ローマの政治家大カトーが演説のたびに必ず挿入した一句「カルタゴ滅ぼさざるべからず」をもじって、「ドイツ滅ぼさざるべからず」とラテン語で結んでいる。この「カルタゴ滅ぼさざるべからず」は、まさにオランダ覆滅を企図した第三次英蘭戦争のスローガンとなる。

数年前に、「もし日本が海中に没しても、それを悲しむのは（対日黒字国の）オーストラリアぐらいだろう」という論説があったことを思い出す。今は帝国主義時代と違って表現は穏やかではあるが、言っていることは同じである。当時の新興ドイツ、現在の日本に対して被害者意識を持っている側の感じ方は同じなのであろう。

このサタデー・レヴューの意見やバーカーの理論が正しかったかどうかは、現在でも大いに意見の分かれるところであろう。

歴史の流れは、たしかにバーカーなどの予言した通りとなった。ドイツの追い上げと英独の対立はその後、ますます激しくなり、結局、英国は第一次大戦に参戦し、いったんは競争者ドイツを破滅させることに成功する。

しかし、近代総力戦というものは、誰も事前に予想出来なかったほど高くつく、ということがわかった時はもう手遅れであり、ヨーロッパ全体が疲弊して、アメリカの優越と日本の擡頭《たいとう》を許すことになった。一国の衰退が他国の利益となるという原則が別の形で証明されたともいえる。また、いったん敗れたドイツも一世代後には復活して、再び挑戦して来ている。

だから戦争などするものではない、という教訓は正しいのであろうし、とくに戦後の日本では唯一の真理として皆がその結論にとびつくであろう。しかし、およそ世の中に唯一の真理などというものはないのであろう。企業同士の競争でも、共存共栄でやっていける場合もあろうし、一時の出血は覚悟しても、競争相手をつぶしておいた方がよい場合もあろう。

すべて時と場合による話であろう。イギリスもサタデー・レヴューの論説の頃のように、ドイツの海軍力がまだ微弱だった時にドイツをつぶすことが出来れば、それは費用対効果の計算が成り立つ戦争だったかもしれず、またそういう結果が明白ならば、戦争なしでドイツを経済的に屈服させる方法があったかもしれない。

もちろん、平和時にはこういう考え方は何時も少数意見である。「皆が仲よくして何とかやっているのだから、それがいちばんよい」というのは、ヒューマニティの上からも何ぴとも反対できない考え方である。とくに日本のように、それが自国にとっていちばん得なような国ではそういう理論が人気があるであろう。「ボーダーレス・エコノミーだからもう戦争がない時代だ」などという議論には、多分に日本にとって都合のよい希望的観測が入っていることは認識しておく必要があろう。

しかし、国際情勢というのはいったん風向きが変ると、国家的エゴがむき出しとなる弱肉強食の時代となる潜在的な可能性を持っているという真実を、平和な時代に敢えて指摘する少数の識者が存在することも、一つの社会として健全なことであろう。それが古来、先憂後楽ということの一つの典型的な表れ方である。

自分は平和を維持したくても、相手が挑戦してくるかもしれない――バーカーが言いたいのはこのことである。バーカーは所論を展開するに際して、好んでビスマルクやトライチュケなどのドイツの現実主義者、国家主義者の言葉を引用し、暗に「ドイツ人はイギリスをつぶしたいと考えているかもしれない」と言おうとしているのである。

## カール五世からフィリップ二世へ

さてバーカーの問題意識はそれぐらいにして、ここに「ブリュージュとガンは一世紀前のイープル市と同じ運命を辿ることとなった。その繁栄が偉大だっただけに、それが味わった困難もまた悲惨なものだった。製造業者も労働者も、貿易、銀行業者も、生活の資を奪われて移住していった」。そして、ネーデルラントの繁栄の中心はアントワープに移っていった。

ここまでは、ネーデルラントの諸都市が専制君主の圧政に抵抗しては滅ぼされ、代って他の都市が栄えるエピソードの繰り返しであるが、その後、十六世紀の半ばにいたって、二つあるいは三つの原因で局面が大きく変る。

一つは宗教改革、第二には新たな統治者としてのスペインの出現であり、第三は民族の独立と自由の旗手であるオレンジ公ウィリアム（オランダ語ではオラニエ公ウィレム）の登場である。

宗教改革の淵源はウィクリフ、エラスムスに溯るが、これがヨーロッパを揺るがす大政治、社会問題になる発端は、一五一七年のルターの宣言である。

ローマ教会を中心とする体制側が体制の危機を感じ出して、新教徒迫害の嵐が吹き荒れるのはそれから三十年余を経た一五五〇年代であり、ドイツのカール五世、フランスのアンリ二世、英国のカトリック女王メアリ一世の下に、一斉に新教徒が弾圧される。

ちなみに、これがまたアントワープ繁栄の一つの原因となった。

アヴランシュの司教によれば、「これらの新教徒迫害は、ドイツ、フランス、イギリスから、人々の集団やその生業をまとめてアントワープに移し、アントワープの経済を振興させ、アントワープをヨーロッパ一の経済の中心とさせた。一五五〇年頃には、シェルト河畔にあらゆる貨物を積んだ船を二千五百も見るのは普通のことだった」という。

また一五五一年にはヴェネツィアの大使は、「アントワープは七万から八万の人口を擁し、物資においてこれ以上、豊かな町は存在しないくらいだ。アントワープはヴェネツィアさえも凌駕《りょうが》している」と本国に報告したという。

しかし新教徒迫害の波は、すぐにネーデルラントにも押し寄せてくる。そして、ヨーロッパ中に新教徒迫害の嵐が吹き荒れる真只中の一五五五年には、ネーデルラントの統治権はカール五世の子、スペイン王フィリップ二世に継承される。

カール五世の治下でもすでに宗教裁判所はオランダに設置され、多くの犠牲者が出ている。とくに新教徒迫害の始まりである一五二一年のヴォルムスの条例は、カール五世にとって、新領土ということもあって実施の困難なドイツ領よりも、直轄のネーデルラントの方で厳格に施行し易かったらしい。

しかし、宗教改革の初期では法王自身、教会の過ちを反省したりする自由な雰囲気もあり、迫害も時代を追って段々過酷になっていったもののようである。また、カール五世はとくに暴虐な君主というわけでもなく、当時の専制君主として平均的な君主だったようで、臣属する貴族や国民から慕われる人徳もあったようである。とくに軍人としては、シャルル雄胆公の血の故か率先して死地に赴く勇気があり、危機にあっても冷静沈着であり、スペインの名将アルバ公が時の将軍達を論じた時に、その時代の名将の一人にカール五世を数えたほどであった。

一五五五年、死期迫ったカールは、ブリュッセルに全版図の王侯、貴紳を集めた大集会を催した。カールは片手に松葉杖をつき、片手で若きオレンジ公ウィリアムの肩にもたれつつ、彼の長い治世の栄光と業績について語り、そして、自分はもはや国家と信仰を守るには年老い、健康もすぐれないので、スペイン、オランダ統治の権力を自らの子フィリップに譲ることを宣言した。そして、すべての臣民に対して、もし自分が知らずに何か不公正なことをしたとしたらば、それについての許しを乞いたいと述べた。語りながら皇帝自身も幼児のように泣き、参加者の眼で涙に濡れていないものはなく、満堂すすり泣きの声に充ちたと当時の歴史家は記している。

それは一つには、カール五世はブルゴーニュ領の中心であるネーデルラントに生まれて育ち、ネーデルラントの人々とは心の通うものがあったかららしい。しかし、そのことが裏目に出てくる。

当時、世界帝国を誇っていた気位の高いスペインの貴族達は、カール五世やそのお付き達のネーデルラント風の作法が気に入らず、カール五世はスペインの宮廷で他所者扱いされていた。カール五世は、自分の息子が同じ目に遭わないようにとの親心から、フィリップをスペイン人の中のスペイン人となるよう、意図的に育て上げた。その結果、フィリップはスペイン貴族とカソリックの僧達の中で育ち、「気位高く、狭量で、気難しく、強情で、狂信的で、スペイン語しか解せず、その挙措動作は誇り高いカスティリア人そのままといったような」人物となった。

それが言語に絶するオランダ国民の惨苦をもたらし、それがまたかえってオランダ独立闘争を通じてヨーロッパ近世の夜明けを告げることになるのであるが、フィリップ二世自身は今でもスペインの歴史では、大スペイン帝国の最盛時の栄光を象徴する君主として敬愛されている。カール五世の親心の半ばは達成されているわけである。

フィリップの政治思想は、フィリップが自らしたためた書簡の一部に尽きるという。
「異端者の手にあって、悪魔を喜ばせつつ安全を享受している王国よりも、神と国王に忠実なまま滅亡する王国の方がはるかによい」
世界の運命を左右できる大帝国の君主とはとうてい思えない、非常識で子供っぽい文章である。普通の条件の下ならば、何時までもこんな子供じみたことばかり言っていられるはずはない。どこかで現実と妥協せざるを得ないであろう。しかし、当時のスペインは、こうした精神的、政治的な贅沢を許すだけの余裕があった。

もともとスペイン・ハプスブルクは、当時ヨーロッパで商業が最も栄えていたオランダとイタリアの半分という税収源を持っていた上に、ちょうどフィリップ二世が即位する頃から、途方もない量の新大陸の銀が流入してきた。新大陸発見後、二世紀の間に、新大陸からバーカーの時代の百年前の価格で十二億ポンド相当の銀がスペインに流入したという。この銀の流入は、一五六〇年代から一六三〇年代の間、まさにオランダ独立戦争の全期間に集中的に起り、その額はスペインの税収の三分の一または四分の一に相当したという。

当時、スペインの軍事力もまた世界最強であった。世界帝国の支配者として、軍人は栄光に満ち、かつ収入もよい職業として、スペイン人は貴賤を問わずこぞって軍隊に入り、士気も高く、兵制も優れていた。

ポール・ケネディの『大国の興亡』によれば、三千人までの規模の槍兵、剣士、火縄銃射手が相互に補完し合う形で編成されたスペインの混成連隊は、ヨーロッパの戦場において最も優れた部隊であり、それまで高い評価を誇っていたフランス騎兵、スイスの槍兵隊を顔色なからしめた。

スペインの栄光がすでに盛りを過ぎた三十年戦争にも、インファンテ枢機卿の率いる歩兵部隊が参戦しているが、ネルドリンゲンの戦いでは、勇猛をもって鳴らした強力なスウェーデン軍の突撃を十五回にわたって凌《しの》ぎ、その後に決然として前進して敵を潰滅させた戦いぶりは、あたかもワーテルローにおいてナポレオン軍を粉砕したウェリントン軍の如きものがあったという。

「スペインの支配者達は、その広大な領域と莫大な富と、そして何ぴとも抵抗出来ない無敵の軍事力に自ら陶酔し、狂気のように専制と恐怖と流血をもって、全ヨーロッパを畏怖せしめた。もしネーデルラントがスペインの軛から全世界を救っていなかったとしたらば、スペインは、スペインが破壊したヨーロッパ諸国の廃墟の上に、スペインの世界帝国を打ち樹てていたであろう。スペイン人がこうした自己陶酔の中にあったことを考えるとはじめて、彼らがプロテスタントの力を過小評価したこともわかる。ローマ教会とスペインとは確乎たる同盟者であり、それぞれその権力の絶頂にあった。この力に対して、一握りの口舌の徒である神学者や、一般民衆が反抗するなどということは滑稽でしかなかった。スペイン人は宗教改革運動をただの反乱分子と考え、その煽動者をたたきつぶせばよいと考えていた」

当初、フィリップは父祖達の例にならって、オランダの各都市との間にお互いの権利、義務を確認するための交渉を行ったが、その交渉はスペイン育ちのフィリップにとっては、ただただ屈辱的に感じられるものだった。ホラント州ではフィリップは、過去の特権をすべて守ることを宣誓しなければならなかったが、その代りに得たものは、フィリップの代表が正しく行動するかぎりは、その命令に遵《したが》うという約束に過ぎなかった。ゼーラント州は、その州の権利と特権にしたがう範囲で忠誠を誓うことを約している。

その上にネーデルラントの各州、各都市が、それぞれ個別にフィリップと折衝することを希望し、それぞれの民主主義的手続きにしたがって、延々とかぎりなく交渉を続けた。

「フィリップは際限のないネーデルラントの市民達との交渉で、もう我慢が出来なくなってしまった。市民達はまるでフィリップを同格であるかの如く扱い、完全な民主主義と自由とを要求し、とくに、スペインの力の根源であるローマ教会に反対することさえ敢えてした。

ここにおいてフィリップは、かくの如く高慢で言うことを聞かない国民を懲罰して服従させ、そして教会の敵を根絶しようと考えるにいたった。法王は彼のために、ネーデルラントの諸特権を尊重する旨の彼の誓いを無効とする特別免許を与え、ここにネーデルラントは、グランベラ枢機卿の下に火と剣をもって統治されることとなった」

これがかの、歴史に名高いネーデルラントの異端迫害の背景である。

## 異端審問

異端審問の原則は単純明快であった。異端者は男女老幼を問わず捕らえられ、改悛《かいしゅん》した者は男であれば絞首刑、女は生き埋めにされた。そして改悛しない者は火焙《あぶ》りにされた。それも単に規則の上だけでなく、文字通り忠実に実施された。

異端の定義も簡単であった。教会のカソリック僧の説教に出席しない者は捕らえられ、もしその者が自宅でバイブルを読んで礼拝していれば、それは異端であった。ローマ教会の悪口を一言でもいえば異端であったし、また本人の頭の中にだけあった考えで他人に話したことがなくても、裁判でその考えがあることを認めれば——ほとんどの場合、拷問によって認めさせられた——やはり異端だった。

もともと異端審問はスペインの制度であり、褒奨金つきの密告や拷問で異端者を捜し出す制度であったが、グランベラは「スペインの制度をここに持ち込むのは滑稽である。異端などは何千人でもいる。褒奨のスペイン金貨などはいくらでも手に入る」と不遜な言葉を吐いている。敬虔なカルヴィン派の人々の多いオランダでは、スペイン人の目から見ればほとんどの真面目な中流階級が異端だった。中世以来の教会の解釈によらず、聖書の原典の上に立って信仰生活を送るのが、新教徒の生活の基本だったからである。モトリーはこういう人々の上にふりかかった災厄を詳細に実例を挙げている。

ある家族は新教の教え通り、自宅で礼拝していた。審問にあたって、その家族の少年は正直に自宅で祈ったことを認めた。そして何を祈ったかと聞かれて、「私は神にわれわれを教え導くように、そしてわれわれの罪を許すように祈りました。そして王のためにますますの繁栄と平和を祈り、市の偉い方々についても神がお護りになるように祈りました」と答えた。裁判官の中には少年の言葉に感動して涙を流す人もいたが、その行為が異端であることは明らかだった。

父と少年は直ちに火刑に処せられた。少年が「天なる父よ、われわれの犠牲を受け給え」と祈ると、僧侶は薪に火をつけながら「お前の父は神ではない。悪魔だ」と叫んだ。火がまわってくると、少年は「お父さん、天国への道が開いて、天使達がわれわれを讃えているのが見える」と言った。それに対して僧は「それは嘘だ。地獄が口を開けて永劫の火がお前を焼くのだ」と叫び続けたという。そして八日後には母親も他の子供も焚殺された。

モトリーは「自分は単に恐怖を煽るために書いているのではない。オランダの革命はウィリアムの政治的野心によるものだなどという、ためにする数多の議論を排し、民衆の真の怒りから発したという歴史的真実を明らかにするために書かざるを得ないのだ」と言っている。

まだほかの陰惨な例もあるが、私もこれ以上の描写には耐えられないので、バーカーの概括的な描写に譲ることにする。

「宗教裁判所は二名の責任者によって運営された。一人は異端または背信の罪を問う僧侶であり、もう一人は告発された人物の財産を王の名の下に没収する官吏であった。この二人の連携プレーで、脅迫あるいは甘い約束により、あるいはまた高給をもって雇われているスパイか職業的告発者を使って、オランダ人を陥れる奸悪きわまる統治が実施された。

宗教裁判所は毎日のように、その犠牲者を絞首台や火刑の杭に送り込んだ。ネーデルラントの住民達が拷問され、手足を切られ、絞首され、打首にされ、生きたまま焙られ、生き埋めにされ、水にほうり込まれている間、外国人の僧侶達はキリストの名の下に昂然とネーデルラントの中を闊歩し、犠牲者達の不幸に舌なめずりして、手当り次第に欲しい財産を没収しただけでなく、自分自身は免税の商売人となって、ネーデルラント商人の商売を奪った。僧侶達は、あたかも蛮族がその征服した民を扱うが如く、ネーデルラント人を扱ったのである」

モトリーの説明によれば、スペインの虐政は新大陸征服以来のスペインの習慣であった。新大陸では火と剣をもって異教徒をしたがえ、したがわぬ者は殺すと同時に、その財宝を当然の権利として略取した。繁栄するオランダの都市の城門の前に立ったスペイン人は新大陸に数倍する富を前にして、殺戮《さつりく》と掠奪の期待に燃え、その都市を支配するが早いか自分達の自由のままに振舞ったのである。

「ネーデルラント人はこの怖るべき虐政に呻吟したが、長い間、敢えて反抗しようとしなかった。スペインの武力が怖ろしかったし、また国家的統一も国民的指導者もいなかったからである」

## 静かな男ウィリアム

ここに、父子四代にわたってオランダの独立と自由のために尽瘁《じんすい》する民族の英雄、オレンジ公ウィリアムが登場する。

ウィリアム一世はオレンジ公爵家に生まれた。オレンジ公領はシャルルマーニュの頃から由緒のある公国であるが、十六世紀になってからはドイツのナッサウ家が領有していた。ウィリアム一世は分家の長男であるが、十一歳の時に後継者の絶えていた本家の所領と莫大な財産を相続した。

実父ウィリアムは反語的にウィリアム富裕公と呼ばれて、豊かなのは子宝だけという貧乏貴族であったが、彼との間に五男七女を儲けたユリアナは、「あらゆる偉人の母の中で最高に値する」心の底から敬虔な名夫人であった。ウィリアム一世の兄弟達が、独立戦争の絶望的な艱難の中にあって前途を思い悩んだ時に、ユリアナが息子達に与えた手紙は、あたかも膝の上の幼児に語りかけるように、心のこもった簡潔な言葉で、神の手に導かれること——つまり、すべてを神の手に委ねてひたすら正しい行動を貫くこと――を教えたという。

公爵領を継いだウィリアムは、カール五世の宮廷に小姓として送られた。カール五世は人使いの巧みさと人を見る眼については自ら恃《たの》むところが大いにあったが、たちまちウィリアムの資質に着目して、十五歳の頃にはウィリアムは早くもカール五世の最も信頼する側近となっていた。

カール五世はどんな機微の外交交渉の場にもウィリアムを同席させるぐらい彼を信頼した。そしてわずか二十二歳の時にフランス方面軍の指揮官の職を与えた。この職はもとはサヴォイ公爵のポストであり、錚々たるスペイン、オランダの貴族達がわれこそはと狙っていたものであった。先に述べたブリュッセルの大集会に、カール五世がウィリアムの肩にすがって現れたということは、オランダの統治についてウィリアムが深く信頼されていたということを示している。

フィリップ二世もまたウィリアムを深く信頼して、全ヨーロッパで二十五名の数にかぎられている栄誉ある金羊毛皮騎士号を与え、ホラント、ゼーラント及びユトレヒトの総督に任命し、またホラントとゼーラントの海軍司令官に任命した。

かくして、スペインの宮廷における若き公爵ウィリアムの前途は洋々たるものがあり、フィリップもまた、これだけの恩恵を施したウィリアムの忠誠心を信頼していたらしい。

しかし、ウィリアムは元はドイツ人であったが、カール五世の意向で裕福なオランダの伯爵エグモント家から妻をめとり、その友人達との接触を通じて、オランダに対して心からの同情と理解を抱くようになっていた。こうしてウィリアムは、気持の上ではオランダ人になっていたのであるが、用心深い性格だったので、そのことをフィリップに覚られないように心中深く秘していたという。

一五五九年、ウィリアムはスペイン王フィリップの命によって、西仏和平のためにフランスのアンリ二世の宮廷に使していたが、アンリ二世は、ヴァンセンヌの森の狩でウィリアムと二人だけになる機会のあった時、ウィリアムもその秘密を知っていると信じて、フィリップ二世とアンリ二世がそれぞれの領域内の新教徒を皆殺しにする怖るべき計画を有していることを洩らしてしまった。この計画は、やがてフランスではユグノーの迫害、スペイン帝国ではオランダの新教徒虐殺となって実現することになる。ウィリアムはあまりの恐ろしさに一言も発せず、それを聞きつつも恐怖の色を隠しおおしたが、その瞬間からオランダをスペインから解放する決意を固めたという。

ウィリアム一世は西洋史ではウィリアム・ザ・サイレントと呼ばれる。たしかにウィリアムは性格的に物静かな人で、ウィリアムに最も批判的なカソリック系の歴史家でも、「いかなる場合でもウィリアムの口から傲慢な、あるいは無礼な言葉が発せられたことはなく、召使いがいかに失敗しても怒りを示したことがない」人だったと記しているという。またスペインの宮廷でも、黙って人の言動を観察し、何がその動機かを心の中で考えるのが少年時代のウィリアムの楽しみだったという。まさに静かな男ウィリアムの名の通りの人だったのであろう。

しかし、スペイン語ではウィリアムのことをタシトゥールノと呼ぶという。英語のタシターンはサイレントよりもっと意味が狭く、黙っている人のことである。他面、ウィリアムは必要な時は驚くほど説得力のある雄弁をふるったというから、寡黙の人というのも不正確である。最後まで本心を隠していた人というほどの意味であろう。イメージとしては豊臣時代の家康といえようか。少なくともスペイン人からみればそうであった。このあだ名は、アンリ二世の不用意な発言を顔色も変えずに聞いたという、この歴史的な逸話から来ているという。

ウィリアムは子供の頃にドイツでルター派の教育を受けてはいるが、当時のほとんどすべての人がそうだったように、名目的にはカソリックであり、とくにカール五世の宮廷ではカソリックで通した。

ウィリアムは真面目な敬虔な人であったが、偏った宗教的情熱を持つような人ではなかった。ウィリアムがカソリックの圧政に対して起《た》ったのは、人間性豊かな家庭に育った一個の人間として、人間に対する残虐行為に対する怒りからであり、これを座視できない一個の男児としての義務感からであった。

ここに近代的なヒューマニストとしてのウィリアムの価値がある。オランダ独立戦争はドイツよりも半世紀早く始まった宗教戦争だったともいわれるが、独立戦争を通じて、ウィリアムは常に宗教的非寛容に反対であり、カルヴィン派の報復からカソリック教徒を守ろうとしている。

このウィリアムの信念は、随分早い時期からすでに不動のものだったようである。彼の最も信頼した友人にだけ回覧され、三世紀間、公表されなかった彼自身の書簡によれば、ウィリアムはオランダからドイツに逃れて対スペイン独立戦争を計画していた時期においてすでに、「もしわれわれがオランダで一つの町でも占領することが出来るとすれば、そこにローマン・カソリックの住民が尊敬され、保護される地区を作りたいと思う。暴力によってではなく、優しい心と公正な扱いによって彼らの心をかち取りたいと思う」と書いている由である。

## 乞食ども（ベガーズ）

ウィリアムはフランスから帰るが早いか、ネーデルラントを新教徒弾圧から救おうとした。しかしウィリアムは、カール五世とフィリップ二世に厚い恩義も感じていた。また強大なスペインの軍事力に抵抗することの危険は知り過ぎるほど知っていたので、当面はもっぱら説得と懇願とによって、フィリップの政策をもっと穏健なものにさせようと努力した。

この懇願は国王の仁慈を乞う形で行われたので、スペインの保守派からは「乞食ども」（ベガーズ。オランダ語ではヘーゼン）と呼ばれた。その後、ベガーズは反乱軍の総称となり、やがて数々の英雄的なベガーズの物語が生まれる。

こうした努力は合法的な手続きにしたがったものであったし、ウィリアム公、エグモント伯、ホルン伯はいずれもスペイン王の忠実な臣下であり、数々の功績もあった人々であったが、フィリップはこれに耳を貸さず偏執狂的に弾圧の強化を命ずるばかりか、彼らに対して密かに不信と敵意を抱くようになっていた。

そのうち、あまりのスペインの虐政に堪えかねて、各地に騒擾《そうじょう》が頻発するようになった。騒擾は全土に広がったが、組織された反乱ではなく、カソリック教会の聖像を破壊したりする無計画な怨嗟《えんさ》の表現だったため、ますます新教徒弾圧のスペインの政策に口実を与えることとなった。

ここに、王が最も信任するアルバ公爵は反乱鎮定の命を受けて、大軍を率いてネーデルラントに赴いた。

ウィリアムはフィリップに対して、このままではネーデルラントは暴動状態になって収拾がつかなくなると警告して、フィリップがその政策を変更し、新教徒迫害を中止するようもっぱら説得に努めてきた。しかし、アルバ公の赴任を知ってフィリップの心底にあるものがすべて見えてきた。そして、オランダを去ってドイツに脱《のが》れる決心をした。少年時代以来、ハプスブルクの宮廷で黙って人々の言動を観察し、その心中を推し測ってきた経験がここに活かされたのである。

しかしエグモント伯は、かつてのフランス戦役でフィリップの馬前で赫々《かっかく》たる武功を立てたこともあり、フィリップの好意を信頼していた。しかしすでにフィリップは、彼の執念を遂行するためには一かけらの人情も誠意も期待できない人物となっていた。現にアルバ公に密命を下してネーデルラントに赴《おもむ》かせたあと、フィリップは自らの筆でエグモント伯に対して信頼と愛情に溢れた内容の手紙を書いて、計画的にエグモントを油断させる手を打っている。

去るにあたってウィリアムはエグモントに語っている。

「貴方が言う王の寛容さは、貴方を破滅させるだろう。私の眼から見れば貴方は、スペイン軍がわれわれの国に入るための橋となるであろうが、その橋はスペイン軍が通過するや否やスペイン軍によって破壊されることは明々白々である」

二人は抱き合い、涙を流して別れたが、これが最後の別れとなった。

別れに際しウィリアムは、「あたかも彼の行動が歴史的な意義を持つことをあらかじめ知っていたかの如く」（モトリー）、ラテン語を使ってエグモント伯とホルン伯に宛て、「貴方方は私の行動に反対し、一緒について来ないけれども、私の行動は深い考えの上に立つものであり、良心に恥じないものであり、かつ長期的な計画を遂行するためのものであることを覚えていて欲しい」と書き残した。

残ったエグモント、ホルン両伯爵は、アルバ公着任から間もなく鄭重な礼をもってアルバ公に招待され、その席で捕らわれて、やがて公開の場で斬首されることになる。

こうしてウィリアムはいち早く難を逃れたが、長男はスペインに護送され、スペイン支配下の財産は没収された。

ネーデルラントに着任したアルバ公は「血の評議会」と呼ばれた「騒擾評議会」を設置し、これを最高の司法行政府とし、騒擾の鎮圧を理由としてすべての州や都市の憲法や特権を無視した。

やがてネーデルラントは、「絞首台、車裂きの車輪、火刑の杭、街路の樹々は、人間の死体とその四肢に満ち満ち、神が生きる人間が呼吸するために与え給うた大気は、死臭ただよう死者の住処となってしまった」という惨状を呈した。

そのあまりの惨状に、ネーデルラント中の市当局からアルバ公の憐れみを乞う陳情が殺到したが、これがまたアルバ公の逆鱗《げきりん》に触れた。アルバ公には「異端のために陳情する」という行為自体が許せなかったのだ。そして一五六八年二月十六日には全ネーデルラントの住民を異端として死刑に処すると布告した。

これでオランダ人は誰一人安全な者はなく、どの瞬間でも捕らえられて殺される危険の下におかれることとなった。とくにスペイン人の欲する財産を持つ富裕な人々は皆、明日をも知れない身となった。

アルバ公は六年間に一万八千の生命を奪い、処刑された人々はもはやスペイン政府に反抗の言葉を発しなくなっている、と自ら誇った。

ネーデルラントからは、人々が何千人毎のグループを作ってウィリアムにならって逃亡し、十万の家が空屋となって放置されたという。

## ウィリアム、遂に起つ

人々はウィリアムに窮状を訴えた。ウィリアムはドイツからもフィリップに懇願を続け、かつ全世界に訴えてフィリップの暴政をやめさせようとしたが、エグモントとホルンの逮捕を聞き、平和的手段が尽きたと覚るや遂に起った。

一五六八年の夏、ウィリアムは全世界に訴える文書を公表した。その中でウィリアムは、騒擾の原因が異端審問、数々の勅令、新教徒迫害、新しい司教の任命などにあることを指摘し、フィリップ王は自らの義務とその輝かしい先祖達が遂行してきた義務を忘れたと、短い文章ではあるが「静かな男」としては珍しく彼自身の怒りを率直に表現した。

そして、ウィリアムは弟ルイに募兵を命じた。ルイは正義感に燃えた若者であり、実行力もあってオランダ人の間に信望があった。オランダから脱出する前まで、ルイはルイの十二使徒といわれる十二人の同志とともに、「われわれは敵に対しては何時でも戦う用意があるが、同胞の迫害のためには剣を上げない」と宣言して、カソリックの権力に一歩も譲歩しなかった。

ウィリアムは、ルイに対する命令の中では従来の慎重さに戻って、「フィリップ王の御為にフィリップの軍に対して戦う」目的で挙兵することを命じている。つまり、王に敵対するものではなく、王のためにその悪代官と戦うと言っているのである。

さて挙兵には金が要る。侵入軍を組織するには二十万クラウンの金が入用だった。半ばはネーデルラント各都市からの醵金《きょきん》で、半ばは同志達の寄付でまかなったが、ウィリアム自身、先祖伝来の宝石、銀食器、絨緞等を売り払い、土地と財産を抵当に入れて資金を調達した。

ここにおいてウィリアムは、ネーデルラントのために自らの富も地位も、約束されている将来も、そしてやがては自分の生命だけでなく、自分の兄弟達の生命もすべてなげうって起ったのである。


戦いは惨憺たる悪戦だった。ウィリアムの計画は、兵を四つにわけて、まず南、東、北から同時に侵入し、ウィリアム自身は第四軍を率いて国境近くに待機し、適当な機を捉えて中心部を制圧することにあった。

しかし、アルバ公の率いるスペインの精兵は、そんな甘い希望を打ち砕くほど強かった。フランスとの国境から侵入した二千五百名の軍はスペイン軍にいとも簡単に打ち破られ、逃げ延びた人数はわずか三百名という敗戦だった。捕虜となったオランダ人はことごとく絞首刑に処せられた。

ラインとマースの間から侵入した三千の歩兵と騎兵は市民の蜂起を期待したが、市民にはまだその勇気がなく、町の城門の前で入れずに停滞しているうちに、アルバ公が選りすぐって急派した千六百名のスペイン兵に襲われ、壊滅した。

残兵千三百名は、退却しながら堅固な地形に立て籠って守備を固めた。これを追ってきたスペイン軍は、その主力は悪路のために到着が遅れたが、先に着いた六百名のスペイン歩兵は人数が半分で、しかも相手は十分な防御陣を敷いていたにもかかわらず攻撃を敢行し、わずか二十名の損害で侵入軍のほとんど全部を斬殺するか捕虜にした。スペイン軍の勇猛さとその戦闘能力は、独立軍に対してプロとアマの差があった。

北からフリースラントに入ったウィリアムの弟ルイは、スペイン軍の本拠から遠く離れた地域だったこともあり、部分的な成功を収めた。ルイは純粋な情熱に燃える若き騎士、弟アドルフとともに少数の手勢を率いてフリースラントに入り、フローニンゲン市からは、市を攻略しない代償として資金の供給を受けることに成功し、その資金で日毎に集まる志願兵や傭兵を糾合して解放軍の旗を立てた。

フリースラントのベガーズに不穏な動きがあるという情報を得たアルバ公は、時を失せずアレムベルフ伯に二千五百、メーヘン伯に千五百の精兵を授けてこれにあたらせたが、今度の敵は軽視すべきでないと厳重な注意を与えた。

北上中にスペイン軍は五千名を超える勢力となった。彼等に与えられた砲六門はド・レ・ミ・

ファ・ソ・ラの六つの音階の砲音を発するよう設計されていたという、スペインの全盛を誇る華美な軍隊であった。ルイの寄せ集めの軍隊は到底これに敵すべくもないと思われた。アレムベルフ伯自身、アルバ公に、「スペイン兵が長途の行軍にもかかわらず、かくもきびきびとして、かつ戦闘意欲に満ちているのは美しい光景」だと書き送っている。しかしこの高い戦意が、かえって墓穴を掘ることになる。

スペイン軍が近づくにつれて、ルイはそれまでの陣地を撤収し、森と沼に囲まれた小高い丘に兵を移した。アレムベルフの兵は細いあぜ道を辿りながら反乱軍を急追し、メーヘンの軍と離れてしまった。一日待てばメーヘン軍が到着することはわかっていたが、アレムベルフの兵達は功を焦ってそれを待てなかった。スペイン兵の攻撃と聞くだけで敵は恐れて壊滅するという信念を持っていたからである。しかし、突入した部隊は沼地に迷い込み、反乱軍の包囲攻撃を受けて逆に壊滅した。

もはや戦死する以外に自分の名誉を守る手段は残されていないと観念したアレムベルフ伯は、数名の騎兵を率いて突入してきた。これに対してアドルフもまたほぼ同数の騎兵で立ち向い、遂には騎士道の作法によって一騎打ちとなった。

アレムベルフはアドルフのピストルの弾を受けながら、アドルフを足下に斬り倒した。これが若き騎士アドルフの最期だった。アレムベルフは馬を撃たれ傷と痛風で跛行しながら、「ホメロスの叙事詩の英雄のように」満身に傷を受けて死んだ。

アルバ公は烈火の如く怒り、自ら出陣することを決めて準備に着手すると同時に、報復としてウィリアム、ルイ等の財産の没収を宣言し、エグモント、ホルン両伯をはじめとする反抗的分子の処刑を行うなどの命令を矢継ぎ早に下した。

アルバは一万二千の兵を率いて北上したが、その頃、ルイの軍隊は資金が底をつき、兵士の給料も払えず、十分な迎撃態勢が出来ていなかった。ダムの水門を開けてスペイン軍の集中を妨げ、スペイン軍の準備不足のところを痛撃するつもりで出撃したが、スペイン軍は早くも戦備整って待ち構えていたので、戦闘の結果は反乱軍の死者七千に対してスペイン軍は七名という、「戦闘というよりも大量虐殺」だった。そしてルイ自身は、衣服を脱いでエムス河を泳いで命からがら脱出した。

勝ち誇ったアルバが軍を引き揚げるに際しては、反乱軍の根拠地となった沿道の人民はことごとく虐殺され、婦女は凌辱され、村は徹底的に破壊されて焼かれ、その炎はいつまでも夜空を焦がしたという。

しかしこのルイの侵入は、短い期間ではあったが、スペインの精兵といえども決して無敵ではないことを示したという点で、将来に残る大きな意義があった。

# 第三章　自由か死か

ルイの敗北以来、ドイツ諸侯はウィリアムの事業の前途に悲観的になり、支援も消極的となった。ドイツ皇帝はウィリアムに対して、その前からスペイン王に反抗することをやめるよう公式に要求していたが、これに対してウィリアムは鄭重な返簡でアルバ公の非を鳴らした上で、決然としてアルバ公と対決する姿勢を示した。

そして九月には、九千の騎兵を擁する三万の兵を集めた。ファン・デル・マルク伯爵の部隊もこれに参加したが、剽悍《ひょうかん》決死のファン・デル・マルクは古代のバタビア人のように、ネーデルラントを解放しエグモントの死に報復するまでは髭を剃らないことを誓っていた。ルーメイ・ウィレム・ファン・デル・マルクは後にローマ・カソリックに対する残虐行為でウィリアムの真意に背くが、解放戦争初期における数々の勝利の原動力となる人物である。

ウィリアムの大軍は十月四日の夜、不可能と思われたマース渡渉に成功し、ブラバント側の岸に集結した。アルバは「ウィリアムの軍は雁の群なのか？　どうやって渡ったのだ」と驚いたが、すぐに作戦を立てた。それは、あくまでも戦闘を避けることであった。

アルバ自身には一万五千ほどの手持ちの正規兵があり、スペイン兵の勇猛をもってすれば白兵戦で勝てないわけでもなかった。しかし、ブラバントはネーデルラントの心臓部であり、もしここで負けたりすると全ネーデルラントを失うことになる。そのリスクは大きすぎる。

他方、ウィリアムの軍隊は、どうせ零細な資金を集めて来ているのだから少し時間を稼げば、少なくともドイツ人の傭兵は給料が払えなければ四散してしまう。そこでアルバは、ブラバントの住民を脅し上げて侵入軍に一切の物資を提供させないようにさせ、すべての風車から金具をはずして糧秣を生産出来ないようにした。

アルバはいったん立てた戦略は徹底して守らせた。アルバの軍はウィリアムの軍との間に一定の距離をおいてぴったりとついてまわり、絶えず小競り合いをしてウィリアムの戦力を消耗させたが、あくまでも決戦は避けた。

一度だけ、ウィリアムの軍がフランスのユグノーの軍と合体しようとしてヘタ河を渡河した機会を狙って、渡河を守っている後詰めの部隊を切り離して孤立させ、渡河し残った部隊を息子のドン・フェデリコの部隊に強襲させて殲滅《せんめつ》した。だがドン・フェデリコや部下達が勝ちに乗じて、今こそ河を渡って敵の本隊を撃滅しようと主張したのに対しては、「命令するのは俺か、お前か？」と言って、自分の戦略の真意を誰も理解しないのに激怒したという。

その後も、日毎に弱体化していくウィリアムの軍を追尾しながら決して戦いを挑まず、若い血気の士官が「貴方は戦う気がないのだ」と叫んだ時には笑って、「戦うのは将校の仕事だ。将軍の仕事は相手に勝つことだ。血を流さないで勝てばその方がずっとよい」と答えたという。

まさに戦わずして勝つのが最善という、孫子の兵法の極意を体得した人でなければ言えない言葉である。

アルバ公は当時、還暦を迎えていたが、ヨーロッパで最良の、そして最も経験を積んだ将軍であった。四歳の時にムーア人との戦いで父を失って以来、異教徒への復讐が生涯の目標となり、新教徒を含むすべての異端に対しては、相手を人間と認めない残虐行為と背信を敢えてした。戦場では十六歳の初陣以来、いたるところで戦功を立て、常に十七世紀のスペインの輝かしい軍事的成功の裏に存在していた。

彼の戦争は芸術であった。彼は必要に応じては勇猛果敢であり、また彼ほど多くの都市を陥した将軍もなかったが、他面、決戦を回避しつつ遂にハンニバルを打ち破ったローマの名将ファビウス以来、彼ほど多くの戦いを回避した将軍もなかったという。彼は麾下《きか》の部隊を厳しく統制し、卑怯者呼ばわりをされようと全く意に介せず、自制することを知っていた。

ウィリアムの軍がひと押しすれば崩壊するまで弱体化した時でも、不倶戴天の敵であるウィリアムを撃滅する誘惑を斥け、一兵も損ぜずに自壊を待つ自制心があった。あくまでも、名を捨てて実を取ったのである。

スペイン軍のような古来稀に見る精強な軍隊が、孫子を彷彿させるような名将を持っていたのであるから、ウィリアムといえども敵すべくもない。ウィリアムは中途半端な戦闘で八千名の人員を失い、三万の兵の給料はあるだけの軍需資材を抵当にして支払ったものの、それでも足らず、将来の支払いを約束して解散し、ドイツに引き揚げた。

残ったのはウィリアムと運命をともにするオランダ人の千二百名の兵と、ルイとヘンドリックの兄弟だけだった。ヘンドリックはまだ十八歳だったが、大学を中途で止めて義勇軍に参加して来ていた。独立軍としてはもはや、将来にほとんど何の希望も持てない最悪の時期だった。しかし、この最悪の時期に独立軍の士気を鼓舞するために作られた「ウィルヘルムス」は、今でもオランダの国歌として国民に歌われている。

## デン・ブリル

ウィリアムの悪戦苦闘をよそに、ネーデルラントの人々がなかなか起《た》とうとしなかったのは、一つにはネーデルラントでは個人主義の伝統の根が深く、こういう事態になっても派閥抗争の傾向が改まらなかったからである。ネーデルラント人はウィリアムに援けを乞いながら、ウィリアムがルター派とカルヴィン派が共通の敵のために協力することを説いても、聞き入れようとしなかった。

しかし何よりも、アルバ公の率いるスペインの強兵に対する恐怖のために人々は金しばりになっていた。スペインの軍隊が暴虐のかぎりを尽しても、民衆は心中の怨嗟を隠して黙り込むだけで、アルバ公の軍隊はどこでも抵抗らしい抵抗も受けなかった。

ところが、ある偶然のきっかけでこの恐怖の呪縛が解けることになる。

自由と独立の伝統の上に立ってスペインに服従しないオランダ人達、とくに戦闘的な新教徒の一部は他に頼るところもなく、掠奪を業とするベガーズ、時としては無法《ワイルド》ベガーズと自ら称する集団を作っていたが、海では私掠船（シー・ベガーズ。オランダ語ではワーテル・ヘーゼン）となってオランダ付近の海上を荒していた。

一五六九年、ウィリアムはその私掠船に認可状を与えたが、その際、厳しい規律を要求した。各船は牧師を一人ずつ乗せ、船員達に神の教えを伝えること、悪事をなした人間は船に乗せないことなどである。これもウィリアムが信念の人だったことを示すものである。孤立して藁をも掴《つか》みたい時期に、よくこれだけの規律を要求したものと思う。しかし、この規律の故に、シー・ベガーズは後年、世界的な大帝国を築くオランダ海軍に発展するのである。

しかし、スペインの権威が全世界を覆っている当時としては、こうしたオランダの海軍の船が身を寄せる場所とてなかった。オランダの港にいちばん近いスウェーデンやデンマークは新教徒であり、内心はオランダの災厄に同情はしていたが、やはりスペインを怖れてオランダ私掠船の寄港を許さなかった。したがってもっぱら英国の港が使われていたのであるが、アルバ公はエリザベス女王にその取り締まりを要求した。英国もまた、当時はまだ大スペイン帝国と対決する覚悟がなかったので、その要求を容れてオランダ船の寄港を禁止した。

反乱軍の海軍司令官であるルーメイ・ウィレム・ファン・デル・マルク伯爵は二十四隻の船を率いていたが、こうなってはもはや頼るところもなし、食糧も欠乏してしまったので、一か八かでオランダの海岸で物資を調達しようとした。

当初の計画ではアルバ公側の船を攻撃、掠奪するためにオランダ北部のテクセルに向うつもりだったが、風に押し流されて南部の主要港であり戦略的な要衝であるデン・ブリルに着いてしまった。ところがたまたま、デン・ブリルのスペイン守備隊は一時的に留守であり、町の指導者は五千名のシー・ベガーズが来たという大げさな情報に驚いて、抵抗を諦めて逃げてしまったので、そのままウィリアム公の名の下におけるデン・ブリルの占領を宣言した。これが一五七二年四月一日のことである。

ユトレヒトの守備隊十個中隊が、この報を聞いたアルバ公の命令で急派されて来たが、シーベガーズ達の奇襲で乗って来た船が焼かれた上に、堤防を切った水が増水してくるのを怖れて退避したので、デン・ブリルは最初の危機を乗り切った。

デン・ブリル占領のニュースは、たちまちネーデルラント全土に広がった。これを聞いたオランダ人は、今までのスペイン軍の恐怖の呪縛から突然、解き放たれた。カルヴィン派の急進分子は、各都市で次々に保守的な市役人をつき上げて私掠船の解放軍と協力させ、町から町へとスペイン人を駆逐して、ウィリアム公の旗を掲げた。反乱はまさに燎原の火のように広がり、ほんの短い期間に、スペイン軍の主要補給基地であるフラッシング港（オランダ語でフリッシンゲン）をはじめ、アムステルダムを除くホラント州とゼーラント州のほとんどの町を解放してしまった。

フラッシングの例では、町の有力者デ・ヘルプトが議会を説得して小人数のスペインの守備兵を追放した。スペインの増援軍がこの戦略的な港を確保しようとして城門に来た時は、追放された守備兵を迎える形となった。町の人々はすでに賽が投げられたことを知って沖合のスペイン船を砲撃し、スペイン船は逃避した。

こうしてデン・ブリルの占領は、ネーデルラント内の情勢を一夜にして変えてしまっただけでなく、それまではスペインの脅威にいかに対抗するかに腐心しながら、その強大さを畏怖して対決を避けていた、全ヨーロッパの政治的軍事的雰囲気をも一変させた。

折柄、イギリスとフランスは、ウィリアムの外交的な働きかけが功を奏して、反乱軍支援を計画しているところだったので、直ちに公然と武器と資金の援助にふみ切った。とくにユグノー勢力の強かったフランスは、北部の反乱に呼応して、南部からの侵入を計画した。ここにおいて反乱軍はウィリアムの帰国を迎え、また英仏の援助を知って士気大いに上がった。

## ナールデンの虐殺

当時、アルバ公は計画した新税徴収の問題がうまくいかず、スペインの宮廷内でも支持者が少なくなり、もはや自分の使命は終ったと考えて帰国の準備をしていたのであるが、この状況を見捨てておくような人物ではない。大軍を率いて北上しようとしたが、まず南部でフランスのユグノーの援けを借りて、侵入してきたウィリアムの弟ルイを片づける必要があった。

ルイは仏王シャルル九世の宮廷でフランスのユグノー勢力と結び、王の援助の約束を取りつけた。そして、アルトワ州のモンス市の新教徒勢力とひそかに画策して、城内、城外呼応して一夜でモンス市を占領した。

アルバ公は、ベガーズが占拠したデン・ブリルよりもフラッシングよりも、まずフランス王国が後楯となっているモンスが戦略的に重要と判断して、直ちに自分の息子ドン・フェデリコにモンスの包囲を命じた。ルイの側にはフランス王の約束した援軍約一万のユグノーは到着したが、同じくモンスの救援に向いつつあったウィリアムの軍との合流を待つべきだ、とのルイの忠告も聞かず突入して、六千のフェデリコ軍に痛撃されて壊滅してしまった。

ウィリアムはなおフランス軍の増援を期待してモンスに向ったが、途中でサン・バルトロミューの虐殺の報が入った。わずか二週間の間にフランスの政情は一変して、ユグノーは逆に弾圧される立場になった。これを聞いたスペイン王フィリップは狂喜したという。

今まではフランス王の援助を期待して、モンスを足場とする南部からの侵攻を計画して来たが、こうなってはモンスを救うこと自体が不可能となった。ウィリアムは兵隊の維持も困難となって、ルイに対しては最良の条件で撤退するように勧告して、兵を引き揚げざるを得なくなった。ルイの兵士達もフランスの政変とウィリアム軍の撤退を聞いて、もはや戦意を失った。

ここでまた、アルバ公は名を捨てて実を取った。北部の状況は急を告げている。一刻も早く南部を収拾して北上しなければならない。ルイも憎いが、そんなことは戦略的に末梢事である。そこで、ルイの軍隊もこれに協力した市民も、武器を持ったまま引き揚げてよいという条件で開城させた。

武装したままのルイの軍隊は騎士道の礼をもって見送られたが、そのあとスペイン軍に占領されたモンス市はおきまりの暴行掠奪の場となり、さしもの繁栄を誇った町も廃墟となった。ここで北部の反乱軍は、あてにしていたフランスの援助もなく、独力でスペインに立ち向うことになるが、ともあれモンス市の攻防の間、北部の諸都市はスペイン軍の反攻に備える貴重な時間を稼いだ。もう、こうなってはオランダの独立の成否は、反乱軍の士気がどこまでスペインの反攻を支えるかだけにかかっていた。

アルバ公の大軍が北上するにつれて、いったんはウィリアムの旗をかかげたブラバント、フランドルの諸都市は次々に降伏して、町の鍵をスペイン軍に渡して恭順の意を表した。スペイン軍は鍵を受け取ったが、その後の暴行掠奪は「あたかも異教徒のトルコの町を占領したキリスト教徒の兵と同じように振舞った」。とくに当初、ほんのわずかでも抵抗を試みた都市については仮借なく、住民の皆殺しを命じた。

このような場合のスペイン軍の残虐行為はどの町でも同じ型であり、描写するだけでも身の毛がよだつほどである。しかし、モトリーも「書くのは望むところではないが、それは歴史家の義務であろう。事実を薄めて書くのは卑劣であり、事実を誇大に書くことはこの場合不可能なのだから、正確に書くほかはない」と言っている。私もここでは一つだけ、ナールデン市の例を記しておく。その後、オランダの諸都市がスペインの和平条件を容れて降伏するかどうかを決定するに際し、常に抗戦派がナールデンの例を引いて、スペイン軍の約束は詐《いつわ》りであり、徹底抗戦以外の道はないと主張する根拠とした歴史的な例であるからである。

スペイン兵約百名がナールデンの城門に到着した時、住民達は「われわれは国王とウィリアム公のために城を守る」と回答した。しかし、その後、援軍を求めに使者を出したが、反乱軍の本拠であるホラントの海岸沿いから距離が離れているために十分な援助は得られず、とうてい城は守り切れないと判断して、スペイン軍との和平を求めた。

スペイン側は、市の鍵を渡せば住民の生命と財産は神聖なものとして保全されるであろうと誓約した。そこで市民はスペイン兵を迎え入れ、町中の婦人が集って料理を作って大宴会を催し、スペイン兵はこの御馳走を十分に楽しんだ。

ここまでは、かつてのフランス名画『女だけの都』のような光景だったのであろう。食事のあと町の鐘が鳴り、住民達はタウン・ホールに集るように言われた。全員が集ったところで一人のカソリック僧が入って来て、住民達に死の覚悟をするように言い渡した。その瞬間、教会の扉が開かれスペイン兵が乱入して来て、数分間のうちに全員を殺戮し、その後、建物に火を放って死体とともにすべてを灰燼に帰せしめた。

その後、スペイン兵は全市を荒しまわった。男達は掠奪品の運搬に使われ、それが終ると殺された。隠れている人間を追い出すために、すべての家に火がつけられた。人々は剣や斧で切り刻まれた。少しでも抵抗した者は生きたまま体を切り裂かれ、スペイン兵は人々が苦しみながら死んでいく姿を見て楽しんだ。

わずかな時間ではあるが死の猶予を与えられた男達もいたが、それは彼の目の前で妻や娘が強姦されるのを見せつけられるためであり、それがすむと殺された。教会の祭壇は、男達を殺し女性を犯すために使われた。ラテン語アカデミーの学長ホルテンシウスはその学識の故に一命は助けられたが、その代りに目の前で自らの息子が殺され、心臓をえぐり取られるのを見せつけられた。

全くの偶然による以外、生き延びた者はほとんどいなかった。何百人かの人々は雪の野の中を逃れようとしたが、追いつかれて裸にされ、樹に逆さ吊りにされて、やがて死んだ。ある裕福な市役人は、足の踝《くるぶし》がほとんど燃えてなくなるまで火に焙られる拷問を受け、多額の身代金を払うことを約束させられたが、その直後にドン・フェデリコ自身の命令で自分の家の扉にしばり首にされ、その四肢は城門に釘づけにされた。

ドン・フェデリコは死者を墓場に葬ることを禁止し、死屍を腐るにまかせたので、生き延びられた少数の女達は、かつて夫であり父や子であった人々の死臭の中に生きねばならなかった。

アルバ公はフィリップに対して、「すべての市民は喉をかき切られ、人の母から生まれた息子で生き残っている者はいない」と実情を極めて正確に報告し、「こんな守れるはずのない町を守ろうとした者どもに対する天罰である」と言ったという。

## ハーレムの死闘

ナールデンを征服したドン・フェデリコはアルバ公が本拠を構えるアムステルダムに赴いて、フィリップ王と父アルバ公から、それぞれその勲功を讃えられた。

アムステルダムは当時はまだ反乱に参加していなかったので、ホラント州の中の唯一のスペイン軍の拠点となっていた。アルバ公の次の作戦は、当然ながらホラント州全州の制圧にあった。

ハーレムは北海に面して南北に走るホラント州のちょうどまん中にあり、また外洋と内海との間がいちばん狭くなっている場所なので、ここを占領すれば反乱軍を南北に分断し、各個に料理することが出来る都合のよい戦略的地位にあった。

スペイン王の使いはハーレムに赴き、王の意向にしたがわない場合は、ナールデン等と同じ運命が待っていることを明白に告げた。ハーレムの町の有力者の中には、市民の多数の意向にそむいてひそかにスペインの陣に交渉に赴いた者もいたが、ハーレム市はこれを公正な裁判にかけ、絞首刑にして抵抗の意思を示した。

一つには、オランダ側はその直前、小さな軍事的成功を収めて、士気が高揚していた。

ホラント州の一船隊がアムステルダムの沖合で氷結して動けなくなったのを見て、ナールデンから引き揚げたばかりのドン・フェデリコは部隊を派遣してこれを捕獲しようとした。しかし船の乗組員は船の周囲に濠を掘って守り、スケートを用いた機動性を発揮してフェデリコの部隊を撃破し、たちまち数百名のスペイン兵を氷の上に死体として残し、氷が緩んだ機会に立ち去った。

アルバ公は「氷上の戦いとはこんなものか。まだ見たことがなかった」と嘆息したが、さすがに瞬時も無駄にせず、直ちに七千足のスケートを発注して、配下のスペイン軍に訓練を命じた。

アムステルダムからハーレムまでは十マイルしかなかったが、間に湖があり、細い堤の道が走っているだけだった。この湖が主要な戦闘の舞台となった。攻城は十二月十日に始まり、ドン・フェデリコは霧を利して、一挙に三万を越す兵を、湖を越えて城壁の周りに布陣させることに成功した。

ハーレムはオランダで最も美しい町といわれたが、城壁はそれほど堅固ではなく、守備兵も少なかった。頼みはむしろ市民の士気だけだった。籠城が始まった時の兵力は、武器を持った男子三千名、婦人部隊三百名と、工兵隊一千名だった。婦人軍は四十七歳の徳の高い未亡人に指揮され、すべての戦いに勇猛果敢に参加した。このような婦人部隊を前にしては、男は唯一人として卑怯な振舞いなど出来なかったであろう、とモトリーは書いている。

戦いは型の如く城壁に対する砲撃から始まり、三日間にわたって六百八十発の弾丸を撃ち込んだあとで、スペイン軍は半ば崩れた城壁に殺到した。しかし、壁の上には市民が総出で、岩石や燃えた石炭や熱湯を投げて守った。スペイン兵と聞いただけで恐れて逃げる敵ばかりを相手にして来たスペイン兵にとっては、まさに千早城の戦いのような驚きだった。攻撃軍は三、四百名の損害を出し、市民側はわずか三、四名が命を失っただけであった。スペイン軍は多くの士官を失い、部隊長ロメロも片目をなくし、渋々と退却のラッパを命じた。

その間、ウィリアムは二千名の援軍を出してスペイン軍を牽制《けんせい》しようとしたが、やはり野戦ではスペイン軍の敵でなく、殲滅されてしまった。スペイン軍はウィリアム側の指揮官の首を斬り、「これがハーレム救援隊の首だ」という手紙を添えて城内にほうり込んだ。

正面攻撃に失敗した後、フェデリコはトンネル作戦をはかったが、オランダ側も反対側からトンネルを掘り、地下の暗黒の坑道の中で短刀と短刀の白兵戦が行われ、ここでもスペイン軍は前に進めなかった。

そこで攻城軍はもう一度、正攻法に戻り、十分な準備を整えて、全兵力を集中して、しかも敵の守りの薄いところを奇襲攻撃する作戦を立てた。一月三十一日の深夜、猛砲撃の後、スペイン軍は城壁の一角の守備兵を圧倒して、遂に一部を占領した。もはやあとは城内になだれ込み、住民を殺戮し、掠奪するだけと思えた。そして夜明けとともに、全軍が城壁を越えて市内に入ろうとした瞬間に、城壁の内側にもう一つ堅固な城壁があるのを発見した。

凍てつくような十二月と一月の二カ月の間、ハーレムの市民は婦人、子供、老人の労働で、夜を日に継いで営々として内側の壁を作っていたのである。スペイン軍は新しい城壁からの砲撃に曝され、しかも足もとでは埋められた地雷が爆発し、三百名の死者を残して退却した。

ここでスペイン軍は通常の方法では城が落ちないと覚って、兵糧攻めに策を転じた。冬の間は、ウィリアムの軍からの救援物資は凍った湖上をそりで運ばれて来たが、春が来れば湖はスペインの軍艦が制圧することが出来る。それまで包囲を続ければよいのである。

兵糧攻めの間も、城壁の下では小競り合いは続き、時として龍籠城軍は奇襲作戦で相当の成果を収めたりした。その間の英雄的な戦功の逸話は多いが、ここでは長くなるので割愛せざるを得ない。アルバ公自身、フィリップ王に「ハーレムほどの優れた戦術と勇気で守られた砦は、反乱軍によるものにせよ正統的な君主のための軍隊によるものにせよ、かつて見たことがない」と報告したほどである。

しかし、二月の末になって氷が緩み、氷上の補給が困難になると、城中に飢餓が迫って来た。スペインの船隊に対してはウィリアムも船隊を作って対抗しようとしたが、資金のないオランダ側の船はどうしても小さかった。五月二十八日に水上戦が行われ、船と船を接舷して、双方合わせて数千の死者が出る白兵戦となったが、ウィリアム側の艦隊は敗れ、湖はスペイン艦隊の制圧するところとなった。これは、ハーレムの運命の終りの始まりを意味した。

それでもホラントの人々は、何とかしてハーレムを救おうとした。ロッテルダムやデルフトなどの南部の諸都市からは、ハーレムの勇戦に感動して援軍を出そうという動きが高まった。ウィリアムは、軍事に経験のない雑軍がスペインの正規兵に対してどのぐらい有効か疑問を持ったが、事態は切迫しているし、正規軍を雇うあてもなかった。といって皆の熱意も無に出来ない。そこで自ら指揮して死地に赴くことを決意し、自分が死んだ場合に備えて代理の総督も任命した。

しかし市民達は、独立戦争にかけがえのないウィリアムが戦場に赴くことに全員一致して反対し、ウィリアムも渋々と皆の意見にしたがった。

志願兵は五千も集った。後にブルジョア政治家の代表として、オレンジ家とその軍隊に敵対するバルネフェルトも銃をかついで参加した。それが独立戦争時のオランダの市民達の心意気だった。しかし城中との連絡に放った鳩は途中で捉えられ、作戦を事前に十分に知っていたスペイン軍に迎撃されて、救援軍はたちまち潰滅してしまった。

もはやハーレムを救う道は何一つ残されていなかった。市民達は遂に降伏の交渉を求めた。ドン・フェデリコとしては、すでに住民皆殺しの命を受けていたし、落城は時間の問題とは思っていたが、住民が自焚《じふん》して財宝を全部焼いてしまって掠奪品がなくなることを恐れて、交渉に応じ、例の如く詐りの条件を与えた。

市は七月十二日に開城したが、その後の虐殺についてはもはや繰り返す要もない。ナールデンの場合と違って、生き残っていた歴戦の勇士達は最後までヒロイズムに満ちていた。スペイン軍は、まずスペイン軍を散々に苦しめた将校達を求めたが、友人が間違って連行されるのを見て「俺が本人だ」と名乗り出た勇士の逸話もある。

ハーレムは陥ちた。しかし、ハーレムの戦いはスペインのオランダ支配に弔鐘を鳴らすものであった。

ホラント州で最も弱い城壁を持つ一都市を陥すために、無敵を誇る三万のスペインの精兵が一万発の砲弾を費やし、七カ月の時間と一万二千の兵を失ったのである。スペインがこの後、ホラント州全部を制圧するのにどのくらいの犠牲が必要なのだろうか、果してスペイン帝国がその負担に耐えられるのだろうか、この疑問がスペイン帝国の将来を暗雲となって覆い、逆にオランダ人にとっては希望の光となって、残った諸都市の抗戦の意思をますます固くさせたのである。

## ライデン

ハーレムを陥したあとのスペイン軍の主要目標は、南隣の主要都市ライデン（オランダ語ではレイデン）であった。

ウィリアムはハーレムの経験によって、ライデンの包囲を解くにはやはり正規の地上軍の来援が必要と考えていたのであろう。ドイツに待機していた弟のルイに、兵を挙げてアルバ軍が増援される前にデルフトのウィリアム軍に合流し、ライデンに向うよう指令した。それがうまくいけば、たしかにハーレムでスペイン軍の力が半減したあとでもあり、兵力バランスでは勝つチャンスが生じていた。

ルイは努力したものの、期待したほどの兵力は集められなかった。むしろ、戦上手のスペイン側の方がルイの来援の戦略的な意味を重視して、ライデンの囲みまで解いて、敏速に兵力をルイの進撃して来る方向に集中した。

一時的にライデンの囲みを解かせただけでもルイの来援の意味はあったといえようが、ルイがマースの河畔に着いた時は、目前で続々と数を増す優勢なスペイン軍の迎撃を避けるすべもなかった。ルイの軍も果敢に戦ったが、敗勢はおおうべくもなかった。遂にここが死に場所と観念したルイは、弟のヘンドリックとともに小人数の突撃隊を作って敵中に突入した。これがルイとヘンドリックについて知られている最後であり、乱戦の中でどういう死に方をしたかについては誰も知る人はいない。

ルイはモトリーが、彼以上に純粋で誠実で忠誠心のある人を歴史の中で見出すのは困難だろう、とまで言っている快男児であった。そしてまた母親が、数多い子供達の中でもとりわけ心の底から愛し信頼しきっていた息子であり、ウィリアムが杖とも柱とも頼む幕僚でもあった。ここにウィリアムは、若き騎士アドルフに続いてまた二人の良き弟達を失ったのである。

しかし、スペイン軍の残虐と、それに対する抵抗のために多くの家族兄弟を失っているネーデルラントの人々にとっては、ウィリアムが同じ犠牲を払ってまで戦い続けてくれているということは、慰めとも励ましともなったであろう。

二百三高地の激戦により、数多くの日本の家庭で一家の働き手やたった一人の息子を失った最中、人々の間で次のような都都逸が歌われたという。

ひとり息子をと泣いてはすまぬ
　　二人失くした方もある

乃木大将の犠牲があって、同胞は同じ苦難にも耐えられたのである。

ライデンの包囲は一五七三年十月から始まり、七四年三月にルイを迎撃するために中断されたが、ルイ軍撃滅後、五月二十六日から再開された。

ライデン市の失敗は、ルイの来援で包囲が解けたのに狂喜してその後の補給を怠り、ルイの犠牲を生かせなかったことである。そのために、籠城戦は初めから兵糧攻めとなった。六月に入ってからはすべての食糧は登録され、成年男子は一人一日肉半ポンドとパン半ポンドとし、その他にはしかるべき割合で配給された。

籠城のはじめ頃は城壁のまわりで絶え間なく戦闘が行われ、スペイン兵の首を取って帰った者には賞金が与えられ、ライデン側の兵士も戦功を競い合ったが、貴重な守備兵が損耗するのを避けるため、やがて戦闘は抑制された。

また、ウィリアムが土地の所有者達の賛同を得て周辺の堤防を切ったために、地上戦闘も少なくなり、あとはもっぱらスペイン群の囲みを破って食糧が届けられるかどうかが勝敗を決することとなった。

九月一日、ボアソ提督は八百人のゼーラントの海の男達を率いてライデンに向った。彼等は帽子に異教であるトルコの半月のしるしをつけ、「ローマ法王にしたがうくらいならトルコに」という文字を縫いつけた剽悍決死のシー・ベガーズ達であり、相手の貴賤を問わず、王であろうと法王であろうと手にかけた者は容赦せず殺すことを誓い合った集団だった。そのほかに、二千五百名の兵士と十門の大砲を載せた二百隻の船も準備された。

ライデンまでは海岸から十五マイルあった。はじめの五マイルにはすでに海水が十分浸入していたので楽に進めたが、そこから先は、行く手の堤防をスペインの守備軍から奪取しては切り拓き、その通路から海水と船を通過させながら進む戦いだった。しかし、東風の時は海水が大洋の方に押し流されるので水深が浅くなって進めず、西風を待っては前進した。

その間、ライデンの町は飢餓に苦しんでいた。食糧の不足という点ではハーレムの籠城よりもライデンの方が悲惨だった。犬、猫、草木で飢えを凌いでも体力が衰えるために疫病が広がり、六千人から八千人が病死した。それでも男も女も、餓死の方がスペインの占領よりましだと励まし合って町を守った。

スペインからは、矢継ぎ早に好条件の降伏勧告が来た。市の中には飢餓に堪え切れず、市長を取り囲んで責める者も出てきた。しかし市長は、「いずれは死ぬのだから名誉ある死を望む」と言って自らの剣を差し出し、「これで私の胸を突いて、私の体で飢えを和らげてくれ。ただ、私が生きているかぎりは決して降伏しない」と答えた。

市民達は遠くの砲声や火の手で救援隊が近づきつつあることは知っていて、毎日、望楼から水面の彼方を望んでいたが、九月二十八日になってやっと伝書鳩が届き、救援の船団が数日間の距離にあることを報せて来た。そして十月一日夜、船団は西南の強風で一挙に包囲軍の砦の近くまで迫り、迎え撃ったスペインの艦隊を制圧した。

しかし、まだスペイン軍の強固な砦二つを突破しなければならない。それには何日間の戦闘とどのくらいの犠牲が必要かわからなかった。しかし、この嵐は二重にオランダ側に幸いした。スペイン軍はオランダ遠征の間中、常に堤防を切られて慣れない水攻めに遭う悪夢に脅かされていたが、嵐で水位がどんどん上がって来るのを見る恐怖に堪え切れなかった。第一の砦から堤防沿いに脱出しようとしたスペイン軍はシー・ベガーズの襲撃の好餌となって、千人以上が殺されるか水に突き落された。

第二の砦は堅固だったが、もはや一刻の猶予も許されないと判断した攻撃軍は、翌日、一か八かの総攻撃をかける決意で戦闘準備をした。ところが夜が明けてみると、スペイン軍は夜陰にまぎれてすでに脱出してしまっていた。やはり水の恐怖に堪え切れなかったのである。

こうして十月三日、ボアソの艦隊はライデンに着いた。

埠頭に集る群衆に対して船からパンが投げられた。二カ月もパンのようなまともな食事を見たことのない市民達はこれをむさぼり食べて、中には窒息死した者もいた。

群衆に歓迎されたボアソ提督は、そのまま群衆とともに教会の集会に出席した。何千人もが声を合わせてサンクス・ギヴィングの聖歌を歌ったが、聖歌の斉唱は途中ではたと止まってしまった。感動が胸に迫って誰も声が出なくなったのである。そして、誰もが子供のように声をあげて泣いた。

翌十月四日、強い東風が吹いて、「あたかも必要な一仕事が終ったかの如く」海の水は大洋に向って帰っていった。人々は神の恩寵を感じた。そして、直ちに堤防の修復が始められた。

スペイン軍はそれ以降、もうホラント州の町を攻撃しようとはしなかった。アルバ公はハーレムの戦後、すでに引退していたし、後任の司令官にとっても、戦闘に負けたのではなく、水には勝てなかったというのが、栄光あるスペイン軍のせめてもの慰めとも口実ともなった。

しかし、ハーレムとライデンの戦いの結果、もはやスペイン軍は無敵でもなく、ホラント州にまでスペイン帝国を維持するのに十分な力を持たないことは誰の目にも明らかになった。

希代の戦略家であるアルバ公には当然、それが見えていたのであろう。だからハーレムの戦いがすむと、すぐに引退したのであろう。

引退にあたって、アルバ公は最後まで詐術を用い、ネーデルラントを収奪した。アルバはアムステルダムの金持達から多額の借金をして、ある期日に払うことを約束していたが、約束の日の前にひそかにアムステルダムを脱出して帰国したのである。これが、一度もスペイン王とアルバ公の権威に抵抗したことのないアムステルダムの市民に対する仕打ちであった。中には一夜で富裕階級から貧民に転落したオランダ人もいたという。

このスペイン帝国の黄昏をもたらした、ライデン市民達の英雄的な戦いに対する感謝のしるしとして、ホラント州とゼーラント州の人々は大学を寄付することにした。これが今に残るライデン大学である。

自由を守り抜くオランダ人の敢闘精神と百万の生霊の犠牲の上に、はじめて全ヨーロッパがスペインの専制支配を脱し得たというのは、文字通りの事実だったのであろう。八十年にわたるオランダ独立戦争の歴史の中で最も悲痛な、そして英雄的な叙事詩の時代であった。

# 第四章　若き共和国

ネーデルラント独立戦争の過程で、将来、オランダとなる地域とベルギーとなる地域は、別々の道を歩み始めることとなる。その直接の原因は宗教であった。

デン・ブリルの占拠後一斉蜂起してスペイン人を駆逐したオランダのプロテスタントは、当然の心情として、スペイン人の残虐には残虐をもって報いた。それだけでなく、その残虐行為の対象はカソリックの僧侶にも、また同じネーデルラント人であるカソリック教徒にも及んだ。

バーカーは、もしカソリック迫害がなければ、あの時点ではスペインはネーデルラントから手を引いたかもしれないと書いている。

それはそうだったかもしれない。スペインとしては、当面、打つ手がない状況だった。そして、事態をウィリアムにまかせるという政治的選択もあり得た。スペイン人を駆逐した諸都市はそれぞれ声明を発して、自分達のスペイン王に対する忠誠は変らない、われわれはただ、その悪代官であるアルバ公の虐政に反抗したものであって、スペイン王の代理であるウィリアム公を支持するものだと言っているからである。

ネーデルラントの人々の間には、まだまだスペインの武力に対する恐怖も残っていたので、反乱の罪を免れて事態が平和的に解決されるのを望んだのであろう。

また、当時はまだ大国の君主に忠誠を誓ってその庇護を得るということは、小さな国にとって普通のことであった。現にオランダは、その後もスペインの脅威から自らを守るために、英、仏それぞれに対して藩属による庇護を求める試みをしている。専制を否定して独立と人民の権利を主張するという、画期的な政治思想が生まれて来るのは、後述するように、独立戦争のもっとあとの段階においてである。

しかし、反乱軍の手によってカソリック教徒が迫害されているのを見ては、スペインとしてはローマ・カソリックの信仰の守護者たる国家の大原則上、これを見逃すわけにはいかない。

ウィリアム公は政治的にも思慮深く、また心の優しい人だった。ウィリアム公は、ネーデルラント解放前からの彼の信念を実行して、自ら身の危険を冒しながらカソリック教会の布教の自由を認め、カソリック教会とその僧侶の保護を命じた。そして、プロテスタントとカソリックが相互に攻撃し合うことを厳罰をもって禁じた。

しかし、プロテスタントの過激派であり、カソリックに対して最も非寛容で、それだけにオランダ諸都市の解放に最も大きく貢献したカルヴィン派を抑えるのは容易なことではなかった。その上、その命令を執行すべき立場にあった司令官ウィレム・ファン・デル・マルクこそカソリック迫害の主導者であり、デン・ブリルでは捕らえた僧侶はことごとく虐殺し、その後も数々の残虐行為を働いた。

彼がウィリアムの尊敬するカソリックの高僧を拷問して殺した時は、ウィリアムは涙を流し、遂に彼を免職して追放した。ファン・デル・マルクは自分の支持者を集めて各地方で騒擾を起したが、翌七四年、狂犬に噛まれて死んでいる。激情の人の異常な死だった。

このような状況では、とうていウィリアム公の命令は実行さるべくもなかった。こうなると、南部のカソリック教徒は身の危険を感じるので、スペインの保護を期待するほかはない。こうしてスペインは南部に軍事拠点を維持出来るようになり、オランダ独立戦争は延々と八十年も続くことになるのである。

## アントワープの掠奪

ところが戦争の初期に、一時的ではあるが、南北両ネーデルラントを統一させる突発的事件が起った。

一五七六年十一月四日、給料の支払いが遅れたのを怒ったスペイン軍の一部が暴動を起して、アントワープ市を占拠、掠奪した。スペイン側の発表では、反乱軍はせいぜい五千人までの規模であったが、二十万の市民と一万二千の傭兵を擁するアントワープ市民は、スペイン兵に対する恐怖のあまりろくに抵抗も出来なかった。たちまちのうちに傭兵と市民合わせて八千名が虐殺あるいは焚殺されたが、スペイン兵の死者はわずか二百名だった。あとは町中いたるところで殺人、強姦が行われ、五百もの大邸宅が火をつけられて灰燼に帰した。

モトリーは、スペイン人の残虐の中でも、この時ほど怖ろしいものはなかったと記している。一つには、スペイン兵の目的は金銀宝石の掠奪であり、そのためには老若男女を問わず捕らえて、拷問して隠した宝のありかを知ろうとしたからである。その結果、財宝の有無にかかわらず、捕らえられたすべての人が死ぬまで拷問された。そして想像を絶する額の金銀が運び去られ、アントワープ市の損害は三百万ポンドにのぼり、世界の富の中心地は一夜にして窮乏のどん底に落ちた。グイキアルディニの表現によると、この事件の前とあとでは、アントワープの豊かさには昼と夜の差があったという。

ホラント州には一時に一万八千人もの避難民が流れ込み、その多くはアムステルダムに定住した。アムステルダムは商業の避難先としていろいろ条件が整っていたし、何よりもホラント州は水に囲まれた一種の島で、スペイン人の攻撃から安全と感じられたからである。これが、アムステルダムがアントワープの後継者となる端緒である。

このスペイン兵の乱暴（スパニッシュ・フューリー）には、全ネーデルラントがふるえ上がった。たまたまネーデルラント全州の協力を討議していた会議は、事件の四日後、いわゆる「ガンの和解」を締結した。

「ガンの和解」はネーデルラント全州の同盟条約であり、ウィリアム・ザ・サイレント公の最高の外交的成果というべきものである。これによれば、北部諸州と南部諸州はスペイン人を追い払うために結束し、その後に連邦議会を開いて、その決定にしたがうことを互いに約束した。また、スペインが布告したすべての残虐な法令は廃止し、ウィリアム公はすべての州の総督と海軍司令官に任命された。

この和解が成立した時のネーデルラント全国民の歓喜とお祭り騒ぎは、筆舌に尽し難いものがあったという。

ウィリアムの提案では、この和解は各州代表者によってだけでなく、オランダ全住民によって受諾されなければならないとされていたが、各市はどこも市会の証人などの手続きによらず、町の広場において聖歌の合唱と楽隊の演奏と祝砲の音によって、歓呼の中にこの報せを迎えたという。またこの結果、スペイン軍があきらめて自発的に放棄した市もあり、ネーデルラント住民の士気は大いに上がった。

ここにフランドル、ブラバントの工業と豊かな農業と、北部の漁業、航海業は合体し、自由と民主主義と宗教的寛容の世界はじめての近代国家が生まれたわけである。

しかし、もともと北部と南部では言語、人種、宗教も違い、地方自治と個人主義の伝統の強い土地柄だけに、あらゆる問題について国民的統一の実現は困難に直面し、わずかにウィリアム公の権威と能力によって統一が維持されている状況であった。

ただし人種、言語の違いは、当時としてはたいした問題ではなかったらしい。まだ近代民族主義、国家主義の前の時代であり、一世紀前には多言語のスイス共和国の成立の例もあり、コスモポリタン的性格を有するネーデルラント人にとっては、人種、言語は問題になった形跡はない。

しかし、宗教は人種、あるいは国家をも超えたいちばん大事な問題であった。南部のエノー州などは純粋なカソリック地域であったので、プロテスタントに対して寛容であるということ自体が、背信の罪になるのではないかとの恐怖を抱くような雰囲気だった。

「プロテスタントとローマ・カソリックの迫害狂同士の行動は異端審問の状況を再現し、ウィリアム公はプロテスタントとローマ・カソリック間の乖離《かいり》が広がっていくのを、無念の想いで見ているほかはなかった」

おそらくは、この時点ではやむを得ない成り行きであったのだろう。まだ全ヨーロッパは、宗教改革とこれに対抗する異端の審問の真只中であり、それから四十年後に血で血を洗う宗教戦争に突入する宗教対立の機運が少しずつ熟しつつある段階にあった。むしろ、オランダの独立戦争は宗教戦争の序曲ともいうべきものであった。信仰の自由が人類の間で許容されるのは、それからまた三十年間の破滅的な三十年戦争の悲惨な経験を経てからである。ウィリアム公の宗教的寛容さは、時代より一世紀早過ぎたと言ってよいのであろう。

しかし、信仰の自由についてのウィリアム公の信念は、その後継者マウリッツ公、フレデリック・ヘンドリック公によって引き継がれ、その結果、多数の宗教迫害の被害者の移住を許し、オランダ繁栄の一因を作った。

他方、最初の反乱鎮圧に失敗したとはいえスペインは大帝国であり、軍事、外交にまだ圧倒的な力を持ち、また有為の人材も持っていた。スペインはこの状況を察して、ネーデルラントの諸州、諸貴族に対して、陽に名分を説き、陰に賄賂を惜しみなくばらまいて、外交的分断、離間工作を行った。そして、フィリップの異母弟であり、七一年のレパントの海戦でキリスト教連合艦隊を指揮してトルコ艦隊を撃滅し、地中海の覇権をトルコから奪ったキリスト教世界の英雄、オーストリア公ドン・ファンがネーデルラントの総督に任命され、このドン・ファンの工作が功を奏して、ベルギー地方のローマ・カソリックは分離するにいたった。

「ガンの和解」から二年少ししか経っていない一五七九年一月には早くもアルラスの連合が成立し、ローマ・カソリックとスペイン王の権威を維持し、宗教的和解に反対する旨を宣言した。これが現在のベルギー国の始まりといえる。

こうなると北部は、直ちにスペインの脅威に対抗するために再び結束を固めなければならない。時をおかず、北部七州も一月の末にはユトレヒトの連合を結成した。

この連合宣言は一七九五年、フランス革命の余波を受けた革命が起るまで二百年にわたって、事実上、オランダの憲法となった。この連合によって七つの州は永遠に、あたかも一つの州であるかの如く結束して、外部からの攻撃に共同してあたることとし、外部との境界に新しい砦を造る経費は共同で支払うこととした。種々の手数料、使用料は競争入札とし、その収益は共通の防衛費にあて、十八歳から六十歳までの住民は登録され、軍事教練を受けた。また信仰の自由も規定した。

しかし、この憲法は一つの国家の憲法というよりも、それぞれ主権を有する各自治体の権利を再確認し、共通の目的のために、各自の主権の最小限の部分を、ある場合は暫定的とかぎって、統一体に委任するものである。

これが、その後のオランダの国家全体の利益のための政策の遂行をはなはだしく妨げることとなるという点は、バーカーが終始強調している本書のメイン・テーマであるので、また別に詳しく触れる機会もあると思うが、とくに問題なのは、和戦の問題と税金の問題について各州の満場一致の決定が必要なことであった。各州の意見が一致しない場合の総督による仲裁の規定はあったが、その権限は曖昧であった。

いずれにしても、この憲法体制は各州の主権と総督の権限との間の極めて不安定なバランスの上に立つものであり、ウィリアム公の在世中は、その過去の業績の上に立つカリスマ的権威とその能力、識見とによって、何とか不自由ながらも国政が運用されているという状況だった。

こうした状態の下において、スペイン王フィリップがウィリアム公を除くことに政策の主要目標をおいたのも、無理からぬことであった。

## ウィリアムの死

スペインはアルラスの連合によって、剣で失ったものを外交で取り返した。さらに北部州の分裂も試みたが、これには成功しなかったので、その努力を北部統合の中心であるウィリアム公の暗殺に集中した。

そこでグランベラ枢機卿の献策によって、ウィリアム公の暗殺に莫大な褒奨金を出すことを公然と布告した。この布告文は五百字に及ぶ長文であるが、当時のスペインとローマ・カソリックの中世的な権威主義を示す面白い文章なので抄訳を掲げる。

「ウィリアムはキリスト教世界の公衆の害毒であり、われわれのすべての王国、すべての領域においても未来永劫に彼は謀反人であり、悪人であり、われわれの敵であることを宣言し布告する。いかなる領域においてもわが臣民は、公然であろうと非公然であろうとを問わず、彼を訪問し、彼と生活し、彼と会話し、彼の訪問を受け、彼を宿泊させ、肉や飲料水や、その他あらゆるものを提供してはならない。（中略）

われわれはウィリアムの専制と圧政から人々を救うために、神の奉仕者としての王の言葉にかけて約束する。わが臣民あるいは外国人であって、この布告を実行する気高い勇気と公共の福祉のために奉仕する意思のある人がいて、生きたままでも死体であっても、彼をわれわれのもとに送るか、少なくとも彼の生命を奪う者がいれば、その者またはその財産相続人に対して、直ちに現金かよい土地をもって金二万五千クラウンを与え、もしその者が罪を犯していれば、それがいかに重大かつ怖るべき罪であっても赦免することを約束する。……」

これでは、フィリップとウィリアムとの関係は最終的に断絶するしかない。今までは、ウィリアムはフィリップから任命された総督であり、スペイン王の統治下にあることは認めながら、その代官の悪政に抵抗するというフィクションの上に立って戦争をしてきたが、もうそういうことを言っている時は過ぎた。

ここにおいて、一五八一年七月二十六日に公布されたのが忠誠廃棄宣言である。この宣言こそは世界で最初の自由民権宣言であり、英国の名誉革命、フランス革命、アメリカ独立宣言の淵源をなすものである。この経緯を見れば、自由民権の思想も、その始まりは抽象的な政治思想ではなく、あらゆる平和的方法で、専制君主により穏健な政策を取らせようと試みて、成功しなかった歴史的背景があったことがわかる。また物事を神と人との関係の根源に溯って考えようとする宗教改革の時代の精神が、天賦の人権という思想の背景にあることもわかる。

「人間は君主のために神に創られたのではない。人間は、君主の命令が敬虔なものであっても背信的なものであっても、あるいは正しくても誤っていてもそれとは関係なく、君主の命令にしたがい、奴隷として君主に奉仕するために神に創られたものではない。反対に君主は、人民なしでは君主というものは存在しないのであるから、父が子にするように、牧人が羊にするように、正義と公平をもって人民を養い、保護し、統治するためにあるものである。

この原則に反して、その人民をあたかも奴隷のように統治しようとする者があれば、その者は専制者と見なされ、もし人民が謙虚な態度の懇願や祈りによっても元来の権利を保障できず、他に方法がない場合は、とくに各州の決議による場合は、その者を拒否し、または廃位させることが出来る」

この原則を掲げた上で具体的な例を挙げてスペイン王の非を鳴らし、その理由の上に立ってスペイン王への忠誠を廃棄したのがこの文書であり、これ以降はオランダの反乱は名実共にオランダ独立戦争となるわけである。

しかし、二万五千クラウンの賞金の約束はその功を奏した。二年間に五回の暗殺未遂があったあと、一五八四年七月十日、ウィリアム公は、カルヴィン派をよそおってウィリアムに近づいた、狂信的なカソリックの暗殺者ジェラールの至近距離の三発の銃弾を受けてその場で死ぬ。最後の言葉は、「私は死ぬ。神よわが魂に恵みを垂れ給え。わが哀しき民を救い給え」であった。

一六二一年に建立されたウィリアム公の記念碑には、次の墓碑銘が刻まれている。

「偉大にして善き神のために、そして自らと自らの家族の繁栄よりもネーデルラントの繁栄の方を選んだわが国の父、オレンジ公爵、ナッサウのウィリアムのために。

彼はほとんど自分の経費負担で、二回にわたって軍隊を挙げた。彼はスペインの専制を駆逐し、諸州を指導した。彼は真の信仰と、この国の古来の法を回復した。彼は彼の遺徳の継承者であるマウリッツ公によって、この国の自由を完全に達成させるようにした。

オランダの各州は彼のためにこの記念碑を建て、ヨーロッパの恐怖であったスペイン王のフィリップ二世が、これを怖れながらも屈服させられなかったために、卑劣にも暗殺者を雇って殺した、この真に敬虔な、思慮深い、無敵の英雄の記憶を永遠に記念するものである」

フィリップはこの報を聞いて狂喜し、ウィリアムは神の手によって死んだものであると宣言した。ただし、暗殺者の遺族に対してはある程度の領地を与え貴族に列せしめたが、賞金の支払いはごまかしてしまった由である。

## アントワープの陥落

この時点で、ネーデルラントは最大の危機を迎えていた。

アルラスの連合によって南西部諸州に足場を得たスペインは、名将パルマ公に八万の大軍を授けて北上させた。パルマはレパントの海戦に自ら志願して参加し、トルコ側の最も堅固に守られた財宝艦に自分の船を横づけにしてまっ先に乗り込み、得意の二刀流の剣を振るって数知れぬ敵をなぎ倒し、自ら敵将を斬った勇将であるが、それだけでなく戦いにあたっては常に冷静、現実的、合理的であり、アルバ公の衣鉢を継ぐスペイン帝国の誇る名将であり、ドン・ファンの死後は総督の地位を継いでいた。

その結果、イープル、テルモンド（オランダ語ではデンテルモンデ）、ガン、メヘレン、ブリュージュ、ブリュッセル等の諸都市は次々に降伏して、スペイン軍の手に陥ちた。ウィリアム公が暗殺された頃には、残るは南部最大の都市アントワープだけとなり、パルマ公の軍はアントワープの城門に迫った。

パルマ公の大軍の包囲を受けながら、アントワープは降伏を拒んだ。アントワープは難攻不落だという自信があったからである。市は川幅数千フィートのシェルト河で守られ、その城壁はネーデルラント一の堅固さを誇り、また堤防を毀《こぼ》てば周辺はすべて水没するので、包囲は不可能となる地形であった。

ウィリアムは死の直前、堤防の破壊を命じた。そうすればスペイン軍は河に近づくこと自体不可能となったし、また現在、狭い水路を通じて行われているアントワープ市の補給路を断つという作戦も、不可能となるからであった。

アントワープの司令官マルニクスはウィリアムの命令を執行しようとしたが、ファン・レイドの記述によれば、「ウィリアムの死によって、アントワープにはあらゆる権威というものが死んでしまった」のである。ここでバーカーは、アントワープの市民による民主政治が、戦時においていかに非効率的であるかを痛烈に批判している。

「デモクラシーは軍事組織の強力な溶解剤である。軍事組織は規律の上に基礎をおくが、デモクラシーは規律を否定する。人々は何時も自分のことだけを考える。さし迫る危険に対しては、あたかも雷に対するような態度をとる。すなわち、誰もがその災厄が自分個人に及ばないことだけを考えている。

アントワープでは、平時には誰も十分な防衛の準備をする権威を持たなかった。町の防衛に不可欠な城砦を建設しようとしても、自分の持っている資産の価値が下がるのを心配した市民の声の方が軍司令官より強かった。ウィリアム公が命令した堤防の破壊は、水没する牧場に家畜を飼っている食肉業者の激しい反対にあって実現されなかった。

市民たちはシェルト河の封鎖は不可能と思って楽観視していたところが、パルマ公は河に橋を架けることに成功し、アントワープの貿易も補給も断ってしまった。たちまち失業と食糧不足が襲い、住民の不満が高まった。その時になってアントワープ市は堤防を壊そうとしてみたが、時すでに遅く、作戦は大きな損害を出しながら成功しなかった。

そして、いかに世界一の堅固な城壁を誇っていても、それを守る傭兵は、市民によって軍事が閑却されていたためにものの役に立たなかった。アントワープの主要な城砦であるリーフケンスフックの攻防戦では、八百人の守備兵はことごとく殺され、スペイン側の損害は死者一名、負傷者三名だけだった」

この惨敗はまさにウィリアムが暗殺されたその日、一五八四年七月十日に起っている。ただしバーカーは、市民政治の不甲斐なさの批判に専念し、それ以外の戦争の詳細は省略しているが、ちなみにその後一年間の攻防戦の過程では、リーフケンスフックはいったんはゼーラント艦隊によって奪回されている。これに対してパルマは機敏にリーフケンスフックと橋との間の堡塁を占拠して、橋がゼーラント軍の砲撃に曝されるのを回避すると同時に、スペインの名誉を傷つけた守備隊長の首を刎《は》ねている。

「そのうちに市民達は仕事と食糧を要求し、平和を求めて騒擾を起した。その時、英国とホラント州は援軍を派遣する準備を進めていたが、アントワープ市はそれも待たずに、市民の多数の意思にしたがって降伏した。

アントワープ市を救い大ネーデルラント共和国を作る希望は、英国とホラント州の援軍が来るまで持ち堪えることにかかっていた。もしアントワープがライデンの魂を持っていたならば、あるいはウィリアムが生きていたならば、もはやスペインの紋章をネーデルラントのいかなる建物の正面にも見ることはなかったかもしれない。ベルギーは今世紀（十九世紀）にいたるまで、遠い外国の支配下に置かれたままになることなく、ネーデルラントの一部となっていたであろう」

## エリザベスの決意

たしかに英国は、アントワープを救う決意を固めていた。だがエリザベスがその決意をオランダの使節の前で明らかにしたのは、アントワープがスペインへの降伏文書に署名するわずか十二日前であった。

ウィリアムの死後、危機的な状況にあったオランダは、英仏の救いを求めるために交渉を続けてきた。そのためにオランダが提示した条件は、現代のナショナリズムの世界では考えられないことであるが、オランダの主権であった。

ウィリアムはその死の少し前に、オランダの王権を受けるよう要請されたことがあったが、ウィリアムが暗殺された時、嗣子マウリッツはまだ十七歳の学生であり、この難局を乗り切る指導者として若すぎると考えられた。

アントワープが失われれば、ネーデルラントの中心が失われる。あるいはそれが、オランダの運命の終りかもしれない。強大なスペイン帝国に対抗して生き延びるためには、英国かフランスの一部となるほかはないという判断である。

これはまた、ネーデルラント各都市のブルジョア政治家の強い支持を受けた。英仏に支援軍を頼めば、当時の常識として当然、お金が要る。お金の代りに主権をオファーしてただで援助が得られれば、こんなうまい話はないという計算である。これも当時の都市国家のメンタリティとして十分理解出来ることである。

他方、英仏の側にとってそれは、大スペイン帝国と敵対するという、国の命運を決する政治的決断を要し、また多額の軍事費をも意味したので、なかなかふみ切れなかった。

フランスは主権には関心があったが、当時、軍事援助をする余力に乏しかったし、またもともとカソリック国で、オランダの宗教の自由を尊重するかどうか疑わしい点があった。アントワープ市は最後までフランスの来援に空しい期待をかけていたが、マウリッツ公を支持する軍や民族派は、フランスに頼ることに慎重であった。

その意味で、客観的条件からいって英国との同盟は、オランダの外交政策にとってもともと本命であり、現にその後、何世紀かにわたって英国との関係が常にオランダの命運を決している。

他方、英国の宮廷の中でも議論は分かれ、オランダの主権を受けるまでにはいたらなかったが、結局はエリザベス女王の決断で、オランダ北部の幾つかの市を必要戦費の抵当に入れさせる条件でオランダ支援にふみ切った。ふり返って見れば、これが後に三世紀余にわたって世界に覇を唱えた大英帝国建設の発端であり、船出となるのである。

エリザベスは後世、英国ナショナリズムの象徴的存在として英国民から敬愛され続けるが、それは単にたまたま英国の興隆期に女王であったという結果論から来るものではなく、女王が自ら判断し決した、その個性に対する国民の評価も反映しているといえる。

英国史の専門家の御批判も仰ぎたいが、私はエリザベスという女性は偉大なロマンチストだったように思う。エリザベスの男性遍歴を見ても、エリザベスが求めていたものは、普通の女性が求める優しさ、誠実さ、落ち着いた静かな愛情ではなく、いずれも圭角あり毀誉褒貶あっても、他の男性にないような類い稀な男性的魅力を持った男達だった。彼女が自らの美貌と女性的魅力に強い自信を持っていたにもかかわらず、処女女王（ヴァージン・クウィーン）と呼ばれて肉体関係が皆無か、あっても例外的だったのは、彼女が求めたものが愛情よりも男性としての性格的魅力、何かを成し遂げた（アチーブメント）業績、容姿や若さや行動の華々しさなど、人間の資質本位あるいは能力主義であったことから説明出来るかもしれない。

彼女は、とくに冒険と武勲に憧れを持っていたようである。ウォルター・ラーリーが植民地事業を推進できたのも、また下層階級出身のドレイクがあれだけの偉業を成し遂げられたのも、エリザベスの応援があったからである。

フランシス・ドレイクが、当時スペインが支配していた全地球をまたにかけて荒しまわり、マジェランさえも中途で死んで果せなかった世界一周をはじめて成し遂げてイングランドに帰ってきたのは一五九〇年、エリザベスがオランダに派兵を決意する五年前である。このドレイクの業績が、スペイン帝国に敢えて挑戦しようというエリザベスの決意の背後にあったことも想像に難くない。

一五八五年八月五日、モトリーによれば、その頃、自らの美が極致に達していると考えていたという五十一歳のエリザベスは、オランダの使節を迎えて、群臣の前で演説をしている。

「……私が自分のしていることの意味を知らない、つまりスペイン王に対して戦争を始めていることを知らないという人は、大きな誤りを犯している。オランダ援助がスペイン王の逆鱗にふれることはよく知っている。それがどうしたというのだ？ 向うが来るのならば受けて立とう。私についていえば、私の心の中に怖れというものが忍び込んだことはない、と繰り返して言おう。人間はいずれ一度は死ななければならないのだ。私の破滅を欲している敵がいることを知っている。もし敵意が武力と一体となってくれば、事態はいくところまでいくであろう。しかし、私は自分を守る意思も武力もないようなか弱いプリンセスではない」

オランダ支援を決めた瞬間に、エリザベスは無敵艦隊の来襲までを読み切っているのである。そして「私は私自身がいとおしく思う英国の血を、すなわち私自身の血をオランダに送る」と述べて四千の歩兵と五百の騎兵の派兵を約し、「神よ、アントワープを解放し給え。そのためには私が今送るもののすべてを失っても悔いない。しかし、もしアントワープがあと六週間もてば、事態は好転するかもしれない」と結んでいる。

エリザベスの願いにもかかわらず、その十二日後、八月十七日にアントワープは降伏してしまった。こうなると、オランダとの同盟は英国にとってますます危険となる。しかし、その故にこそ英国とオランダはますます運命共同体となる、というエリザベスの判断は強固だった。

エリザベスは彼女の終生の愛人といわれるレスター侯爵に、約束した以上の兵力を授けてオランダに派遣し、マウリッツ公の軍隊と協力して対スペイン戦争を続けることを決定した。

## 無敵艦隊

アントワープを陥したスペイン軍は、余勢を駆って北上した。戦局は概してスペイン軍が押しぎみで幾つかの都市を陥したが、レスター侯の英国軍とマウリッツ公の率いるオランダ軍も善く戦い、戦局の進展ははかばかしくなかった。

むしろ、その頃のスペインの戦略の主な狙いは英国本土に定められていた。スペインはウィリアムの暗殺に成功して以来、次の目標をエリザベスに定めて数々の暗殺を企てたが、いずれも失敗した。エリザベスがオランダ救援を決めた演説で、「人間一度は死ぬ。私は怖れを知らない」と述べたのは、このことを指しているのである。

ちなみに、英国議会はこれに対して「女王の安全を守る法律」を採択してエリザベスの身辺を守ったが、一五八七年のスコットランドの女王メアリ・スチュアートの処刑は、この法律の適用によるものである。

エリザベスはレスター侯をオランダに送ると同時に、ドレイクに二十五隻の艦隊を授けて、スペインの財源である西インドを攻撃させた。攻撃は大成功で、スペインへの銀と財貨の転送は杜絶し、スペイン銀行は破産した。フランドルにおけるパルマの遠征軍は資金と食糧の欠乏に苦しみ、英蘭軍の士気は大いに上がり、パルマはドレイクを「スペイン王の恐怖」と呼んだ。ここにスペインは、ローマ法王の強力な支持の下に本格的な英国征服の準備を始めた。

ドレイクは一五八七年、再びエリザベスの命を受けて、三十隻を率いてスペイン艦隊の集結基地であるカディス港を急襲し、エリザベスの期待にそむかず、何千トンもの船と補給物資を破壊して還ってきた。

この結果、遠征はまる一年間遅れたが、スペインの富はまだまだ無尽蔵であり、翌八八年七月には再建された無敵艦隊が英仏海峡に姿を現した。

艦隊は四層からなる千三百トンの、当時としては「怪物のような」巨船から三百トンまで、各種の軍艦を含んで百三十隻、総トン数五万九千トン、砲は三千百六十五門であった。八千名の水夫と二千名の奴隷が二万名の兵員を運んだ。他にスペイン貴族の粋を集めた自発的参加者とその従者二千名、そして英国上陸の後に異端審問所を開くべく同乗した三百名の僧侶がいた。これにパルマ軍からよりすぐった六千名の精兵がカレーで落ち合い、パルマを総指揮官として英仏海峡のいちばん狭い場所であるドーヴァー海峡を渡って、一挙に英国を征服する計画であった。

これに対し英国側は、自国の近海であるため、あとからの追加補給も小型船の動員も可能であり、単純な数の比較は出来ないが、迎え撃った時点では劣勢であり、とくに大型船の数ではスペインにはるかに及ばなかった。

スペイン側は正面から四つに組めば必ず勝つ自信があったが、英国側は決してその手に乗らなかった。艦隊が偏西風に乗って徐々にカレーに向っていくのを追尾しながら、常に後尾から砲撃し、あるいは仰角が固定している大砲の下に潜り込んで至近距離で砲弾を撃ち込み、スペイン側が接舷して白兵戦を試みると軽やかに操舵して遁れた。この戦いぶりは最後まで終始一貫してイギリスの戦術であり、スペイン側をして「戦闘するかしないかの選択は常に英国側にある」と嘆息せしめた。

それは、一つには英国が北海の海に慣れていたからであったが、もう一つは、スペイン船はすべて積載量いっぱいに兵員、弾薬を積んでいたので、動作が緩慢にならざるを得ないという不利があったからである。

こうしてスペイン側は、かなりの損害を蒙りながらも、なお圧倒的優勢を維持しつつ、八月六日には待ち合わせ場所のカレー港への集結に成功した。ところが、パルマ公の軍は到着していない。これが実に、この戦争の帰趨を決することになるのである。

パルマ公はもともと合流作戦の不可能なことを知っていた。砲も積めないし、ちょっとした波でも転覆するような底の浅い船に、虎の子の精兵を満載してカレー港まで運ぶなどということは自殺行為である。ホラントとゼーラントの海軍は船百五十隻を集めて、この間、全期間を通じて海岸に出るあらゆる水路で辛抱強く待ち伏せをして封鎖を続けている。その作戦に参加したオランダの船乗りの中には、将来、七つの海に大オランダ帝国を築く名提督達の名もあった。

パルマ公は、フラッシングのような海港をまず占領することが必要だと進言したが、聞き入れられなかった。スペイン本国では、四、五万の大兵を擁するパルマ軍が、カレーまでの短距離の間をオランダ側の妨害を排除出来ないとは、とうてい考えられなかったのである。しかし、重武装のスペイン軍はいかに陸戦に強くても、水陸両用作戦を要する地形ではホラントやゼーラント軍の敵ではなかった。一度、パルマは、反対する幕僚を自らの手で斬ってまでして千名の部隊を送って封鎖を解こうとしたが、送った千名の部隊は全滅して一人も生きて帰って来なかった。

カレーに集結したスペイン艦隊も、必ずしも安全ではなかった。北西の強風が吹き出すと、艦隊は海岸の砂州に吹き寄せられて座礁する惧れがある。一刻も早く英国に向け出港したいが、パルマ軍は到着していない。「パルマが英国と通じて裏切った」という流言も飛び交う中で、今後の作戦に思い悩んでいた。

他方、英国側もここを正念場と覚悟した。今までは外海の上で操船術の優勢に頼ってスペイン艦隊を悩ましてきたが、今や正面から対決しなければならない。これだけの艦隊が護送船団を組んで正面から向って来られては、とうていスペインの強兵がドーヴァーに上陸してくるのを妨げる手段はない。事実、乗り組んでいるスペイン兵の中には、アントワープの掠奪に参加した者もいて、ロンドンの掠奪の夢に酔っていたという。

「この大軍を相手では一工夫しないと勝ち目はないな」と判断したドレイクなどの英国の提督達

は、燃料と火薬を満載した船に火を放って、停泊しているスペイン艦隊にぶつける策を考えた。呉の孫権と蜀の劉備の連合軍が魏の曹操の水軍を破った赤壁の戦いと同じアイディアである。

実はアントワープの包囲戦の最中も、オランダ側はパルマ公が架けた橋に火薬船をぶつけて、パルマ軍に数千名の大損害を与えている。この作戦をもう一度使おうというのである。ただ、パルマ軍が何時到着するかわからないので、本土から必要な資材を取り寄せて十分な準備をする余裕がない。あり合わせの古い船六隻を火薬船に仕立てて、停泊中のスペイン艦隊に向わせた。これがまた奇襲効果があったようである。スペイン側もさるもので、英国側に火薬船の準備があるか事前に偵察し、その準備なしという報告を得ていたのである。

この作戦は、実際に与えた損害より心理的効果の方が大きかった。アントワープの記憶がいまだに鮮明なスペイン側は、宵闇の中を赤々と焔を立てて近づく船を見て「アントワープの火薬船だ」と口々に叫んで次々に碇《いかり》を切り、港外へと避難した。隊伍を乱した船がばらばらに外海に出れば、整然と戦闘準備をして待ち受けている英国側の思う壺である。その上に、地形と風に詳しい英国側はスペイン船を海岸近くに誘い込んでは、北西風で海岸の砂州の間に送り込んで座礁させ、これを捕獲、掠奪した。

七日の夜の火薬船の攻撃から始まった戦闘が丸一日続いた翌日の午後五時頃までには、スペイン側はほとんどすべての船が損害を受け、巨船のうち少なくとも十六隻を失い、四、五千名の将兵が戦死した。

大損害を蒙った艦隊はやむを得ず退却を決め、海岸への座礁を避けつつ北東に逃れたが、誇り高いスペイン軍の中には退却を潔しとせず、戦い続けようとした船もあったという。

それでも、まだスペイン艦隊の方が戦力の上では優勢であり、十分戦える力を持っていたが、風上から追尾して来る英国艦隊の得意の戦術に散々に悩まされた。英国艦隊は戦闘開始の時期を誤算したこともあって、十分な食糧を持っていなかった。しかし、ほうっておくと敵は、イギリス、スペインいずれにつくのか去就定かでないノルウェーやスコットランドに避難する惧れがある。それを妨げるべく、空腹のまま一週間、戦い続けた。

八月十四日になって、その年最大の嵐が訪れた。英国艦隊も散り散りばらばらになり、遭難しかけた船もあったが、どうやら全艦無事に港に帰った。しかし嵐は九月二日まで続き、スペイン艦隊はノルウェー沖やスコットランド沖、さらにはアイルランド沖の岩礁にまで残骸を曝した。

七月にスペインを出航した百三十四隻の船のうち、大小合わせてわずか五十三隻が、いずれも廃船同様となって帰港した。出航した三万人のスペイン人の中でスペインの土地に戻った者は一万人に満たず、名だたるスペイン貴族が数多く失われた。

スペインの名門で喪に服さない家はほとんどなく、国民の士気の阻喪を恐れた政府は喪に服することを禁じた。他方、スペインに併合されたことを快く思っていなかったリスボンの商人は、快哉を叫んだためフィリップの命令で直ちに絞首刑に処せられ、「スペイン帝国内では泣くことも笑うことも許されない」情況となったという。

この間のオランダ海軍の働きは、まさに英国を救ったといって過言でない。もしパルマの精兵が予定通りカレーの港で無敵艦隊を待ち受け、寸時も措かずに海峡を渡っていたとすれば、英国の運命はどうなっていたであろう。

英国もまた、スペイン軍の上陸を覚悟はしていた。義勇兵が続々と志願して集り、エリザベス女王自ら閲兵して、「私はかよわい女性の体しか持っていないが、王の心臓と胃袋（勇気あるいは度胸の意）、それも英国の王のそれを持っている」と演説している。

しかしバーカーは、「おそらく英国の新徴募兵は、歴戦のスペインの精兵に抵抗することは出来なかっただろう」と推定し、「オランダ人の決意と、これを実行する能力がなかったならば、パルマ公は英国を征服し、ローマ・カソリックは世界を征服していたかもしれない。かくしてオランダは英国、ひいては全世界の自由のために戦ったのである」と述べている。

## マウリッツ公

無敵艦隊の潰滅に際して、パルマ公は裏切りの汚名まで蒙ったが、結果としては精兵を温存した形となり、スペイン帝国と自らが蒙った恥辱を雪《そそ》がんと、オランダに向けて再び北上を始めた。これに対しマウリッツ公の軍隊も英国軍も善戦したが、やはりスペインの強兵の圧力には押されぎみであった。

しかし、ここで再びパルマ公の意思に反するスペイン王の命令で、パルマはオランダに向けての進撃を中止することになる。

当時、フランスは新旧両教徒の相剋が激しく内乱状態で、スペインは武器、兵員まで送り込んでカソリック側を援《たす》けていた。

一五八九年の夏にアンリ三世が暗殺されると、フィリップは先にフィリップがアンリ二世の娘エリザベートとの間にもうけた娘イサベラの継承権を主張してフランスへの武力介入を決意し、パルマ公にその軍を南部のフランスとの国境に集中することを命じた。

ここでオランダ軍は一息つく機会を得た。当時のオランダは、南部では入り組んだ境界線上でスペイン軍との間に戦略的要地の攻防が相次いでいただけでなく、将来、オランダ領となる北部でも、多くの都市はまだスペインの手中にあり、独立軍占領地とスペインの拠点とが入り混じっている状態だった。

したがって、ここでオランダ側がしなければならないことは、北部の諸都市を攻め落して領域内を固めることと、南部戦線においてはスペイン側がくさびを打ち込んだ形となっている地点を攻略して、防禦態勢を改善することにあった。

もちろんパルマ公は、独立軍がそうして地歩を固めないうちに粉砕することの重要性はよく知っていた。だからこそフィリップの命令に難色を示したのであり、また要地を防禦する兵力を十分残しておいたので、オランダがこれを打ち破ることは容易なことではなかった。

しかしこれを達成して、ほぼ現在のオランダの領域に相当する地域を独立軍の支配下においたのは、まだ二十歳代前半の天成の名将、若きマウリッツ公の業績である。

もともと独立軍は、スペイン軍の攻撃に対しては強靱な抵抗力を持っていた。一つは地理的条件であり、スペイン軍は何時どこで堤防を切られて洪水に襲われるかわからないという恐怖の下で、自由な兵力の運用が出来なかった。しかし、何よりも「そのすぐれた人的資源を急速に、優秀かつ愛国的な軍隊に転用できる」ということによるところ、極めて大きかった。

ユトレヒト連合の盟約の第二条は「加盟州はどの一州に対する攻撃に対しても、それぞれの有する人々の生命と財産をもって相互に援助する」と定め、第八条は「十八歳から六十歳までのすべての住民は登録され訓練を受ける」とあり、身体障害者以外のすべての成年男子は何時でも民兵に召集され得るよう軍事教練が施され、武器が渡されていた。長いスペイン戦争の期間を通じて、男性人口の三分の一はどの瞬間でも戦場に赴く準備が出来ていたという。

オランダ人にとって、「祖国とはすなわち彼らが崇拝する神であった」と当時の人は言ったという。近代では珍しいことではないが、信仰が至上だった当時において、はじめてのナショナリズムの国家だったといえるのであろう。

しかし、軍隊というものは国民の素質と士気だけで出来上がるものではない。ライデンやハーレムの防戦のように、民衆が武器を取って戦う場合はそれでよいとして、野戦で正面から決戦をするとなると、とうていスペインの正規軍の敵ではない。まして敵の城を攻め落すとなると、素人の集りではどうにもならない。

マウリッツがオランダ軍の司令官の地位に就いた時は、オランダはまだ軍隊というほどのものを持っていなかった。それを、やがて装備、編制、用兵すべての面で全ヨーロッパの陸軍の手本となるオランダ陸軍にまで作り上げたのが、マウリッツ公である。

マウリッツは少年時代から数学が好きで、大砲の弾道の研究や土木技術など、当時の戦争で最も重要であった攻城戦に必要な軍事技術に熱中して、学生時代の時間と精力のすべてを捧げた。またマウリッツは、ゼーラントの総督の地位にあった従弟ルイ・ウィリアムの献身的な協力も得た。ルイは古典に深い教養があった。当時の陣形はかなり定型化していて、固く編んだ方形陣以外は誰も考えなかったが、ルイはギリシャ、マケドニア、ローマの陣形から学んで、畳の上の水練という非難も気にかけずに、集中、分散、前進、後退の多様な兵力の運用を実地に応用してみようとした。

こうして二人の協力で作り上げたオランダ軍は、あらゆる兵種を数えて歩兵二万と騎兵二千に過ぎなかったが、ヨーロッパで最もよく訓練された軍隊となった。とくに革命的だったのは、兵の給料が一人一人に定期的に支払われたことであった。

当時の軍隊の給与は、隊長の請負制であった。一個中隊は隊長も含めて百十三名がきまりだったが、中隊長は百十三人分の給料を貰いながら、上司に報告した隊員の氏名の三分の一は架空のものだったという。オランダに来援した英国軍も例外ではなかった。現に無敵艦隊の来襲を前にして、英国はオランダから三千名の兵の召還を要求し、オランダ側は二千名を残して千名を帰すことに合意したが、二千名を数えたあとはイギリスに帰せる兵隊はほとんどいなかった。

将軍達もまたこのあたりのことは心得ていて、隊長に渡す金を節するのが通常の蓄財の方法だったので、兵隊の給料遅延は慢性化し、しばしば不服従や反乱が起っている。また兵隊、とくにスペイン兵にとっては、給料がピンハネされるのは当然と考えた上で、敵からはもとより、民衆からの掠奪がその職業のうま味であったが、マウリッツ公は秋毫もこれを犯すことを禁じた。デルフゼイルの包囲では、マウリッツはそれぞれ帽子一つと短刀一つを盗んだ兵を絞首刑にし、フルストでは女性に強盗を働いた兵士を全軍の前で射殺した。

軍の編制にも工夫をした。剣つき鉄砲が考案されるまでは、銃兵と槍兵の数の配分は難しい問題だったが、マウリッツは火器の効用を重んじて、それまで半々だったのをほぼ二対一の数に改編し、騎兵も装備を槍から騎兵銃に代えた。砲兵は、それまでは砲術の職業的な専門師を、その都度雇い上げて使うのが習慣であったが、砲兵隊も軍隊の一部となり、十一頭の馬に牽かれる野戦砲も導入された。

編制面での革命は、工兵隊の創設であった。工兵隊は、スペイン側からは軍人でなく土方だと嘲笑されたが、マウリッツはライデン大学に築城等の工学の課程も設けてエンジニアを養成し、土木作業の専門部隊を創設した。

マウリッツはこうして作り上げた軍隊を使って、まだスペイン軍の手中に残っていた主要都市を次々に攻略したが、戦術は常に緻密な計算の上に立ち、築城と架橋で十分な準備をした上で砲を多用し、必要に応じて坑道に火薬を仕掛けるなどの科学的なものであった。そして、占領後はいかなる掠奪も身代金の請求も許さず、敵兵は荷物を携行して去ることが許され、解放された町は直ちにオランダの連邦の一員として歓迎された。

オーフェルエイセルの首邑デフェンテル攻略の際は、城主ヘルマン・ファン・デル・ベルフ伯はマウリッツの従弟にあたった。敬虔なカソリックだったヘルマンは、従兄弟同士で八百長の戦をするだろうという疑いを受けたのに憤然として、かえって名誉にかけて抵抗の決意を固め、頑強に抗戦した。四千六百発の砲撃を受けて主な正面の城壁が完全に破壊された後も、オランダ軍が攻撃してみると、ライン・ワインとビールの大樽を並べて守備のスペイン兵に好きなだけ振舞いながら、猛然と反撃して来る。マウリッツ側は酒の勢いのスペイン兵の勇猛に堪えかねて、多数の損害を出して退かねばならなかった。

しかし結局は、町中に砲弾の雨が降り続くのに市民が堪え切れなくなって、市民の要求で降伏した。降伏後、マウリッツに鄭重に招かれたヘルマンは戦闘で片眼を失っていたが、「オランダ軍はまともな攻城の能力はないし、野戦砲などは使えないと思っていたが、どうも間違いだったようだ」と歎じ、これに対してルイ・ウィリアムは、「わが敬愛する従兄よ、貴方は何時もわれわれベガーズを軽蔑するから今にひどい目に遭うぞと言ってきたが、貴方自身の口から間違いだったと聞けてよかった」と笑って言ったという。

こうして中部の都市を次々に平定して、いよいよ北部に残る主要都市フローニンゲンに向う頃には、パルマ公はスペイン王からの厳しい命令にもかかわらず、このまま事態を放置してはおけないと判断し、手勢を率いて北上を開始した。

パルマ公は、まずはヴァール河の防衛が急務と考えた。ヴァール河北岸には、南岸の首都ネイメーヘン攻撃の拠点として先にマウリッツが砦を築いていたので、まずそこを攻め落しておくことが戦局を有利にすると考えたパルマは、六千の歩兵と一千の騎兵を率いて渡河した。

北部にいたマウリッツはこの報に接するや直ちに方針を変え、あとはルイにまかせて、二日のうちにパルマ軍に匹敵する歩兵六千、騎兵千五百をもって五日間の強行軍でヴァール河北岸に到着した。

パルマ軍はこんな小さな砦は何でもなく取れると思って、まず八百発の砲弾を撃ち込み突撃してみたが、砦は意外に頑強に抵抗し、損害が出るばかりでなかなか取れない。そうしているうちにオランダ軍が到着して、先鋒がパルマ陣に突入して来た。野戦には自信のあるパルマ軍はたちまちこれを撃破し追撃に入ったが、あにはからんやこれが罠で、オランダ側の埋伏した千名の狙撃兵の一斉射撃に遇い、六十名の死者と百五十名の捕虜を残して敗退した。小競り合いではあったが、両軍の眼前でパルマの子飼いの精兵十個中隊が潰走するのを見て、オランダ軍側の士気は大いに上がった。

さすが機を見るに敏なパルマは情勢の不利を覚った。橋も架けずに渡河して来た上に、まだ砦も落ちていない。同勢力の士気上がるオランダとぶつかれば、まさに背水の陣になってしまう。勝つ公算は五分はあろうが、もし負ければ全軍壊滅してしまう。そこで、早くもその夜のうちに砦に向けて陽動作戦をかけつつ、全軍をきれいに河の南に引き揚げてしまった。

パルマは国王の厳命もあり、また一応、フローニンゲンの包囲を中断させる牽制作戦に成功したという名目も立ったので、鉾を収めて南に去り、その後は本格的に対仏作戦に専念する。

その結果、一五九一年から九七年にかけて、マウリッツ軍は工兵隊による十分な準備と優勢な機動火力によって、ネイメーヘン市からフローニンゲン市まで数々の都市を陥し、オランダ領域からスペイン軍を駆逐し、ほぼ現在のオランダ領をその支配下におくことに成功した。

マウリッツ公の公式記録係は、次のような謙虚な筆致で記しているという。

「この業績は全くの幸運のお蔭だという人もいるかもしれない。しかし、マウリッツ公の絶えざる研究とすべての細部への間断なき配慮、マウリッツ公が自分で出来ることは必ず自分でしたこと、マウリッツ公の真面目さ、注意深さ、そしてどんなことでもルイ伯に相談することを怠らなかったこと、そしてまた他の将軍達のように個人の安息や慰安を求めなかったことを知っている人は、そうは考えないであろう」

# 第五章　世界の海へ

オランダ領域内の諸都市の平定が終ったのは一五九七年であるが、その翌年一五九八年から、オランダのスペイン海上覇権への挑戦が始まる。

そう書いてしまうと話の運びは明快であるが、歴史の流れはしかく単純でない。そんなに細かく歴史のひだまで説明するのは本書の目的ではないが、読者に誤解の生じるのを避けるために、その背後の経緯を要点だけ説明する。

一五九八年にフィリップ二世は「異端審問が考案したいかなる拷問も、これ以上の苦痛を与えられないであろう」という痛風の苦しみの中に死ぬ。そしてあとを継いだフィリップ三世は、オランダに対する経済封鎖を断行した。

つまり、オランダは一五九八年にスペインの海上覇権に対抗して立ち上がったというよりも、生き延びるためにスペインの海上封鎖を突破せざるを得なくなったのである。

実は後年、七つの海に覇を唱えるようになるオランダの海運、貿易が急速に発展し出したのは一五九〇年から九八年までであり、それもスペイン帝国との貿易のお蔭であった。ハンザ同盟を打ち破って以来、ネーデルラントは北海、バルティック貿易の主導権を握っていたが、それは主に穀物、木材等のいわゆる大量輸送(バルキー・トレイド)商品であり、香料、銀などの金目になる商品は扱っていなかった。とくに独立戦争後は、スペインの経済封鎖を蒙って他国船旗の下に細々と貿易をしていたが、経済は貧窮していた。エリザベスに派兵を頼んだ時も現金で払えず、海岸の諸都市を質に入れたことなどは、後年の金満大国オランダでは考えられないことである。

一五九〇年にフィリップ二世はオランダ禁輸を解除した。無敵艦隊の敗北後、海上の主敵はイギリスとなり、また陸上での主要目標はフランスとなり、オランダの如き一反乱州には二次的な考慮しか与えなかったフィリップ二世の戦略的考え方もあったが、その上に無敵艦隊の再建のために木材、タール、ピッチなどの造船資材を大量に必要とし、オランダ船の中継貿易を必要としたからである。

オランダが海運と貿易から資本と技術を蓄積して、その次の時代の飛躍に備えるのは、実にこの八年間である。

当時の世界で——実は十七世紀の末までのその後、百年間——世界中で圧倒的に豊かな物産と貴金属の源を支配していたのは、ポルトガルを併せたスペイン大帝国であった。そのスペイン帝国との貿易を、英国は禁止されオランダは自由だという例外的に恵まれた環境で、オランダの初期の資本が蓄積されたのである。

従来、英国が独占的な地位を占めていたロシア貿易でも、スペイン帝国からの砂糖、塩、香料、銀などを見返りに輸出できるオランダは有利な地位を獲得した。といっても、この時期ではまだヨーロッパ外貿易はスペインの独占であり、オランダはリスボン港を通じてその中継貿易をしているに過ぎなかったが、それでも大きな商売になった。

また、地中海貿易への進出も許された。一五九一年、イタリアに食糧不足が起った時は、四百隻のオランダ船がバルティック沿岸の穀物をヴェネツィアに供給し、従来、ハンザが優位を持っていた地中海貿易を手に入れた。


しかし、こうした状態はまだ独立国ともいえない一反乱州であった小国だから許されたのであり、長く続くものではなかった。

まずフランスでは、後世、名君の評価を受けるアンリ四世が、スペインの軍事介入の危機からフランスを救うため、自らカソリックに改宗してナントの勅令で信教の自由を宣言し、これによってスペインは介入の口実を失って平和条約を結んだ。これが、まさに一五九八年である。

こうなってスペインからオランダを見れば、今や統一成った一大敵国である。しかも、英西両国の海上覇権争いの漁夫の利を占めて経済は躍進し、その上、海上ではしばしば英国海軍と組んでスペインに敵対している。

ここでオランダ繁栄の源であるスペイン貿易を封鎖して、オランダの息の根を止めてやろうというのがフィリップ三世の計算であった。

しかし、海軍の実力が昔日の比でないところまで成長していたオランダに対するこの経済封鎖こそ、逆にスペイン帝国の命取りの一つの原因となった。バーカーが「その意図するところはまさにナポレオンの大陸封鎖と同じであり、そしてそれと同じ失敗に終った」といみじくも言っている通りになった。

オランダはその「母なる貿易」であるバルト海貿易を続けるだけのためにも、穀物、木材を輸入する見返りとして、香料、塩、砂糖が必要である。そうした物資をスペイン、ポルトガルを経由せずに直接に手に入れられるかどうかは、オランダ経済の死活の問題であった。

一五九八年はまさに転機の年だった。ジョナサン・イスラエルの『倉庫帝国』（オランダ経済における倉庫業の重要性については後述する）から引用すると、

「一五九九年から一六〇八年にかけてのオランダのヨーロッパ外世界への進出は、まさに驚嘆すべきものがあった。一五八八年以前は年間わずか二、三隻の船が、それもいちばん遠くてもアフリカ西海岸までの冒険を試みただけだった。ところが八九年からの十年間に毎年二十隻、計二百隻のオランダ船がギニア海岸を訪れた。カリブ海にオランダ船が塩を求めてはじめて出航したのは、まさに一五九九年その年であったが、それから六年間に実に七百六十八隻がベネズエラ、ニューグラナダに通商に行っている。一五九八年から一六〇一年までの四年間だけで十三船団、六十余隻が香料と胡椒を求めて東インドに赴いた」

東インドについて、イスラエルが一六〇一年までとかぎったのは、一六〇二年にオランダ東インド会社が設立されて、オランダの東アジア貿易が本格化する前の段階で、すでにこれだけの船が行ったことを強調する意図であろう。

もちろん、スペイン、ポルトガルも対抗措置を講じた。その作戦目標は、もとよりオランダ船の捕捉撃滅にあったが、遭遇戦の機会はそうあるものでなく、その主な活動はオランダと取引した植民地や土侯国を罰し、爾後、オランダと取引させないようにすることにあった。

東インドでは、フィリップ三世の命を受けたポルトガル提督メンドーサが、二十五隻からなる大艦隊を率いて巡航して示威した。そして一六〇一年初頭、オランダ人と通商した罪に対する見

せしめの罰として、まずジャワ島のバンタム市を襲撃、破壊しようとした。
ちょうどその時、ヘルマン・ヴォルフェルトが率いるオランダ商船五隻が、まさにスペインの禁じる通商のために入港していた。船の数も砲の数も比較にならないほどの劣勢であったが、ポルトガルにとって全く意外にも、オランダ側はバンタム王の側に立って、ポルトガル艦隊に挑戦してきた。

城砦のような巨船に対して、接近戦では敵し得べきもない小型船であったが、軽快な操船で敵船のまわりを周遊しては、効果的に砲弾を撃ち込み、撃ち込み、数日間の戦闘でポルトガル船数隻を沈め、二隻を捕獲し、何隻かを浅瀬に追い込んだ。メンドーサの艦隊は残った艦隊をまとめてジャワから脱出し、香料群島のアンボイナに赴いてオランダと交易した懲罰に町を焼き、香料畑を荒して憂さを晴らした。

このヘルマンの戦いぶりは、地球上、いかなる地点でも同じような形だったらしい。バーカーによれば、オランダ船はスペイン船よりも小さかったが、船が構造的に敏捷であったし、当時の最高の錬度を持つ船長と水夫達を擁していた上に、「戦史は降伏するよりも自沈したオランダ船の記録に満ち」、いかに優勢なスペイン艦隊を相手にした場合でも、オランダ船が降伏した例はほとんどなかったのではないかと書いている。バンタムの海戦も、勝敗の帰趨は時の運としても、オランダ船としてはそうするに決まっている、他に選択の余地のない行動をとったわけであり、負ければ自沈するだけのことという、決死の行動だったのだろう。

こうしてヘルマンは解放者として歓迎されてバンタムに入港し、ジャワの入植地の基礎を築いた上に、香料群島にも赴いて、バンダの住民との間に通商航海の条約を結んだ。条約は、オランダに対して香料貿易の独占権を与えたが、お互いの政治、宗教については相互に不干渉を約束し、また裁判権はそれぞれの国民が属する政府が持つように規定したので、それまでのカソリック支配が苛酷だったのに恨みを持っていた現地の人々はオランダ人を歓迎した。

ヘルマンはスマトラのアチンの王とも条約を結び、アチンの使節をヨーロッパに招いて、オランダがスペインのいうような世界の敵たるべき邪悪な国かどうかを見せることとした。使節を乗せたヘルマンの船団がセント・ヘレナにさしかかった時、巨大なポルトガルの財宝船と遭遇し、劣勢のオランダ側はこの大敵を打ち破り、莫大な財宝を手に入れる武勇をアチンの使節の目の前で見せた。そして、オランダに着いたアチンの使節はマウリッツ公に謁見し、躍進するオランダの産業、経済の実情を十分に見学した。

同じ頃、オランダの大航海者ファン・ヘームスケルクは、マレイ半島のジョホール王と仲よくなっていた。ヘームスケルクは一五九六年から七年にかけて、今でもバレンツ海に名を残すバレンツとともに、東洋に通じる北東航路を発見しようとしてスピッツベルゲンを発見し、バレンツ海を航行してノヴァヤ・ゼムリアで越冬し、北極熊と闘ったエピソードを持つ冒険家である。折柄、真珠、香料、錦などを満載したポルトガルの大型武装商船サンタ・マリア号が通峡することを知ったジョホール王は、もともとポルトガルを憎んでいたので、ヘームスケルクにこれを報せた。ヘームスケルクの率いていたのは二隻の小型船と百三十名の水夫だったが、十七門の砲と何倍もの乗員を擁するこの巨船に戦を挑み、これを捕獲した。降伏した敵が七百名もいるのを見たヘームスケルクは、味方の数がこんなにも小人数なことを覚られる前に、捕虜を陸に送って逃がしてやったという。オランダ側の乗員に分けた戦利品は、百万フローリンに達した。

こうしてファン・ヘームスケルク、ネック、ヘルマン・ヴォルフェルト等のオランダ船の船長達は、東アジアの各地を巡航して、ジャワ、スマトラ、香料群島、マレイ半島だけでなく、セイロン、マカオの当局とも友好通商関係を結んだ。

ちなみに一六〇〇年に日本にはじめて到着したリーフデ号は、ヘームスケルクの北東航路発見が失敗した後、マジェラン海峡を通る南西のアジア航路を試みたマヒューとデ・コルデスの艦隊の一隻が、航海に失敗して日本に漂着したものだった。その後、本格的に通商が始まったのは一六〇九年からである。

十七世紀の駐オランダ英国大使テンプルの表現を借りれば、「オランダ船は大洋に巣食う病毒のようにスペインの財宝船を待ち伏せし、時として新世界の沿岸にまで進出して、スペインの最も痛みを感じるところを衝いた。その結果、その財宝を保全するためにスペインの宮廷が平和を求める強い動機を作らせた」のである。

ファン・ヘームスケルクはその後、オランダ海軍司令官となり、一六〇七年には三十隻の艦隊を率いてジブラルタル沖でスペイン艦隊の主力を捕捉し、敵船二十一隻を撃沈、拿捕《だほ》するという大勝を博して、その後の地中海の制海権を奪うが、その戦いで自らも戦死している。

スペインはその後、休戦を求め、一六〇九年には休戦が成立する。この海戦も含めて、七つの海におけるオランダ海軍の跳梁《ちょうりょう》ぶりは、スペインをして対オランダ戦争の先行きの見通しを失わせ、和平を求めさせる大きな動機となったようである。

オランダの東インド会社は、英国の東インド会社の設立に二年遅れて一六〇二年に設立され、たちまち英国の東インド会社を凌駕した。

東インド会社は六百五十万フローリンの資本で始められ、アムステルダムが株の過半数である三百七十万フローリン分を持ち、他の州と都市が残りを持ったが、スペインとポルトガルの商売と植民地を次々に奪い、その事業は躍進に躍進を重ね、最初の年に七五パーセントの配当を行い、その後も四〇～五〇パーセントの配当は普通であり、創業六年後には資本は三千万フローリンに増加した。

最近の歴史では大英帝国発展の歴史の陰に隠れてしまったが、オランダは北米大陸では、デラウェア以北の北東部全部とニューアムステルダム（のちのニューヨーク）を領有した。アメリカの北部を探検し、いまだにハドソン湾に名を残しているハドソンは、今ではイギリスの名探検家の一人として知られているが、国籍は英国人であっても、オランダの東インド会社の社員として、北西航路による東インド到達を目指して航海に出たものである。ちなみに、日本に来て徳川家康の知遇を受けた三浦按針も英国人ではあったが、オランダ船リーフデ号の乗員だった。

ニューホラント（後のオーストラリア）、タスマニア、ニューゼーラント（後のニュージーランド）もオランダの発見であり、イギリスよりも一世紀前に足跡を印している。喜望峰、ペルシャ湾など、ジャワにいたる各処の拠点にもオランダの植民地を建設し、「かくしてオランダは、現在、大英帝国が世界において占めていると同じ第一級の世界帝国となった」のであり、テンプル大使の表現によれば、「西半球の富はアムステルダムに集った」のである。

## オランダ経済の躍進

スペインとの戦争が陸に海に続いている中で、オランダの経済は大躍進をとげた。

一五八九年から一六〇九年までの二十年間に、アムステルダムの人口は七万から十三万に増えた。その間、アントワープの人口は五万減っているので、その分だけアントワープの経済力がアムステルダムに移ったと考えてよい。そして、アムステルダムの人口は、次の十年間にまた倍増する。

地形的にはシェルト河という大河に面したアントワープにくらべて、浅くて細い入り組んだ水路の奥にあるアムステルダムは、港としての条件ははるかに悪かったが、アムステルダムは浚渫《しゆんせつ》や灯台の設置や水先案内などの人工的努力で、よくアントワープの地位を引き継いだ。

アントワープの地位とは、すなわちヨーロッパの倉庫としての地位であった。

十六、七世紀のオランダ経済については、ジョナサン・イスラエルの三部作がある。『オランダ共和国とスペイン世界』（一九八三年）、『世界貿易におけるオランダの優越』（一九八九年）、『倉庫帝国』（一九九〇年）である。この十年にわたる三つの論文の中でイスラエルは、ネーデルラント諸都市の経済発展の最大の特徴として entrepôt（倉庫、中継地）、emporium（商店の集っているところ、百貨店、商業の中心地）としての役割を強調している。

オランダの経済史についてさらに深くお知りになりたい方にとっては、現在存在する最高の文献と思う。しかし大部の著作であり、緻密な分析でもあるので、ここでは端折りながらその論旨を紹介させて頂くほかはない。

イスラエルは、中世から近世にかけて倉庫業が重要だったのは、交通手段が未発達だったからだと説く。鉄道や道路などが整備されていなかった昔では、一つの地域で需要と供給のアンバランスが極めて頻繁に起り易く、価格も不安定となる。どこかに物資の集積場所があり、そことの間の交通手段や保険制度などの確保されている場所があると、供給が安定し、規則的になり、また流通、販売のコストも安くなる。そこで倉庫業の重要性が生まれる。

ネーデルラントがなぜヨーロッパの倉庫となったかといえば、まずその地理的条件である。ネーデルラントの東方の海であるバルティック海は、ヨーロッパの南部がオットマン・トルコに抑えられて以来、中欧、東欧、ロシア全域に及ぶ極めて大きな市場と生産地を背後に持っていた大通商路貿易地域であった。

また、ヨーロッパ中部はライン河がその貿易の幹線であった。したがってライン河の河口に位置し、バルティック海、大西洋に面しているネーデルラントが地理的に最も適していて、トルコの進出による地中海貿易の衰退とともに、ヨーロッパの中継貿易の中心となった。

フランスの主要輸出品であるワインも、収穫し醸造した頃にはバルティック海は氷結してしまうので、ネーデルラントの倉庫にまず送り、雪解けを待って中欧、東欧に輸出された。また、バルティック沿岸の主な産品である木材と穀物のようなかさばる商品（バルキー・トレイド）の貿易には、そのための専用に造られ、船の容積に較べて乗員の数が少なくてすむネーデルラントの船が適していて、英国船のような多目的船はコストで太刀打ち出来なかった。

こうした有利な点を活かして繁栄を極めたのが、一五八五年までのアントワープだったが、その繁栄がアムステルダムに移ったのである。

なぜアントワープの繁栄が、良港がふんだんにあるイギリスに移らなかったのかということは、英国の論文ではしばしば問題として取り上げられているが、一つには当時、英国はヴェネツィアの制度を真似て、外国人には英国人にない種々の重税を課すという制度を採用していたからであるという。だが、おそらくはそれだけでなく、オランダが官民一致して積極的な誘致策をとったからであろう。

オランダは外国人に平等な待遇を与えただけでなく、移住の奨励策も講じた。例えば一六一四年の制度では、アムステルダムに移住しようとする織物職人は、一人について二百フローリン、一つの機械ごとに五十フローリンの生業資金の援助を受け、それを四年間で返済すればよいことになっていた。

こうしてオランダには、南部からの避難民だけではなく、ヨーロッパ中の迫害から逃れた新教徒やユダヤ人が流入し、オランダの人口は一六〇九年には三百五十万人に達した。これはほぼ当時の英国と同じであるが、一人当りの生産高、今でいえば一人当りのGNPは世界最高であった。すべての人は職があり、浮浪者などは政府によって強制的に職を与えられ、自活させられた。

独立戦争前のオランダは、漁業と海運中心で工業はたいしたことはなかったが、ヨーロッパ中の産業と技術がオランダに流入し、オランダ人は精力的にそれを吸収、改良し、政府もそれを保護、奨励したので、たちまちに急成長した。

「ヴェネツィアの職人は、ガラスと砂糖精製の技術でオランダ人に追いつかれたことを認めた。最高級品とされているアルラス銘柄の絨緞は、実は今や自由と進歩にとってよりよい環境にあるオランダで作られていた」

ライデンとハーレムを中心として発展した繊維産業の製品は、オランダの世界貿易にとってまた一つ、便利な利益の大きい輸出品を加えることになった。

農産品も特異な発展を遂げた。ウォルター・ラーリーによれば、オランダには常に七〇〇〇クウォーター（一クウォーターは四ブッシェル）以上の穀物の備蓄があったが、それはすべてオランダ外で生産されたものであった。こうして、バルティック沿岸などからの廉価な穀物が常に多量に倉庫に集積されているという状況の下では、農民はヨーロッパのどこの農村でも伝統的な農産品であった穀物の生産から解放され、より付加価値の高い酪農に転じた。すでにこの時代からオランダは、チーズやバターなどの大輸出国になっていた。そしてまた、牧畜、飼料生産、酪農などの資本集中的農業の発達により、農村人口が都市に流入し、わずか三百万余の人口のオランダにとって、海運業、漁業、製造業に潤沢な労働力を提供することが出来るようになった。

オランダの基幹産業である漁業の保護にも意が用いられ、厳しい漁期を設け、また成魚の捕獲のみを許す制度も始められた。また、加工魚の品質管理は徹底的に行われ、検査に合格した製品には政府の判が押され、世界中でオランダ政府の判のある製品は品質が保証された。

造船、海運業の進展はいうまでもない。オランダは年間二千隻の進水数を誇る世界で最も進んだ造船所と、それによって造られた最強の商船隊を持ち、フランスなどの諸国は、一時は海運はすべてオランダにまかせ、オランダは世界中の海運を一手に掌握した。

一六三四年にはオランダは三万四千八百五十の船を持っていた。そのうち二万は、四通八達している内水航行に使われていた。あとの一万四千八百五十のうち六千はバルティック貿易に、二千五百は北海に、一千はラインとマース河の航行に使われた。英、仏等との貿易には千五百隻、スペイン、アフリカ北岸、地中海には八百隻、アフリカ、ブラジル、東西インドには三百隻、ロシア、グリーンランドには二百五十隻、残りの二千五百隻は種々の方面に使われていた。まさにヨーロッパの海運を一手に引き受けた大海運帝国であった。

## 近代的経済制度の起源

しかし、なんといってもオランダを世界の商業の中心としたのは、オランダが世界最大の、そして世界で最も進んだ資本と商品の取引所となったことである。

商品取引、両替、保険を全部扱う総合的な取引所の建物の建設が決定されたのは一六〇八年で、完成は一六一一年であるが、すでに一五九〇年代からオランダの有力商人達の集るコーヒー・ハウスは世界一の取引所であり、その後もその機能を続けた。

商品の相場表は一五八〇年から毎週発行されていた。一六一二年には正式に資格を認められたブローカーが三百人いて、その中には東方の絹とかスペイン領の砂糖とかの商品に専門的な知識を持っている人々がいた。

商品の先物取引も盛んに行われ、「獲れる前のにしんを売買した」。スペインの羊毛やイタリアの絹などは、時として数カ月、時には二十四カ月先の相場が立った。その結果、アムステルダムの取引所は、それまでヨーロッパに存在した単なる商品の取引所としての役割を超えて、世界貿易の価格と流れを調整する機能を果した。

そして一六〇九年には、中央銀行としてアムステルダム銀行が、バンク・オブ・イングランドより七十五年早く設立された。その目的は「高利の金融を追放し、貨幣の混乱を抑え、商業のために資金を必要とする人々の要求に応えるため」であり、ヴェネツィアの銀行をモデルとして設けられた。

最近の制度と違い資本金は秘密であり、市当局が保証し、オランダの国により守られているということを信用としたが、十八世紀初め頃の推定では正金三億ギルダーを保有していたという。

銀行は一般市民に一日六時間開店し、低い手数料でいかなる取引も迅速、確実に行った。預金はどこよりも安全であり、支払いは直ちに、そして最も質のよい貨幣で行われたので、アムステルダム銀行の「銀行券」は市中の現金に対して五パーセントのプレミアムがつくほどの信用をかち得た。

こうして信用制度が確立された結果、当時のアムステルダムでは二・五パーセントから四パーセントの間の金利で資金が調達出来た。これは当時、フランスやドイツよりも安かった英国の金利のさらに半分だった。オランダがしばしばドイツの麻織物、フランスのワインやブランデー、スペインの羊毛などを早期に大量に買い占めて巨利を博することが出来たのも、この低利の金融が可能だったからである。

こうして、いったんオランダが商業、金融の中心として独占的な地位を確保すると、物資の買占め、価格の操作などで独占利潤を上げることも可能となったが、各国がいかに真似しようとしても、その独占は容易に崩れなかった。

もちろんこれだけの情報とビジネスのネットワークは、他の国が真似しようとしても一朝一夕で出来るものではなかったが、その基礎には、政府と国民が一体となって国の経済利益を守る体制があった。

オランダの船を例にとると、オランダ以外の国の船の持主はたいてい一人、多くて二、三人であったが、オランダの船は一隻が十六人、三十二人どころか、六十四人の船主を持つことも珍しくなかった。

オランダという国の政体については改めて触れなければならないが、政治、経済の実権は各都市の有力者達が握っていた。特別の金持はいなかったが、それぞれ資産を持つ市の有力者達であり、日本語では他によい表現もないのでブルジョア政治家と呼んでいるが、英語の本ではブルジョアよりもバーガー政治家といった方がよいと定義されている。

こうした有力者達が皆、船の一部のオーナーになっていたわけである。その結果、危険が分散されるだけでなく、各種製造業、漁業、運輸業、倉庫業、金融保険業などすべての情報をフルに活かし、またオランダ社会の横断的、縦断的利益を総合的に代表することとなった。だから、船が沈めばオランダ社会全体が悲しみ、スペインの財宝船捕獲のニュースに国中が歓喜したのである。そして、オランダの町のバーガー達が決める政策がすなわち国の政策そのものなのであるから、国中が一体となって国益のために協力する体制となっていったのである。

当時はまだ重商主義という考え方はなく、各国家の関心は国の安全保障と宗教にあり、経済的利益はそれに奉仕するものであって、それ自体が国の目的とは考えられていなかった。

アンリ四世はスペインの脅威に対抗するためには、オランダの業者にフランス国民と同じ待遇を与え、これによってフランスの産業が衰退することさえ許した。この特恵的自由貿易制度は一五九六年の仏蘭条約で認められ、一六四八年に廃棄されるまで九回にわたって更新された。

オランダはこうして、はじめて経済政策に目覚めた国家としての独占利益も十分に享受したのである。

ともあれ、こうしてみると現在のわれわれの社会を支えているほとんどの近代的経済制度の起源は、当時のオランダに発しているといって過言でない。十七世紀初頭のオランダは、早くも近代のインダストリアル・デモクラシーの実体を備える国家に成長していたのである。

# 第六章　忍び寄る衰退の影

十七世紀前半のオランダの繁栄は眼もまばゆいばかりである。一六一五年にオランダを訪問したロシアの外交使節はその豊かさに驚異の眼を見はり、「国全体が一つのつながった町のようであり、オランダの町々は世界で最も素晴しいものであって、すべての国の人々がその美を鑑賞しようとして集って来る」と報告し、また英国の旅行者は、「オランダの家はこの国の物の中で、最も眼を喜ばせてくれる美しいものである。英国の家ほど壮大ではないが、金のかかっている点と美麗さでは英国の家をはるかに凌駕する。外見よりも内装はさらに立派である。どんな貧乏な家でも絵画が飾ってあり、装飾品のない家はない」と報告したという。

まだ御存知ない方もおられると思うが、現在の長崎にはオランダ村があり、一つの入江に面した広い地域にその頃のオランダを模して作ってある。あくまでもまやかしではない、本物のオランダを再現しようと作られた由であり、私自身も感動したほどである。あの清潔さとすみずみにまで神経の行き届いた美しさが、当時のオランダの国全体に広がっていたのだろうか。当時のオランダの驚くべき繁栄の統計数字を見ると、そのぐらいのことが出来る十分な経済的な力があったと思われる。

それが本当だとすれば、今の日本の貧弱な住宅、下水などを思うと、今日の日本の繁栄も十七世紀のオランダにまだまだ及んでいないことになる。

この経済的繁栄を背景にして、芸術、文化、教育も大いに進んだ。絵画の需要は大きく、当時、オランダに輩出した著名な画家の名は枚挙にいとまがない。学校ではオランダ語のほかに、男子はラテン語、女子はフランス語を学び、数カ国語を操れる人などはザラだったし、読み書きの出来ない人などはほとんどいなかったという。「疑いもなく当時のオランダ人は世界で最も教養があり、最も文明的で進歩的な人々であった」。

こうして世界最強の産業と最も教育水準の高い国民とを擁していたオランダが、十七世紀の半ばを過ぎると何度か滅亡の淵に立つのはどうしてであろうか。繁栄の極致の中に、後に衰亡の原因となるような、いったい何を蔵していたのであろうか。

バーカーはその最大の原因を、オランダの政治体制に求めている。

彼は、当時のオーストラリアの独立に見られる大英帝国の分裂傾向を憂えるあまり、オランダの各州の分立、地方自治主義を、読んでいて辟易させられるぐらいしつこく批判している。

しかし、この時代になると他の資料も多いので照合してみると、どうもこの地方分権主義がオランダの外交、防衛政策の一貫性を妨げ、オランダ帝国衰亡の主因となったことは、バーカーだけでなく誰もが認める客観的な歴史的事実のようである。

オランダの州権主義は、一五七九年のユトレヒトの連合に溯る。盟約全部を紹介する余裕はな

いが、バーカーを引用すると、

「ユトレヒトで規定されたオランダ憲法を見ると、驚くべき事実が明らかになる。国家的に重要な意義を持つあらゆる決議については、七つの州と、それぞれの中でまた小さな州を構成している五十六の町と、そのほかにオランダ貴族の代表の全会一致が必要である。……これではまるで現在の英連邦ではないか」

ただしユトレヒトの盟約では、戦争、平和、課税については、各州が合意出来ない場合は、総督が暫定的に決定出来ることとなっている。また各州間の紛争は、第三の州の調停も失敗した場合は、総督の決定に委ねるなどの規定がある。

したがってウィリアム一世の在世中は、そのカリスマ的権威によってこの体制でもどうにか運用出来た。しかし、その嗣子マウリッツ公の時代に、総督と各州民間政治家との間の亀裂が深まっていった。

第四章に述べたように、天性の軍事的才能のあったマウリッツ公は従弟のルイ・ウィリアムと協力しつつ、自ら育てた精兵を率いてよくスペインの強兵に対して戦い、ほぼ現在のオランダの領域にあたる地域を占拠した。このマウリッツ公の功績は長くオランダ人から讃えられている。

当初、マウリッツ公はまだ若年で政治的には経験もなかったので、ホラント州の指導者バルネフェルトらと協力して国政にあたった。バルネフェルトは正しくはオルデンバルネフェルトと呼ばれる。オランダ語ではこういう省略は許されないらしいが、英語の史書ではバルネフェルトと略しているので、その用法にしたがう。バルネフェルトはウィリアム一世の死後は、戦陣はマウリッツ公にまかせつつ、利害錯綜し独立自治の伝統の根強いオランダ各都市の間の利益を調整し、国民的統一を達成した名政治家であり、またよく列強の間にオランダの国益を守った名外交官であり、史書はいずれも一六〇〇年までのオランダ独立の功績をマウリッツ公とバルネフェルトの二人の協力に帰している。

しかし、マウリッツ公がその赫々《かっかく》たる成功によって国民の間の信望も高まる一方、ブルジョア政治家の嫉妬も強くなり、両者の間の感情的対立が深まっていった。

最初の対立の原因は、民間政治家の軍事問題に対する干渉である。歴史上どこでもある問題であるが、春秋の筆法を借りれば、オランダの党争は一六〇〇年のニューポールトの戦いに兆すといえる。

## ニューポールト遠征

一五九七年までに北部を平定したあと、オランダ軍は九八年以降は南部戦線でおおむね守勢に立たされた。すでに述べたように九八年にフランスとスペインの和平が成立し、ネーデルラントのスペイン軍が再び北に勢力を集中したからである。その戦費のためにオランダ国民の税負担も増大し、守勢ばかりで目覚ましい戦果の乏しい戦争にようやく民心が倦《う》んできた。

南部はパルマ公のあとはオーストリアのアルバート大公が跡を継いでいたが、フィリップ二世はその死に際して娘のイサベラをアルバート公と結婚させ、ネーデルラント、ブルゴーニュ等の継承権をイサベラに譲った。

アルバートとイサベラは「帝王の如き」豪奢な生活を営み、政府の財政はたちまち困窮した。給料未払いによる兵隊の反乱はかつてないほどの規模で蔓衍《まんえん》し、各都市の傭兵は事実上、独立王国となり、住民から税を取り立て、大公の命令にはしたがわなかった。

他方、オランダの海運と貿易は、海峡に面しているニューポールト、ダンケルクの私掠船によって恒常的に多大の被害を受けていた。この二つの都市を抑えれば、フランドルの海岸線は実質的に全部オランダのものとなる。

ここにオランダの連邦議会はニューポールト遠征を主張した。今ならば軍資金も乏しく傭兵の支持もないアルバート大公はこれに効果的に対抗出来ないだろう、というのがその目算であった。実は後の時代では、南部解放の大オランダ主義が総督や軍の側の旗印となり、北部だけで満足しようというホラント中心のブルジョア政治家は小オランダ派と呼ばれるようになるが、この時点では立場は逆だった。

もっとも、後にホラントの政治家が南部統一に反対するのは、オレンジ家と軍の発言力の増大を怖れるという政争がらみの理由が根本にあったが、実利の面ではアントワープを回復すると、その繁栄が復活してアムステルダムの優位を脅かすのを怖れてであり、ニューポールトの遠征はアントワープまで取ろうというのではなく、逆にスペイン領のネーデルラントの海への出口をふさぎ、ホラント、ゼーラントの海運を保護するためであるのだから、利害得失の計算についてては矛盾はない。

この計画には、マウリッツ公は初めから反対だった。この作戦を遂行するためには、少数の守備兵を残してオランダの持つ全軍を投入しなければならない。もし負ければ、それは単に破局というようなものではない、全滅である。

それは当然であろう。敵地に深く入り込んで、堅固な城壁を持つ城を攻め落すという、軍事常識をはずれた話である。包囲の最中にスペイン軍に後背を衝かれたらどうなる。これがマウリッツ公の心配だった。

英国軍も反対だった。これに失敗すればオランダは滅亡する。その次は英国に危機が迫る。そして誰よりも、当時のヨーロッパ一の戦略家であるルイが猛烈に反対しただけでなく、怒りを爆発させた。この作戦はオランダ共和国の命運を絹の糸に吊るすようなものだ、成功しても永続的な利益はない、と言った。この判断もまた正しいことが、後に証明される。

ルイの参謀達はもっとはっきりと言った。

「われわれは出口のない袋に押し込められようとしている。われわれはカウディンの山路に進撃しているのだ。これはみなバルネフェルトや長いガウンを着た連中の仕業だ」

カウディンの別れ道というのは、古のローマ軍がサムニウム軍に敗れて囚われの身となった、屈辱の歴史の地をいう。敗れると知って湊川に赴いた楠木正成の故事を「長袖《ちょうしゅう》（公卿の長い袖）兵を論じる」の禍というが、ヨーロッパでは「長裾」といったらしい。同工異曲である。

しかしマウリッツ公は、その最後の判断をバルネフェルトに委ねた。

マウリッツはよく人の意見に耳を傾ける人であり、軍事においてルイの意見を傾聴する以上に、国家的政策についてはバルネフェルトの意見にしたがった。そしてこの問題については、連邦議会の雰囲気が熱狂的に遠征を支持したこともあったが、バルネフェルト自身もまた積極的に遠征支持派であったため、その意見にしたがったのである。

準備は万全に行われた。ヨーロッパ一の規律正しく装備も完全で給料のよい兵達、歩兵一万二千、騎兵六百の精兵は、大船団に乗ってフランドルの北岸に着くや、三十五マイル離れた目標のニューポールトに向って西に進撃を始めた。一六〇〇年六月二十三日のことである。

三十日にはアールデンブルフを過ぎ、そこに用心のために守備隊を残し、七月一日にはレフィンゲンで橋を渡り、ニューポールトの砦の前に着いた。ニューポールトの入江は満潮時には港となり、干潮時には歩行可能な浅瀬になった。到着したオランダの兵力の三分の一は東側に残り、三分の二は西側に渡って包囲体制を完成した。東側の軍はルイの弟エルンスト伯が指揮した。

一方、オランダ軍上陸の報を受けたアルバート大公は反乱している各都市に檄を飛ばし、「カソリックのためと、かつては地上最高の君主であり、今は天上の聖者に列しているフィリップ二世の娘(インファンタ)であり、オランダの主権者であるイサベラのために」立ち上がるよう要請した。これを受けて、反乱の都市は給料の正規支払いのほかに、指揮者は自分達が選ぶこと、戦争では先陣を与えられることを条件に参加し、他の傭兵達も続々と参加し、たちまち一万の歩兵と二千の騎兵が集った。

インファンタは兵達に向い、貴方達の給料の支払いが遅れるぐらいなら、私の耳の宝石も私の食卓の銀食器も失ってかまわないと演説し、兵士達は歓声を上げて進撃を始めた。

アルバート公の軍の進撃があまりに迅速だったので、後尾を守るはずのアールデンブルフの守備兵は糧秣の調達に出たあとだったので、簡単に占拠されてしまった。

夜中に急報を受けたマウリッツはことの重大さを覚った。潮は満ちている最中で架橋の時間もなく、東側への増援は不可能である。このまま攻撃を受ければ東側の軍は壊滅し、西岸の軍は砦と敵軍の間に孤立して自滅してしまう。唯一の活路は、一刻も早くレフィンゲンの橋を壊して時間を稼ぐことである。

東岸の司令官、若きエルンスト伯は三千足らずの兵のすべてを率いてレフィンゲンに駆けつけたが、時すでに遅く、スペイン兵はレフィンゲンの橋を抑えてしまっていた。エルンストはどうしたらよいのか一瞬迷ったが、勇敢に立ち向うことにした。戦いは激しかったが、もともと衆寡敵せず、オランダ側の貴重な精兵千名が失われ、砲も軍旗三十旒《りゅう》も捕獲されるという壊滅的打撃を受けた。

## 運命の逆転

しかし、結果的にはこれが全軍の運命を救うのである。エルンスト軍が悪戦苦闘して稼いだ数時間の間に、引潮を待って西側の軍が、はじめは水につかってずぶ濡れのまま続々と東岸に徒渉して、陣を張ることが出来た。

そしてこの時は、マウリッツは誰にもはからずに自ら決断して、潮が引く際にオランダの船団を、参軍の政治家や補給部隊など戦闘に不必要なすべての人員とともに沖合に去らせた。マウリッツ公はじめ軍の幹部は十分に逃げられるタイミングだったにもかかわらず、自ら背水の陣を敷いたのである。そして兵達に訴えた。もし負ければ、スペイン兵の残虐の犠牲になるか海に溺れるしかない。スペイン軍を完全に打ち破る他はないのだ。自分は勝利者となるか滅びるか、皆と運命をともにしようと。

これに対して兵達も、生きるも死ぬも司令官とともにしようと叫び、「希望の故か絶望のあまりの開き直りの故か」、全軍に自信に満ちた明るい雰囲気が漂ったという。

二時間の睨み合いの後に、攻勢はスペイン軍から始まった。オランダ側には、伴《いつわ》って退却して敵を砲撃で苦しめる作戦があったのであるが、オランダの砲兵が目前の好標的に我慢出来なくなって発砲してしまったので、あとはただ狭い戦場の中で二万の軍の乱戦乱闘となった。戦場はところ狭しと死骸で満ち、参戦者の述懐によれば、「あたかもこの世の終りが来たよう」な状況となった。

戦いはもはや戦略も戦術もなく力闘だけとなった。こうなると、数と野戦の経験に優るスペイン軍が次第に優勢になり、蘭英軍は崩れ始めた。ここでアルバートは、ここぞとばかり最後まで温存していた歩兵部隊を投入して、マウリッツ公の本陣を襲わせた。ただでさえ押されぎみのオランダ側は、とっておきのスペインの強兵の圧力にたまらず崩れ、英国軍の司令官も討ち死にし、スペイン軍は勝利の叫び声を挙げてマウリッツ公の馬前に迫った。

戦いは明らかにオランダの負けであり、オランダ共和国の弔鐘を告げる形勢だった。ここでモトリーの記述は、勝負の岐路を、そしてオランダの運命とヨーロッパの歴史の大きな流れの岐路を、スペイン側の一瞬の躊躇においている。

全軍が総崩れする中で、マウリッツ公だけは「巌の如く」動かなかった。祖国のため、われわれの名誉のためである、最後まで希望を捨てずに、死ぬのならば軍人らしく死のうと呼びかけて、残ったわずか三個騎兵隊と少数の手勢をまとめて静まり返っていた。

近づいたスペイン兵はこれを怪しんで、一瞬、追撃の足を止めて様子をうかがった。それが致命的な誤りとなった。相撲でいえば「あそこで休まず前に出ればよかった」という勝機を逸したのである。

その時までマウリッツは、騎兵隊が勇みに勇んで突撃させて欲しいと懇請していたのを断乎許さなかったが、それがここに役立ったのである。戦後、捕虜になったスペインの将軍は、「敗因はマウリッツが船団を去らせて自ら退路を断ち、決死の勢いを作ったことと、アルバートが過早に予備兵力を投入したのに対して、マウリッツが最後までそれを温存したことにあった」と述べている。

三手に分かれて突撃した騎兵隊は、それぞれに勝運に恵まれた。スペインの歩兵は急襲に遭って戦列を乱して逃れ、スペインの砲隊はちょうど砲弾を撃ち終ったあとだったので、騎兵隊が来るとすぐに退避した。また、退却中の英国兵とフリースラント兵がふみ止まって合流して反撃するのにもちょうどよいタイミングだった。

戦闘中、終始オランダ側の砲に「ワックスのように貼りついて」死守していたオランダの一砲手が、陽気な叫び声を上げながら砲撃を再開した。この砲撃は、騎兵隊の突撃とともに絶大な相乗効果を挙げたという。今まで敗走していたオランダ側は「戦いは勝ちだ。われわれは勝ちだ」の叫び声を「何の理由もなく」挙げつつ攻勢に転じ、勝者と敗者の立場が逆転した。

後の戦闘の詳細とスペインの将軍達のそれぞれの末路を書く余裕はないが、総崩れとなったスペイン軍追撃の結果、オランダ側は三千のスペイン兵を殺し、六百名を捕虜とした。アルバートの七つの大砲全部と、アルバートが先にエルンスト軍から奪った二門の砲、スペイン軍旗百二十旒が捕獲された。

アルバート大公はレフィンゲンの橋を渡って命からがら逃れた。オステンデ城内には観戦に来ていた連邦議会の議員達がいて、戦況の帰趨に手に汗を握っていたが、もしオステンデの守備兵がこの機会に橋を抑えていれば、アルバートを捕虜にすることは容易な状況だった。しかし、スペイン兵に対する恐怖のためにオステンデ市の守備兵は動かず、疲れ切ったマウリッツの軍が到着するのを待つだけだった。

連邦議会の代表達は、当初はまずニューポールト、ついでダンケルクの占領を望み、その実現を督戦するために来ていた。しかし戦いの後、マウリッツがニューポールトの城の状況を視察すると、戦闘の間にさらに三千名の守備兵が増強されていたので作戦の中止を進言した。連邦議会の面々もこの戦いのあとでは、軍事問題についてはもう大きな口をきけなくなっていたので、おとなしくマウリッツの意見にしたがってオランダに引き揚げた。

ニューポールトの戦いの報はたちまち世界中に広がった。野戦では無敵のスペインの強兵に、正面からぶつかって勝ったというだけでも歴史的な出来事だった。エリザベス女王は英国の政府を通じての報告だけでは満足せず、オランダ大使を招致して戦いの詳細な情報を読み上げさせた。遠くアジアにもその報せは伝わり、オランダ人達はニューポールトでスペイン軍を打ち破ったオランダの代表として、東南アジア各地の住民達から讃歎されたという。

この勝利はオランダ国民の間におけるマウリッツ公の権威を高め、その分だけブルジョア政治家に対する信頼を失わせることとなった。

当時、オランダでは、戦いのあとバルネフェルトが祝賀を述べにきた時、マウリッツはバルネフェルトの横面を張って、「お前はわれわれを敵に売り渡した。しかし神がその取引を禁止し給うたのだ」と言ったという噂が、まことしやかに伝えられるような雰囲気だったという。ともあれ、たしかにここまでマウリッツ公の成功が華々しく、またその判断、その勇気が少しの批判も許さないほど立派であり、それに反してブルジョア政治家達の判断が弁護の余地のないほど拙劣であったことが明らかでは、民間政治家の立場がなくなってしまう。

バーカーはこう記している。

「ギリシャの哲人ポリビウスは言った。『他に例を見ないような大きな功績は、悪意と中傷を招かざるを得ないであろう』と。すべての著名なオランダの歴史家達は、ニューポールトの大勝利こそは、オランダの政治家達がマウリッツ公に反対の決意を固めた最大の原因である、という点で観測が一致している。ハンニバルの成功に対するハンノの嫉妬の例と同じである」

ここから二世紀にわたる、オランダの世襲総督家たるオレンジ家とホラント州のブルジョア政治家との確執が始まる。オレンジ派は国民統一派とも呼ばれ、貴族、カルヴィン派の教会、一般民衆の支持を受けた。これに対して地方自治派、あるいは小オランダ派は、各州のブルジョア政治家によって支持された。州によっては国家統一を支持する州もあった。しかし、ホラント州の支持なしではどんな国家的事業も遂行出来ないぐらい、ホラント州の経済力、発言力が他に隔絶して強大だったため、両派の対立は事実上、オレンジ家とホラント州のブルジョア政治家との間の対立となった。

党争であるから、相手の得は常に自分の損ということで、党派的利害がすべてに優先してしまう点では、それぞれの問題についてはどっちもどっちともいえるケースが多い。またマウリッツ公も、精神病で素行の修まらない母親がウィリアムと離婚したために、戦乱の中に孤独な幼年時代を過し、猜疑心の強い性格で人間関係は必ずしもよくなく、バルネフェルトとの不和も一面、それに原因があったともいう。

しかし、民族統一派は必然的に国家的にものを考えるのに対して、ホラント州は何よりも州の利益グループを代表するので、その政策論が地方利益のために堕することは避け難く、またオレンジ家が歴代みな資質優秀であり、ウィリアム一世以来、公のために私を犠牲にする伝統があったので、公平に見てオランダ衰退の原因となったのは、ホラント州を中心とする地方分権派の罪に帰すべきところが大きいといえる。

オランダ帝国の命脈に最後の一撃を加えることになる一六七二年の仏蘭戦争の後、オランダの民衆はブルジョア政治家の代表デ・ウィット兄弟を虐殺し、死体を八つ裂きにして、文字通りその肉を啖った。この間の描写はローウェンのデ・ウィット伝に詳しい。

「それ民は賢にして愚。愚にして賢」という。その意味は、「民衆は小賢しいことを言って政府の政策をああだこうだ言うが、本当は何も知らない。しかし、何も知らないようでいて、国の真の利益や人物の真価をちゃんと見ているのは民衆だ」という趣旨と解釈すべきであろう。この虐殺はオレンジ派に煽動されたものだともいわれるが、ここまですさまじい民衆の憎悪の対象となるということには、必ずそれだけの理由はある。やはり積悪の余殃《よおう》なのであろう。

## 十二年間の休戦

どこの国でも政争の話というのは細かく書けばきりもなく、オランダの政争の話もとても簡単には書き切れないが、おおよその経緯は次の通りである。

まず争点となったのは、スペインとの休戦問題である。

オランダ独立戦争のお蔭で、スペインの社会経済は荒廃してしまった。都市には失業者、乞食、犯罪者があふれた。財政は逼迫《ひっぱく》して、新大陸からの銀輸送が唯一の頼りであり、それを安全に輸送出来るかどうかにスペインの死活がかかっていたが、それがオランダに妨害されて思うようにいかなかった。

スペインは戦争に一息ついて経済の窮境を脱するために休戦を求めた。しかし、形勢は明らかにオランダに有利であり、戦争を続ければスペインは早晩、全ネーデルラントから手を引かなければならない情勢だったので、民族統一派は継戦を主張したが、小オランダ派は和平を欲した。

テンプルはこの間の事情を次のように説明している。

「マウリッツ公に対する人民の信頼と彼の影響力は、はじめは父ウィリアム公のお蔭だったが、その後、彼自身の人格と能力でますます高まった。バルネフェルトらのオランダ政治家はこれを嫉視し、絶対権力が生まれるのを防ぐことを口実にして、マウリッツの勢力を抑えることを策し、戦争が続くかぎりマウリッツの力が強くなるので和平を欲した」

マウリッツが休戦に反対した理由は、一六〇八年秋のマウリッツの公開書簡に明らかである。戦争継続のためスペインの財源は涸渇しているが、休戦で回復すればまた攻めてくる。スペインのような大帝国は軍備を削減しても安全であるが、オランダのような小国は休戦時も必要最小限の兵力、すなわち現時点とあまり変らない兵力は維持しなければならないから、オランダのほうが損である。しかし平和になってしまうと、平和的にそれだけの軍備を維持するために、各州の協力が得られるかどうかもわからない。

それよりも何よりも、オランダ各州は独立戦争によってやっとまとまっているのだから、今の状態で休戦したらばらばらになってしまう惧れがある。

理路整然として、おそらくはその通りなのであろう。しかし、戦争を続けなければ国がばらばらになってしまうから戦争を続けなければならない、という論理をいつまでも通すことは所詮、無理である。にもかかわらずその議論が正しいところに、オランダの政治体制の根本的問題があることをおのずから示している。

そしてまた、戦争が続くかぎりは国民の支持は圧倒的にマウリッツに向うであろう。党争の次元でいえば、これは反対派には堪え難いことである。

この機会を捉えて、スペインはあらゆる方法でオランダ国内の分断、離間工作を行い、結果としては民衆、貴族、教会などからの猛烈な反対論もあったにもかかわらず、一六〇九年、スペインの最も望む十二年間の休戦となった。

ホラント州の政治家は、その後もスペイン領ネーデルラントを併合する機会があるごとにこれを妨害する工作に出るが、それには党争だけでなく、具体的な理由もあった。前にも述べたが、折角、アントワープの後継者としてアムステルダムが栄えているのに、良港を持つアントワープを回復すれば、自らの繁栄が奪われる惧れがあるからである。

ほぼスペインの希望通りとなった休戦条約でオランダ側が得たものは、シェルト河を水運に使わないという条件である。これでアントワープは生活の糧を断たれ、その復興は不可能となるわけであり、同文同種の同胞が住むアントワープに対して冷酷極まる条件である。

オランダ全体の利益から見れば、戦争を続行してブラバントとフランドルを併合した方がどれだけ得だったかわからないが、それではアントワープを復活させることになる。これと商業上競合関係にあったホラント州とアムステルダムの地方的利益が、それに優先したわけである。

教会はもとより独立運動の原動力の一つであり、オレンジ派であったが、バルネフェルトは大学の神学論争で少数派が市当局の保護を求めたのを機に、分派を支持した。そしてマウリッツ公が、意見の相違は総督が調整するというユトレヒト連合の規約にしたがって、この問題を全国的な宗教会議で討議して解決しようというのに対して、宗教の各州自治権を楯にこれを拒否し、一六一七年にはいわゆる「激越なる決議」を採択して、ホラント州の各都市はそれぞれの兵隊を徴募し、中央の干渉に抵抗することを決めた。

これはどう考えても、ホラント側の方が悪い。

オランダは内戦状態となり、オランダの同盟国である英仏大使はもとよりスウェーデンの国王までが、共通の敵であるスペインに対するための国家的統一を訴え、ホラント州の分離主義をいましめた。

結果としては、マウリッツはその軍隊でホラント州を制圧し、独立戦争当時の盟友であるバルネフェルト以下を斬首して反乱を鎮圧した。このバルネフェルトの悲劇について、モトリーは彼の浩瀚なオランダ史の結論の部分に書いている。

「バルネフェルトは Liberty（国家、国民の全体の自由とでも訳すべきか）の守護者というよりも、それぞれの Liberties（個々の利益団体の自由）の守護者であった。彼は全身全霊をもって祖国を外国支配から救ったが、スペインから奪った権力を人民でなく、市当局に譲り渡そうとした。彼は人民というものを尊敬していなかったし、おそらくは愛情も持たなかった。彼の愛国心の対象は彼の野心の対象と同じく、極めて狭いものであった。……もちろん彼の達成した市民的自由は、それまでの世界になかった人類の自由の一部をなした。しかし人類が、地方的部分的特権でなく普遍的な人権の上に立った共和国こそが力強いものであるということを知るまでには、まだその後、何世紀もの血と富を犠牲にする必要があった」

バルネフェルト自身、マウリッツの勢力が伸びるのを妨げるために、故意に国論を分裂させようとしたと、裁判において正直に、党派的利益の上に立った行動であることを証言している。中世以来の市民、それも市民の中の顔役の特権を、絶対君主から守るために戦ったのがバルネフェルトの生涯だったのである。

こうしてバルネフェルトとその徒党を処刑したマウリッツは、一六二五年に死ぬまで、ウィリアム一世のように国家的統一を維持することに成功したが、制度そのものには手をつけなかったため、禍根を将来に残すこととなった。

マウリッツは生涯、正妻を持たず、複数の（プロミスキュアスといわれた）女性関係を持ったので嫡出子はなく、総督の地位は異母弟のフレデリック・ヘンドリックに引き継がれた。フレデリック・ヘンドリックは常にマウリッツと戦陣をともにし、軍の信望も厚く、軍事と政治の両方に秀でた立派な人物であった。しかし、休戦期間終了後、ブラバントとフランドルを回復しようというフレデリックの作戦は、ことごとく民間政治家の反対に遭って不成功に終った。

一六三五年の仏蘭同盟は、スペイン領ネーデルラントからスペイン人を駆逐し、これを仏蘭間で分割することを目的とし、そのための共同作戦計画まであったのであるが、オランダ諸州の間で戦費分担等の争いがあっただけでなく、ホラント州が、フレデリックが軍事的に成功しないようにあらゆる策を講じたため、この計画も画に描いた餅となった。

一六三八年のアントワープ攻略作戦では、アムステルダム市は敵を援け、あらゆる種類の武器、弾薬を敵に供給した。

作戦失敗後、フレデリックは敵に大量の火薬を売ったベイラントという商人を逮捕したが、裁判の結果、ベイラントは無罪となった。裁判の場でベイラントはこう言ったという。

「貿易は万人にとって自由でなければならず、戦争によって妨げられてはならない。われわれアムステルダムの人間は、どことでも貿易する権利がある。利益を得るためならば、もし地獄に航海しろと言われても、私は自分の船の帆を焼く覚悟で行く」

こうした個人主義、州権主義は、もちろんオランダの外交、軍事政策の遂行を妨げたが、それよりもさらに国際的信用を失墜することによって、将来、もっと大きな災いを招くことになる。

### 血も涙もない高利貸

当時のイギリス人は、オランダが当面の敵のスペインに対し何の良心の呵責もなく武器弾薬を供給したのに呆れた、と書いている。また一六二一年、フランスのラングドックの反乱軍向けのオランダ船がフランスに拿捕されたが、その船は大砲二十二門、ライフル八千梃、ピストル二千五百を積んでいた。当時、フランスもオランダの防衛のために軍隊まで派遣していたので、当然、怒りを表明した。

私は今でも東芝機械のココム違反事件を、ソ連原潜の静音化と因果関係がなかったなどと言い張ってアメリカを責め、日本は悪くなかったというような言説が散見されるのを見ると、恥かしさを通り越して、日本の将来に及ぼす影響を考えて背筋が寒くなる。

私自身は、いつ因果関係が表れるかの時期は別として、必ず因果関係はあったと思っている。しかしそんなことよりも、今でも見られる論説は、たとえて言えばラフに打ち込んだボールをそっと動かしたのを他人に見咎められて、どうせ二打差以上で勝っているのだから——あるいは逆に、罰打を払わなくてもどうせ負けているのだから——勝負に因果関係がなかったと言い張っているのと全く同じである。

日本人は、他の先進諸国の人達とは文化の異なる人間だ——品性低劣という意味で異文化の人間だ——と言われて一言の反論も出来ないような事例を、どうして何時までも自分から言い出すのだろうかと思う。

レーガン時代の閣議で、他の閣僚が全部対日非難側だった時に、終始、日本を庇《かば》っていたペンタゴンが、このココム事件の時だけは反日になったのも無理はない。こうした国家間の背信の記憶は、何時までも残るものである。

エリザベス女王がオランダ出兵を決意した時、英国はデン・ブリルなどのオランダの三都市を担保として、八百万フローリンの借款を供与した。ジェイムズ一世がエリザベスのあとを継ぎ、その浪費癖のため現金に困っていることを知ったバルネフェルトは、ジェイムズがこういう取引に暗いのに乗じて、二百七十二万八千フローリンなら即金で払うといって三都市を取り戻した。

バルネフェルトとオランダの政治家達はいい取引をしたと自慢したが、欺《だま》されたと気づいたジェイムズはその後、決してオランダを許さなかったという。

バーカーは実例は挙げていないが、同じようなことは幾つもあり、イギリス人はオランダ人を詐欺師の国民と考えたと言っている。

後に英蘭戦争が迫って、イギリスの対オランダ感情が悪化した際に、こうした例は政界、財界によって想い起され、オランダのイメージは「血も涙もない高利貸であり、かつてはハンザ、フランドル、ブラバント、スペインの死屍の上に繁茂し、今は傷ついた英国の富の上に繁栄し、飽食している吸血鬼」であったという。

また、独立戦争当時、オランダが英蘭共通の敵であるスペイン側に武器を売った行為もこの時期に想い出され、オランダ人の背信性の証左として引用されている。古い話では、エリザベスの寵臣レスターはオランダに遠征後、バルネフェルトらの政治家と不和になり、短期間で引き揚げることとなるが、その不和の大きな理由は、レスターが南部の兵糧攻めを主張したのに対して、オランダの穀物輸出業者とそれを支援するブルジョア政治家が反対して実現させなかったことにあった。

英国と同文同種のオランダさえ、人間でなく吸血鬼とか蛭とか呼ばれることもある国際関係において、日本が異文化人種と呼ばれるぐらいの惧れは何時もあるのである。冷戦が終ったからもう昔の話はなしだ、というわけにはいかない。冷戦が終った時にこそ、冷戦時代に真の同盟国だったかどうかが問われるのである。

## 平和条約

一六三五年、オランダはその安全保障の主軸となるべき仏蘭同盟を結んだ。この条約によれば、フランスはオランダを援けるために軍隊と資金を提供し、オランダはフランスと共同でないかぎり、スペインと休戦または和平をしないことを約束した。

この同盟は何度も更新され、厳粛にその遵守が宣誓された。

少なくとも個人所得ではフランスより豊かなオランダが援助を受けるのは変に思えるが、同盟を金で買収するのは当時、普通のことであった。とくに、オランダの政治家達がフレデリック・ヘンドリック公の南部作戦を成功させまいとして、軍費を出し惜しみしている状況では、その経費がなければフレデリックは共同作戦も出来ないことになる。

他方、同盟の最低限の条件である単独不講和の約束を、オランダのブルジョア政治家に受諾させるためには、フランスと同盟していれば防衛費負担が軽くなり、商売に専念出来るという利をもって納得させる必要もあったのであろう。日米安保があれば防衛費が安くてすみ、日本は経済発展に専念出来るという議論が、冷戦時代に反戦平和主義の人にも説得力があったのと同工異曲である。

この条約は、フレデリックによっては厳格に守られた。例えば一六四五年にスペインの密使がフレデリック公を訪れた時は、フレデリックは隣室にフランス大使を隠して一部始終を聞かせ、会談後、呼び出して紹介し、フランスには同盟の証しを立て、スペインの密使には単独不講和の決意を明らかにしている。

しかしホラント州は、商業上の利益を守り、フレデリックの軍事的成功を避けるために、早期和平を欲した。スペインの賄賂もふんだんにばらまかれたらしく、一六四七年五月、フランス大使は、「この国ではもはや説得は意味がない。今やこうした政治家達の言う通りにするか、スペインがした以上のことをこれらの人々にするかしかない」と、暗にスペインの賄賂の横行に言及している。

ホラント州は、必要に応じて自分の州は単独でスペインと和平を結ぶが、その余の州は戦争を続けたければ続けてもよいと公言するにいたり、重病で死期迫るフレデリックに対してことごとに連合脱退をほのめかし、自州の意見を通した。

スペインは長い戦争に力尽きていた。また、南部の住民は何度もオランダとの合邦を慫慂《しょうよう》した。オランダ議会の多数は南部の分割を支持し、仏蘭の間には分割協定も署名された。フレデリックはもとより大オランダを建設したかったが、ホラント州はアントワープなどフランドル、ブラバントの商業都市を併合して、アムステルダムの独占が崩れるのを怖れて反対した。

こうしてオランダ側の立場は分裂し、和平交渉は延々と続いたが、遂にホラントとゼーラントは他州を説得、買収することに成功し、フランス大使の表現によればオランダは、「公に認められている信義と条約上の義務にもかかわらず」単独和平を結んだ。

フランス王は書面で不満の意を表明し、和平式典を忌避するため大使を召還した。

ここでバーカーは、「忘恩は国家間でも個人間でもほめたことではないが、それだけでなく賢いことでもない」というビスマルクの言を引用して、将来、オランダを訪れる凶運の遠因となることを示唆している。

短期的にも、フランスはオランダの忘恩を怒り、オランダに自由貿易の特権を与えた関税同盟を廃棄し、地中海のフランス私掠船にオランダ船襲撃を許してオランダの貿易に損害を与えるが、七十年にわたってフランスを統治したルイ十四世はこの背信を決して忘れず、フランスの報復は、将来、もっとドラスティックなオランダ滅亡計画の形で表れてくる。

ローウェンのデ・ウィット伝などは民間政治家側に好意的な本なので、ホラントがネーデルラント分割に反対した理由は、フランスと直接境を接するより緩衝地帯を残すためだったように、軽く触れるにとどめている。

これは一応の理由が立つようだが、やはり口実であろう。緩衝地帯を残すなら仏蘭間で話をつけるか、あるいは少なくとも北半分はオランダの勢力圏とするのが常道である。不確定のままにしておいて、ましてフランスを怒らせたままでは、何時フランスが国境まで押し寄せてくるかわからない。現にオランダは、あとでまさにその危機に直面する。

平和条約第十四条は、シェルト河とその支流がベルギーの諸都市に対する海運に使用されることを永久に禁止している。ベルギーから経済復興の道を奪う苛酷な条項である。この一条を見ても、ホラント州の意図が奈辺にあったかは十分推測されるところであり、緩衝地帯云々などは口実に過ぎない。

こうしたことがオランダの国際的評判を次々に下げ、それまでは同盟国などは引く手あまたでどこにでも見つけられると思っていたのが、はっと気がついた時には、周囲はオランダの衰亡に内心快哉を叫ぶ冷たい目ばかりになってしまうのである。

## ホラント州の専横

平和条約締結の直後にフレデリックは病死し、その子ウィリアム二世が後を継ぐ。ウィリアム二世も資質の優れた若者だったが、短い生涯をホラント州との対立の中に過す。

その頃、ホラント州の専横はますますひどくなり、一六四三年、ホラント州はその出身議員に対して、ホラント州が事前に相談を受けていないあらゆる議会決議案に支持を与えないよう、公開の訓令を発した。

ウィリアム二世に総督の職と軍司令官の職を与える手続きも、長い間、棚ざらしにされ、ホラント州はこの二つの職の廃止を提案した。

当時の英国の評論家は、「今やオランダは平穏と繁栄の中にあって、総督も陸海軍の司令官も費用がかかるばかりで不用のものと思っている。しかし他方、こうした職を廃止して、その権力を自分達のものとしたいという野心も持っている」と評している。

ウィリアム二世が、アンリ四世の孫娘であり英国のチャールズ一世の娘であるメアリと結婚し、ヨーロッパの諸王家とのつながりを深めたことも、オランダのブルジョア政治家の反感の口実となった。

このあたりの事実関係は、オランダの党争を反映して相反する非難、中傷が錯綜しているので、よほどよく見極めないといずれが真実かを見失ってしまう。

デ・ウィット伝などブルジョア政治家側の主張では、ウィリアム二世は、当時、成立していたクロムウェルの共和国を打倒してスチュアート朝を再興させるために、フランスと組んでオランダを対英戦争にまき込もうとしていたと言っているが、ローウェン自身認めているように、証拠といえるようなものはどの資料にもない。

いくらウィリアムが若くて未経験だといっても、そんなことが出来るはずもないし、ましてホラント州の支持なしでまともな戦争など出来ないことぐらいはわかっていたであろう。

ブルジョア政治家側の理由づけをよく読んでみると、軍隊を強くすればオレンジ家が強くなる、オレンジ家が強くなると絶対君主制となる惧れがある、絶対君主制となると王様同士の戦争にまき込まれる惧れがあるという、政治哲学というか観念論であったようであり、その裏にはオレンジ家の力を一センチでも拡大させまいという党争があった、というあたりが客観的な状況だったと思う。

これに対してオレンジ側はオレンジ側で、州政治家がクロムウェルと秘密条約を結んで、オレンジ家打倒のためにもうすぐ一万名のイギリス兵が上陸して来るという、これまた荒唐無稽な噂を流している。党争というものは今も昔も同じである。

日本の防衛論争も今は一面、党争というか、立場の違う人々の間の意地の張り合いの様相を呈している。防衛費が一円増えても自衛隊機が一機増えても「軍靴の跫音《あしおと》が聞える」というのは、冷戦時代、ソ連のプロパガンダと「赤旗」の記事のステレオタイプだった。最近でも自衛隊を海外に派遣するとそれが蟻の一穴となり、そこからとめどがなくなるという議論がある。

党争は人間のバランス感覚を失わせる。自衛隊の役割は一センチでも拡大させまいという党争の論理だけが残って、どの程度、自衛隊が国際協力をするのか、どのあたりが日本の対外政策、安保政策としてバランスが取れるのか、あるいはどのような形が日本の国益にとっていちばんよい参加の仕方か、という視点が全く失われてしまうのである。

いずれにしても、オレンジ家とその支柱である軍隊に対抗して、「平和と経済」がブルジョア政治家の合言葉であった。

ホラント州はその軍備の一方的削減を行った。他の州からは、仏、独、スペイン、スウェーデンなどがまだ軍備を維持しているのに、オランダだけが軍縮をするのは危険だとの反対があり、議会はホラント州の行為はユトレヒト連合の規約違反だと決議したが、ホラント州は一方的に国軍に対するホラント州の分担分を削減した。

この間、アムステルダムは、ウィリアム二世に対して次のような書簡を送っている。

「総督は州の召使いであって主人ではない。命令にしたがうべき者は総督である。アムステルダムは現在の平和の果実を楽しむことを欲するものであり、それは不必要かつ無規律の軍隊を維持するのならば不可能となる」

州政治家側の立場に同情的なローウェンさえも、これはウィリアム公に対する「挑戦」であると書いている。

権威に対する抵抗精神ともいえるし、驚くべき度胸ともいえる。しかし、この挑戦を受けてウィリアム二世が、マウリッツ公が民間政治家を処罰した例にならってホラントの指導的政治家六人を逮捕すると、たちまちホラント州は「今後は各州の満場一致の議決がないかぎり軍隊を削減しない。満場一致がない場合はオレンジ公、またはその後継者の決定にしたがう」と決定してしまう。

バーカーは、政情不安が続くとホラント州の商売に悪影響が出るという理由でホラント側が譲歩したのだと説明しているが、そうだとすれば、当初の高飛車な権利主張は何だったのであろうか。当時のオランダのエリート層の中で、観念的平和主義と州権主義が空まわりしていたとの感が強い。

ところがその直後、ウィリアム二世は二十四歳の若さで急死する。死後一週間目に誕生する嬰児が、後に一六八八年に英国のジェイムズ二世を逐い、名誉革命を達成し、その時の権利章典の表現によれば「英国を法王と専制から解放するための神も嘉《よみ》し給う輝かしい役割を果した」ウィリアム三世となるのであるが、当座はここにオレンジ家の権威は消滅し、ホラント州のブルジョア政治家政治は復活する。

ホラント州はもう二度と総督を持たないことを決議し、各州の分担する軍隊は各州の指揮権の下にのみ属し、国軍は事実上解体した。オランダという統一国家は事実上存在しなくなったのである。

まさにこの時期に、英蘭関係が危機的様相を呈してくる。オランダはその対処を誤るのであるが、対処の良し悪し以前の問題として、国際関係を国家的な視点から考える態勢が全くないままに、危機が迫って来るという認識さえロクにない状況で戦争を迎えることになるのである。

## すべては金の世の中

オランダ人のような質実剛健で合理的な国民でも、繁栄の結果、社会にデカダンスの影が忍び寄ってきた。

軍隊では、完全雇傭と高い人件費のため、オランダ人の兵隊は高くつき過ぎた。ユトレヒトの盟約で謳った国民皆兵は、もはや独立戦争初期の英雄詩となり、勇名をはせたマウリッツ公の軍隊でも、その装備、規律は世界最高だったとはいえ、大部分は外国人傭兵であり、マウリッツ公の死後は、オランダ人はオランダの軍隊からいなくなった。

海上での戦いはまだ人気があったが、それも利益が大きかったからである。例えば西インド諸島でさんざんにスペインの植民地を荒した伝説的な英雄ヘインは、一六二四年、わずかな船を率いて強力なスペイン艦隊と戦い、悪戦苦闘して敵を撃滅したが、州政治家はこれをほとんど無視した。ところが数年後、同じヘインがたった二発の砲弾を撃っただけで二千万フローリンに相当するスペインの財宝船を分捕った時は、オランダ中、花火を上げ鐘を鳴らしてその凱旋を迎え、ヘインは金の月桂冠で飾られて海軍中将に昇進させられ、国中お祭り騒ぎとなった。このヘインの大手柄は今でも歌に歌われているという。

すべては金の世の中であった。東インド会社は巨利を博するのに慣れて地道な海運業をいやがり、独占貿易の維持に精力を費やした。オランダの艦隊は香料の原産地を定期的に訪れて、自分の支配下以外の場所の香料の木を切り倒すこともした。これには他のヨーロッパ諸国が深い不満を抱くところとなった。また、ある時期は胡椒の独占に成功したが、成功するや否や価格を上げて、二、三年で三千パーセントの利益を上げたという。

バーカーがしばしば指摘しているように、オランダは口では理念として自由貿易を標榜しながら、実際には世界各地で貿易の独占に腐心した。

スペイン人を植民地から駆逐した後、各地域と結んだ取り決めでは、出来るかぎり独占条項を挿入しようと努めた。日本との貿易などは、独占条項はないとはいえ独占貿易の最たるものである。日本側では鎖国と呼んでいるが、世界の貿易システムから見れば、日本貿易がオランダに独占されていたという方がより正確であろう。

スペイン、ポルトガルなどが対日貿易から除外された裏には、ヤン・ヨーステン、三浦按針などのオランダ人、イギリス人が、幕府に対して旧教国を誹謗中傷したことがあったことは十分想定し得る。また、いったん平戸の商館を閉めた英国が一六七一年に長崎に復帰しようとした時、オランダ人は幕府に対して、時のチャールズ二世がポルトガルの王女と結婚したことを挙げて、カソリック国と親しい英国との貿易再開を拒否するように進言している。

ヨーロッパでも、チャールズ一世が処刑されてクロムウェルの共和制が出来ると、オランダはロシアに対して、君主を弑逆《しいぎゃく》するような国とは貿易しないように説得している。当時、オランダの民間政治家は英国の共和制をむしろ歓迎していたのであるから、目的が商業の独占であることは明らかであり、そういうことが外部に明らかになるにつれて、オランダに対する国際的不信感も強まるのは避け難い。

## チューリップの悔い

ポール・ケネディも言っているように、オランダは政治的には決して強力な国家ではなかったが、経済の方は繁栄を極め、市民生活も贅沢になった。都市の美しさはすでに述べたが、今に残るオランダ式庭園もその華美を誇った。

今はオランダを象徴する花となっているチューリップは、元は一五六〇年代にトルコから伝来したものであり、十七世紀初め頃はオランダを中心にフランス、ドイツの北部の貴族や文化人の邸宅で栽培されていた。中でも、単なる縞でなく、不規則に焔が燃え上がるような色が混じったものが高貴な種類とされ、白地に赤とピンク、白地に紫と菫色、茜色の地に赤か紫系統の焔があるのが珍重され、皇帝の名や、オランダでは将軍達の名がつけられていた。

そのうち一般市民の所得水準が向上するにつれ、あらゆる階層の人が栽培するようになって需要が急増し、ブームとなった。冬の間に球根が転売される毎に高値を呼び、実物なしの球根の手形取引による投機が行われた。ローマの将軍の名を取ったスキピオは、八百フローリンで買われた数週間後には二千フローリンで売れた。一六三四年から三五年にかけてのブームでは、球根の値段は十倍に上がり、白地に赤い焔の貴種であるセンパー・アウグストゥスは、実に六千フローリンの高値をつけた。

禁欲的なカルヴィニストはこの流行を歎き、数多くの諷刺も表れたが、所詮、金あまりから来るバブル現象の一つであり、やがて投機で損失を受けた人々を残してブームは去っていった。

ちなみに石田幹之助氏の『長安の春』によると、盛唐時には「牡丹妖艶人心を乱し、一国狂うが如く金を惜しまず」と歌われたように、ちょうどチューリップ・ブームと同じような牡丹ブームがあった由である。

沈香亭の牡丹鑑賞の会に李白が召されて、玄宗皇帝の御前で楊貴妃の美を歌い上げた故事も人口に膾炙《かいしゃ》している。そして一代のポピュラー詩人白楽天は、その艶麗な筆致で次のように歌い上げている。

牡丹芳し、牡丹芳し、
黄金の蘂《しべ》は綻《ほころ》ぶ、紅玉の房。
千片の赤英、霞爛爛《らんらん》、
百枝の絳焔《こうえん》、燈《ともしび》煌煌《こうこう》。
地を照らし初めて開く錦繍《きんしゅう》の段、
風に当たつて結ばず蘭麝《らんじゃ》の嚢《ふくろ》。
仙人の琪樹《きじゅ》は白くして色なく、
王母の桃花《とうか》も小にして香あらず。
宿露《しゅくろ》軽盈《けいえい》　紫豔《しえん》を汎《うか》べ、
朝陽《ちょうよう》照耀《しょうよう》　紅光《こうこう》を生ず。
紅紫《こうし》の二色、深浅を間《まじ》え、
向背《こうはい》万態《ばんたい》　低昂《ていこう》に随《したが》う
……
……
遂に王公と卿相《けいしょう》とをして

遊花の冠蓋日《かんがい》に相望ましむ。

紅と紫の混った色調を焔にたとえて珍重したことも東西同工異曲であるが、八世紀の大唐といい、十七世紀のオランダといい、栄耀栄華の描写の行間には、迫り来る衰退の予兆と悔恨の情が見え隠れするのは避けがたい。

最近英国で出版されたサイモン・シャマの*"The Embarrassment of Riches"*（『富める故の悩み』）は、挿絵をふんだんに使った七百頁近い大著であるが、このオランダ社会の爛熟を描写してあますところない。そしてそれが、当時のヨーロッパの中で当然のように他国との間に違和感、嫉視、反撥をかもし出し、オランダいじめの原因となったことを指摘している。

しかし、何といってもオランダの運命に決定的な影響を与えたのは、国際情勢の変化だった。オランダの発展が、オランダ人自身の勤勉と能力と愛国心の賜《たまもの》であることは誰も認めるところであろうが、他面、とくに十七世紀半ばまでのオランダの繁栄は、オランダを取り巻く国際情勢の好運に助けられたところが大きい。

当時、ヨーロッパは、各国とも宗教対立による政情不安と動乱の真只中にあった。とくに一六一八年から一六四八年までは、二十世紀の二つの大戦にいたる前では最も破滅的な戦争だったといえる、三十年戦争が荒れ狂った。これにはヨーロッパの全大国が介入して、それぞれの国の政策は軍事安全保障優先で、経済発展など全く念頭になかった。

また英国では、一六二五年から一六四九年までの間に王党派と議会との抗争が内戦にまで発展し、外をかえりみる余裕などなかった。

その間、独りオランダだけが、すでに勢いの衰えた南部戦線以外では安定と平和を維持し、ヨーロッパ中の避難民がもたらす財産、産業、技術を吸収し、独り稼ぎまくっていた。第一次大戦中の日本とも似ている。もちろん日本も、日清、日露の戦勝とそれまでの富国強兵策ではずみはついていたのではあるが、たちまち維新以来の債務国から債権国になり、日本国中いわゆる大戦成金が生まれたのは、日本以外の工業国で戦争が荒れ狂っていたことの賜である。

さらに、しかし何よりも決定的な意味を持ったのは、三十年戦争の終結によってローマ教会とスペインの脅威が去ったことであろう。

イデオロギー的対立への偏執からふっと覚めた瞬間に、国家間の経済的利害対立が急に浮び上がって来たということであり、そこから先、オランダの命運ににわかに暗雲が漂うようになるのである。

# 第七章　宗教的対立からマーカンティリズムへ

三十年間にわたって中部ヨーロッパに荒れ狂った宗教戦争は、一六四八年のウェストファリア条約で終った。

戦争に疲れ果てたヨーロッパ諸国は、ドイツ西部ウェストファリアのミュンステル市に集って和平を討議した。けだし近世の曙を告げる、はじめての国際大会議である。宗教、領土等、解決すべき問題があまりに多かったので、会議は延々と続いたが、まず一月にオランダ、スペインの平和条約が結ばれ、十月には三十年戦争を終結させるウェストファリア条約が締結された。

ローマ・カソリックとルター派とカルヴィン派は平等の権利が認められ、ほとんどの地域で信仰の自由が認められた。昨日まで血で血を洗う対立の原因だった宗教問題が、もはや国家間の重要な政治問題でなくなり、領土問題も決着をみた。

マルチン・ルターの宣言（一五一七）から数えて百三十一年目である。ちなみに、マルクスの共産党宣言から一九八九年の東欧の革命まで百四十一年である。イデオロギーと政治との関係にも寿命というものがあるのかもしれない。

ヨーロッパ以外では、英国とスペインの抗争はまだ半世紀は続き、それには宗教的要素の名残りはあった。またオランダの国境の南には、スペイン領ネーデルラントのスペイン軍もいた。しかし、スペインとローマ教会の脅威は、もはや歴史の主要舞台から降りてしまった。

一つには、神聖ローマ帝国が事実上、解体してしまって各ドイツ国家が独立したために、スペイン・ハプスブルクの共通の力なるものが消滅してしまったからである。もっと根本的には、スペインがもはや昔日の力はなく、ヨーロッパに介入する能力を失ってしまったからである。

## スペイン勢力の衰退

休戦期間が終って、一六二一年には戦闘が再開されたが、南部の地上戦は動きが鈍くなった。戦闘再開当初はスペイン側は、休戦前にマウリッツ公が予想した通り、十分な戦備を整えて攻勢をかけてきた。また当時は、三十年戦争で皇帝・カソリック側が優勢であり、オランダの東部国境がカソリック勢力に脅かされていたので、マウリッツも苦戦を強いられた。

ただ、双方とも各都市の城壁は堅固に修復され、戦線も整理されていたので、長い時間のかかる攻城戦以外は実際の戦闘の動きには乏しく、ネーデルラントにおいては南北ともに、戦争中でも商業も市民生活も繁栄し、三十年戦争の荒れ狂っていた他のヨーロッパの地域とは異なる様相を呈していたという。

マウリッツが死ぬ直前の一六二五年には、かつて若きマウリッツの想い出の戦勝の地であるブレダ市も、長い兵糧攻めに堪え切れずスペインの手に落ち、スペイン側は優勢だった。

マウリッツの死後、あとを継いだ異母弟のフレデリック・ヘンドリック公は、マウリッツ公以来、戦陣をともにした手勢を率いてよくスペインと互角に戦い、現存するオランダ、ベルギー国境を維持した。

ただ戦争の後期では、スペイン側も財政が窮乏して大兵力を展開する余裕はなく、オランダ側も戦費の半分を負担したホラント州が経費を出し渋ったので、もはやはかばかしい戦いもなく、戦線は膠着状況となった。

それよりもヨーロッパの戦局に決定的な影響があったのは、海上戦闘だった。

戦闘再開後、オランダとスペインは世界中いたるところの海域で戦闘に従事し、数々の勝敗はあったが、いずれも永続的な結果を遺すほどの成果は挙げていない。数多くのオランダ海軍の武勇伝にもかかわらず、カリブ海、ブラジル、マカオにおけるスペイン・ポルトガル帝国の利権はおおむね保全され、オランダが新たに得たものは少なかった。むしろ主戦場である北海や英仏海峡においては、スペイン艦隊とスペインの支持するダンケルクの私掠船のために、オランダの海運と漁業は毎年多大な損害を蒙っていた。

一六三九年、スペインは千二百トンの「サンタ・テレサ」を旗艦とする百隻の大艦隊を組織して、フランドルに向わせた。かつての無敵艦隊に匹敵する大艦隊である。その目的は、当時の三十年戦争の戦況のためにライン河を通じる輸送路が閉ざされたので、海路、一万三千のスペイン兵をフランドルに送るためと、遭遇するオランダ艦隊を撃滅して北海の制海権を握ることにあった。現に司令官デ・オケンドは、もしオランダ艦隊が英国の港に逃げ込んだ場合は、当時、スペインと休戦状態にあったチャールズ一世の英国との戦争再開の危険を冒しても、これを攻撃、撃滅する命令を受けていた。

歴史に残るオランダの名提督マールテン・トロンプの艦隊が、デ・オケンドの艦隊を英仏海峡の西端に発見したのは九月十日だった。その後、数日の間にトロンプが集めることの出来たオランダの軍艦は十八隻だったが、トロンプは戦艦四十七隻を擁するこの大艦隊に敢然と戦いを挑んだ。

トロンプは優れた操船術で、スペイン艦隊を分断しては局地的に優勢を確保し、火力で有利に戦いを続けたが、悪いことに風向きが北西風で、フランス海岸に追いつめられそうになった。操船の困難な砂州ではオランダ側の有利は失われるから、スペイン側の数的優勢に圧倒されるピンチに立ったわけである。しかし、スペイン側は甲板に兵員を満載していたため、砲撃による損害が多く、六時間の戦闘の後、その日の戦いを切り上げ、オランダ側は危いところを脱《のが》れることが出来た。そして、翌日には風向きが変り、増援にかけつけてきた船を含めて三十隻の勢力となったトロンプの艦隊は、逆に英国海岸に向けてスペイン艦隊を追いつめた。ここで、それぞれ補給のためスペイン艦隊は英国の港、オランダ艦隊はカレーに戻ったが、補給を終えたトロンプはすぐに出撃して、スペイン艦隊を海上封鎖しつつ本国に増援を求めた。

ここでオランダの海軍は、あるかぎりの資金を「一ペニーまで」注ぎ込んで、使えるあらゆる船を戦闘用に艤装して送り出した。ジョナサン・イスラエルは、経済史家としてのその冷静な分析の筆の中でも、「いかなる基準ではかってみても、この間の迅速な兵力の整備ほど、この若い共和国のエネルギーと経済力を如実に示すものはなかった」と讃辞を呈している。

トロンプ麾下のオランダ艦隊は、二、三週間のうちに軍艦九十六隻、兵員一万を擁するようになった。袋の鼠となったスペイン艦隊は英国の調停を求め、チャールズ一世はオランダに対し、英国領域内で攻撃することは英国王に対する侮辱であると警告した。

しかし、トロンプは英国の警告を無視すべしとの訓令を受けていた。十月二十一日、オランダ艦隊は総攻撃を開始し、砲撃につぐ砲撃の結果、スペイン全戦艦のほぼ三分の二を破壊するという大勝利を収めた。

この船団は、スペイン帝国がヨーロッパにおける覇権を維持するためにふりしぼった、最後の力だったといえよう。そしてこのオランダの勝利により、スペインは北海の制海に挑戦する能力を永久に失い、その後のヨーロッパの戦略バランスに及ぼした影響において、その五十年前のスペイン無敵艦隊の撃滅よりも大きい歴史的意義があったという。

現に無敵艦隊の覆滅《ふくめつ》後、フィリップ二世はそのありあまる富をもって直ちに艦隊の再建に着手し、これを完成させ、結局はその死によって果せなかったが、英国再侵攻を企図している。無敵艦隊の撃滅は英国をスペインによる占領の危機から救ったが、その後のヨーロッパ、あるいは全世界における力の均衡を変えるほどの効果はなかったようである。しかし、この海戦はもう建艦のための経済、技術力でも、もはやオランダの方が優っているという決定的な力の差を証明したのである。

歴史というのは、こうしたものであろう。

その後、英帝国が栄えてオランダが衰退したために、後世には無敵艦隊撃滅の歴史だけ残って、このトロンプの功績は忘れ去られてしまった。グーテンベルクの名が覚えられていて、コステルの活版印制が忘れられたのも同じような理由からであろう。芸術、文化、学術、技術、経済等すべての面において世界の最先進国であったオランダの栄光が忘れ去られたのは、その後、栄えた英、仏、独の歴史書がもっぱら自国民の伝統と功績の叙述に中心をおいたからであろう。

## スペインの脅威が去った後

こうして、一夜明ければスペインの脅威も新旧両教派の間のイデオロギーの争いも、もう過去のものとなってしまった。それがオランダという国の国際環境に、とくに英蘭関係にどういう影響を及ぼしたか、それはバーカーの詳細な記述よりも、通史、それもいちばん簡単なものを引用するのがよいと思う。

モデルスキーは書いている。

「オランダの産業が到達した水準は世界の羨望の的であり、後にピョートル大帝が近代化をこころざした時も、アムステルダムとその造船所を自分の教室とした。

政治制度も、高度の徴税能力を持つなどの点では強力であるといえた。しかし、その内部には共和主義者と総督との間の対立を常にかかえていて、その外交政策はヴィジョンに欠け、その外交活動は世界的役割を果すには不十分であった。

オランダがスペインの野望に対する共通の防衛のための結束の中心であった間は、このオランダのシステムでもうまくいっていた。しかし、イベリア半島の力が弱まるとすぐ、そのシステムの問題点が表面化して来た。スペインの力の崩壊によって、英、仏、蘭の間の協力はその存在理由をなくし、代って国際競争の場が開かれた」

英蘭戦争の原因であるイギリスとオランダとの間の摩擦については、ポール・ケネディがよい。

「西暦一六〇〇年頃には、ハンザ同盟やヴェネツィアやポルトガルの真の継承者は、英国よりもむしろオランダであることが明らかになってきた。北海でもバルティックでも、オランダは英国との競争に勝った。ロシア貿易も東地中海貿易も、一五八〇年頃からは英国の優位は失われ、オランダ商人にとって代られた。東インド会社は英国の方が二年早く設立したが、オランダの方がはるかに強力となった。長い間、この競争関係は、スペインの脅威に対して結束しなければならないという、さし迫った必要のために表面に出なかった。

もっとも、対スペイン戦争の初期においてさえも、英国はオランダが共通の敵と自由に交易することについては、オランダに対して怒っていたことはあった。しかし、スペインの力が長期にわたる陸上、海上の戦闘で次第に衰えてきたことが明らかになるにつれて、英国とオランダを結んでいた戦略的及び宗教的な絆が弱まることは不可避であった。その敵対意識は、その時代のマーカンティリズムによって拍車がかけられた」

この歴史的寓意は、今さら改めて説明するまでもないと思う。

もちろん現在の東西冷戦は、宗教戦争が終ったほどには終っていない。ウェストファリア条約（一六四八）が結ばれてからは、航海条例（一六五一）まで三年、英蘭戦争（一六五二）まで四年と、かなり急テンポで歴史は展開しているが、現在の東西関係はまだとうていその段階まで行っていない。

ソ連という国は、まだ国際的に確立した平和条約も——したがって国境線も——持っていない国である。第二次大戦中にバルト三国を併合し、ポーランド、ドイツ、チェコ、ルーマニアの領土や、北方領土を自国の領域に編入しているが、西側の国は誰もそれを正式に認めているわけではない。

日本が作った満州国を、枢軸国側以外は承認していなかった状態に似ている。満州国との違いは、一九七五年のヘルシンキの会議で、欧米諸国が集って現行国境線を武力で変更しないことを合意していることだけである。このヘルシンキ合意は今やデタントの基礎条件となっている。マルタの会談でも、ゴルバチョフが何よりも先にアメリカに求めたのは、この合意を確認することであった。

ただ、ヨーロッパと極東とは違う。七五年当時としては、領土を失った側のポーランド、東ドイツ、チェコ、ルーマニア、ましてバルト三国はこれに反対し得べくもない状況だったし、米、英、仏など西側諸国は自分の領土を取られているわけではないので、こういう合意は可能だった。その点、日本のように、ソ連のいうことに逆らえないという国でもなく、また現に領土を占領されている国とは同じには考えられない。

ソ連が本当に北方領土を含む第二次大戦以来のすべての未解決の問題について、西側が合意出来る平和条約を結んで、しかも東西全世界における各国内における政治信条の自由を公式に認めた場合、ウェストファリア条約とちょうど同じような歴史的展開があったということになるが、それにはまだまだほど遠い。

しかし、国際政治の実体がどうかということと、アメリカの国民がそれをどう感じ、それがいかなる形で米議会に表現されるかは、これまた別の問題である。

日米関係の将来について運命的に考える必要はない。しかし、アメリカの世論の中でソ連の脅威というイメージが稀薄化し、代って日本の経済的脅威のイメージが大きくなって来たことは否定できない事実であろう。

東欧の革命から湾岸戦争までの間、日本だけでなく世界中がデタントに酔った期間、今や政治、軍事の時代は終って経済の時代だという説がはやったこともあった。しかし、国家というものがあるかぎり、政治、軍事の役割が終るはずもない。イデオロギーを理由とする戦争の危険は遠ざかったが、代って他の理由、経済を含めての他の理由による戦争の危険が増大した、という言い方のほうがより正確であろう。

## マーカンティリズムの擡頭

ところで、宗教的な対立に代って国家関係に大きく登場して来たマーカンティリズムとは何であろうか。

マーカンティリズムの経済理論の元祖は、トーマス・マン（一五七一〜一六四一）ということになっている。マーカンティリズムの元祖というよりも、アダム・スミスなどのその後の経済学はマーカンティリズムの批判から生まれているということを考えれば、経済学の元祖ということも出来よう。

近世の国家が国際経済というものにはじめて関心を持ち出すのは、金銀が海外に流出するのが心配になってくるのが直接の原因である。それまでは、国や藩の財政にだけしか関心がなかったのが、国全体の経済の損得を考えるようになるのは金銀の絶対量の不足からである。日本でも、十八世紀初頭に新井白石がこれに問題意識を持つようになるが、英国でこれが大きな問題として議論されるようになるのは、一六二〇年の不況の年が一つのきっかけとなったという。

金銀が大量に流出すれば、まだ紙幣の流通が発達していない頃であるから、当然金づまりになって景気が悪くなる。当時の人達は、英国の金銀が流出するのは、外国の貨幣より英国の貨幣が低く評価されているのでどんどん持って行かれるのであって、その評価を切り上げればよいと思っていた。

これに対して、貿易収支という言葉をはじめてはっきりと使って、いや、これは輸入が輸出より多いからだと言い出したのがマンである。

ただし英語でトレードというと、海運（現在は貿易外収支に区分されている）も含む商売一般を意味するので、今の経済学の日本語の術語でいう「貿易収支」とは若干内容が違ってくるが、ここでは貿易収支と直訳しておくので、より広い意味と御理解頂きたい。

マーカンティリズムの理論は、この貿易収支の改善に尽きる。すなわち、輸入を抑制して輸出を促進すれば、その分だけ金銀が流入してきて国が豊かになる、ということである。

ここから、輸入制限や輸出振興の考えが出てくる。そして、輸入するのはなるべく原料だけにして付加価値の大きい完成品を輸出しようとしたり、さらに進んで他国への工業原料の供給を制限したり、また植民地では製造業を禁止したりする、マーカンティリズムの諸施策が生まれて来る。近代の貿易通商政策の走りである。

マンは、東インド会社が毎回の航海に金貨三万ポンドを持ち出していると非難されていたのを、いや、買ってきた物資の再輸出がそれを上まわっているのだからそれでよいと弁護して、貿易収支というものを解明した。

しかし、このマンがどうにも我慢できなかったのは、オランダとの経済関係であり、これこそ英国経済の病根であると考えた。マンによれば、オランダは英国の資源であるにしんを労働コストだけで獲って、それを売って財貨を手に入れている。貿易面でも、東インドで一ポンドにつき三ペンスで手に入れた胡椒をアムステルダムでは二十ペンスで売り、英国に持って来ると二シリングで売っている。

チャールズ・ウィルソンの表現を借りれば、「英国が適切な経済政策を作製するのに寄与しようという真面目な目的で始められたマンの論文は、オランダに対する感情的な非難で終っている。マンはオランダを、英国の資源によって生きている独占的な寄生虫であり、英国経済の生き血を吸い、これを涸らしていると描写している」のである。

この感情的なまでのオランダ非難は、マンにかぎられたことではない。フランシス・ベーコンも、一六一八年に「オランダは蛭である。わが王国から財宝を吸い取っている」と書いているし、ウォルター・ラーリーも次のように言っている。

「魚でもワインでも穀物でも、何かが英国で欠乏するが早いか、オランダ人達は自分達の倉庫のものを英国中に運び込み、多量の貨幣と財宝を運び出していく。ヨーロッパのいかなる部分における一年間の物資の欠乏も、オランダを七年間富ましめることになる。英国で一年半物資が欠乏した際には、オランダは二百万ポンド以上の財貨を英国から運び去った」

ウィルソンは、当時の人は「ものに愚かれたように貿易収支のことばかり議論していた」が、これはみな、こうしたオランダに対する不満から来ている、と言っている。

ある意味では、マーカンティリズムというのは、オランダが始めたといってもよい。オランダの繁栄に羨望を感じた諸国が、「どうしてオランダだけうまくやっているのだろう」と、その秘密を理論的に解き明かそうとし、また、それに対する対抗措置として考え出したのが、マーカンティリズムであるといえる。

## 英仏の不満

マーカンティリズムの基本的な考え方は、個人の家計の赤字、黒字を論ずるのと同じく、最も素朴な原点から出発した議論である。それはやがてアダム・スミスなどの自由経済論者に批判され、それがまた再批判され発展して、近代経済学となって行く。

とくにボーダーレス・エコノミーなどという最近の国際経済環境では、一国を中心とした国際収支均衡論などはいかようにでも反論出来る。大前研一氏の議論など聞いていると、何が不均衡だかわからなくなって来る。

また、マーカンティリズムの理論的欠点として当時から指摘されている点は、今でもその通りである。もともとマーカンティリズムは、世界の金銀の量も世界貿易もほぼ一定と考えて、その中の取り合いだから、誰かが得をすれば誰かが損をするゼロ・サム・ゲームという発想の上に立っている。これに対して、自由貿易の拡大によって皆が得をしようというのは、戦後のガット体制を支えてきた基本理念であって、今でも各国の開明派の支持するところである。とくに日本のような強い輸出競争力を持っている国は、この理念を錦の御旗に掲げて行くのがいちばんいいのであろう。またそのためには、日本側の自由化も進めて行かざるを得ないであろう。

しかし、すべての理論というものは時と場合によるものである。日本も今はそんなことを言っているけれども、終戦後の復興期には「輸出か死か」で、厳しい輸入制限とあらゆる輸出振興策を講じていた。外貨準備高が一億ドル増減する度に一喜一憂したものである。そして、一九六〇年代の半ばにはじめて黒字を達成した時には、国全体がほっと安堵の溜息をついたものである。

海外投資の蓄積があるなどと言っても、貿易の赤字が続けば何時かはその分は取り崩さなければならない。「座して食えば山をも空しうする」という不安感は、どの赤字国にもつきまとう。日本だって、現在もし数年間、貿易の赤字が続いて、それが将来改善される確たる見通しが立たなくなれば、心理的にパニック状態に陥ることは目に見えている。その時は再び輸出振興と輸入の制限を叫び出すにきまっている。

相手の痛みを知るということは、人間関係だけでなく国際関係でも大事なのであろう。

あるいは、アダム・スミスのレッセ・フェール論がマーカンティリズムの批判として出てきたから、その理論の方が進んでいるということですらないのかもしれない。

経済競争力の弱かったイギリスが保護主義を唱え、強かったオランダが自由貿易のチャンピオンだった、というだけのことかもしれない。そう考えれば、大英帝国が七つの海を支配するようになり、自由貿易論の旗頭となったのも当然であるし、戦後、圧倒的な経済力を誇ったアメリカが国際経済自由化の推進力だったのが、最近は時として管理貿易をも口にするようになったのも自然の流れであるのかもしれない。

もう一つオランダに対する不満は、それまではヨーロッパ中、戦争のことで頭がいっぱいで、経済のことなどはかえりみる余裕もなかった時期に、どうもオランダだけがうまく立ちまわって不当な利益を得ていたようだ、と英仏等が感じたところから来ている。

フランスなどは、それまでは全く経済の観念はなかったとさえ言える。スペインの脅威に対してオランダとの同盟を確保する代償として、フランスをオランダ商人の自由市場に提供して、自らの産業を犠牲にしてかえりみなかった。その反省というか反動というか、大戦争が終ったとたんに、今でも保護主義の元凶のようにいわれるコルベールの強烈なマーカンティリズムとなり、オランダがその主な標的となるのである。

イギリスの場合も、これに似た背景があった。

ポール・ケネディによれば、エリザベス女王は収益の大きい海上覇権獲得を優先すべきだと唱える周囲の反対を押し切って、英国にとって経済的に何の得にもならないオランダ独立の地上戦闘支援にその精力を集中した。一五八五年から一六〇三年までの間に、エリザベスがオランダの地上戦に投じた金が四百五十万ポンドに達したのに対して、海軍には百万ポンドしか使わなかったという。

ウォルター・ラーリーは、「もし女王が海軍の意見を聞き入れていたならば、スペインの世界帝国を粉砕し得たのに」と歎いている。ドレイクと並び称せられた海の男、リチャード・ホーキンス提督は、「大西洋の財宝ルートを遮断する作戦を優先すれば「一撃で名誉ある、かつ利益の大きい和平が得られたのに」と、地団駄をふんでいる。そして、まさにその頃から、オランダはスペインの財宝船襲撃で多大の利益を得、また世界中の市場で次々に英国との競争に打ち勝っていったのである。

しかし、エリザベスはこうした側近の意見を断乎としてはねつけた。

「もしスペインがネーデルラントを征服したとすれば、同じ危険がすぐにわれわれの上に訪れるであろう。フランスでさえも、スペインに対抗するものとして同じように考えねばならない。フランスに最後の日が訪れれば、それは英国が崩壊する前夜となるであろう」という信念を持ち続けたという。

オランダはたしかに世界一の海上帝国を建設したが、それは多分に、金はかかるが利潤のない地上戦闘は同盟国の援助に頼り、もっぱら海上勢力を充実したためもある。現に第二次英蘭戦争では、海上の戦闘では互角であったが、その最中に隣の小国であるミュンステルの大僧正が二万の雑軍を率いてオランダに侵入した時は、もはや同盟国の軍隊もない状況だったので、急遽集めたオランダ側の軍はものの用に立たず、領土の大半をミュンステル軍の掠奪にまかせている。

マンは言っている。

「オランダは、自分の国はイギリスを守る堡塁だったと言っているが、とんでもない。イギリスこそは、戦争においても平和においても、武器と兵員の供給でも、貿易と富のためにも、オランダの幸福の基礎である。オランダ人が東西両インドを征服し、その交易の果実をわれわれからむしり取っている間、われわれはオランダの防衛のために血を流しているのである」

## 英国人の疑問

バーカーは、英蘭戦争の原因を分析した第十二章を次の文章で結んでいる。

「英国人は繰り返し同じ疑問を持った。われわれのように強く勇敢な国民が経済的に困窮してい て、自分達のための戦いも金を払って他国民に戦ってもらっているような卑怯な商人どもが世界の富を集めているのは、果して正しいことなのであろうか？」

アメリカが西側諸国の防衛に大きな責任を果している間に、日本は防衛費を使わずに経済成長に専念したのが、今の経済大国を築き上げた所以である——多くの人はそう信じている。

私は、この仮説は正しくないと思っている。米国人が被害者意識でそう言うのはわかるとして、日本人までがそう言うのは、戦後平和主義の自己正当化のためだけだと思う。この仮説を使ったのでは、GNPの五、六パーセントを防衛費に使った韓国や台湾が高度成長を達成したことも説明出来ないし、今後のASEANの成長もあり得ないことになってしまう。

韓国、台湾の成長と同じように、日本の成長も防衛費の額と関係ない、貯蓄率とか勤労倫理とか、もっと別の根本的原因によるものであろう。もし過去の日本の防衛費のGNP比が一パーセントでなくて二パーセントであったとしても、成長率には影響なかったか、あるいはある時期にはGNP成長のプラス要因となり得た局面もあったと思う。

しかし、こうした平和主義者の仮説が経済学的には根拠がないとしても、過去において極東のソ連の軍事力に対抗して、安全な軍事バランスを築き上げる日米共同の努力において、常に日本の負担が少ないことにアメリカが不満を表明し続けてきたことは事実である。そして、米国が現在双子の赤字に苦しんでいるのに反して、日本経済は隆々と成長し、膨大な経常収支の黒字を産み出したことも事実である。こうした事実がアメリカの対日批判の底流に存在するという、これまた厳然たる事実も直視せざるを得ないであろう。

実は、英国側はただオランダに対してひがみ、これを非難し続けただけではなく、自分の体質を改善しようという努力もした。

当時の英国の評論家は言っていた。

「最近、オランダの繊維商達は主として英国の業者を制限するために都合のいい取引規則を、自分達が集って決められるという特権を政府から得た。オランダはもともと州の連合であり、皆で結束して共同利益をはかる傾向があるが、英国の商人達は一般的にいって、共通の利益ではなく、個々の利益を追求している」

また別の英国の評論家は言った。

「オランダの政治家達の多くは、若い頃からビジネスの中で育てられた人達であり、オランダの法律や規則はそういう人達によって合理的に作られている。また、英国の金持は長子相続で、あと継ぎは普通、地主の紳士となって商売を忘れるが、オランダは均分相続で、皆で協力してビジネスを発展拡大させる。政府は四六時中、注意して自分の国の生産者が得になるような規則を作っている。また有用な発明や改良には、国庫から褒賞が与えられる……」

まさに日本株式会社と同じように、オランダ株式会社論である。

ラーリーは、「オランダの富は、オランダ人が優秀だからだというよりも、むしろイギリス側が無知で、英国の産業がよく組織されていないことや、英国政府が無関心であることによる。英国の原材料を英国の職人によって加工製造し、これを英国商人によって海外に売るような政策を取ればよいのだ」と論じて、一六〇三年にジェイムズ一世に五項目からなる提言をしている。

その内容は、後に航海条例となるような厳しい保護主義思想を含んでいるが、その第二項目で、英国の産品は完成品になるまで、英領内で英国人によって加工製造されるべきだと提案している。

当時の工業製品の大宗は何といっても繊維製品だった。当時のイギリスの不満は、イギリスの毛織物が生地のままで輸出され、それがオランダで染色、加工されて、完成品として再輸出されていることだった。

それも、昔は英国も完成品を輸出していたのが、十六世紀末のオランダの技術、産業、貿易の急成長に負けてしまったのである。英国側は、オランダが故意に傷物を英国製と称して売って英国製品の評判を落としているなどと、負け惜しみ半分の誹謗をしたりしていた。しかし、どうしてもかなわないと見るや、ロンドン市助役のコケインがジェイムズ一世を説得して、遂に保護立法を施行させた。

この法律は、羊毛の処理から完成品の製造、販売にいたるまで、英国人の手で行うという趣旨である。もちろん国内でもいろいろな反対があったが、それを押し切って一六一三年に施行してみたが、結果は惨めな失敗に終った。

必要な技術者が不足していた。また、今まで生地をオランダに輸出していた生産地は、ちょうど不況の時期とも重なって、大打撃を受けて大量の失業者を出した。これに加えて、オランダが報復措置で英国製品の輸入制限をしたことも二重の打撃となり、法律は撤廃に追い込まれた。

しかし、この種の法律はこれが最後ではなかった。英蘭戦争にいたるまで、繊維産業の原料の対オランダ輸出禁止など数々の制限措置が試みられ、オランダ側もこれに報復し、双方の非難もエスカレートして、繊維品の貿易についてはすでに英蘭経済戦争の様相を呈してきていた。バーカーが「オランダの繁栄は最初は英国の競争意識を起させた。しかし、いくら競争しても成功しないとなると、競争意識は嫉妬となり、嫉妬は敵意となった」と描写している通りに事態は進展して行った。

## オランダ漁業への嫉妬

何といっても英国の嫉妬の最大の対象は、オランダの漁業であった。漁業がオランダの繁栄の基礎であることはすでに述べた通りであるが、問題はその漁場が英国沿海であったことである。

その漁場は、六月二十四日の聖ジョーンズ・デイにスコットランド沖に始まり、種族保護と品質管理の必要から厳しく漁期を守りながら、一月三十一日に禁漁期に入るまでだんだん南下して、テームズ河口にいたるまで、すべて英国の沿海で行われた。

これは当然、英国による嫉妬と憎悪の対象となり、ここでは引用するにいとまのないほど多くの非難が行われた。これが非難だけにとどまらず、英蘭戦争の原因の一つともなるのは、これも英国がマーカンティリズムに目覚めてからである。

先に述べた一六〇三年のラーリー提案の第五項目も、英国自身が漁業を発展させることを説いている。

一六〇九年、ジェイムズ一世は、英国沿岸で漁業を行う者は英国政府の許可証が必要な旨、布告した。この問題は直ちに英蘭間の外交の最優先議題となり、その後も英蘭戦争にいたるまで四十年間の英蘭交渉の主要議題となった。

ちょうど同じ年の一六〇九年、国際法の祖といわれるオランダのグロチウスは、海洋の自由を論じた有名な論文“*Mare Liberum*”を発表した。ただし、これは同年の英国の布告とは関係がない。東インドにおけるオランダ、ポルトガル間の紛争について東インド会社の依頼に基づいて書いた論文の中の一つの章が、たまたまこの年に公表されたということである。

実は、スペインとポルトガルによる世界の大洋分割に反対する立場では、英国もオランダと同じであった。エリザベス女王は、フランシス・ドレイクが西半球を荒しまわったことに対してスペインの大使が抗議した時以来、一貫して「国際法」の名の下に海洋の自由を主張している。

しかしこうなって来ると、ジェイムズ一世としては新たな国際法理論が必要となる。とりあえずはウィリアム・ウェルウッドなる御用学者が領海百マイル論を発表したが、一六一七年には権威ある法律家セルデンが“*Mare Clausum*”を書いて、海洋は占有できることを主張した。

もちろん、英国海軍が七つの海を支配するようになった近代においては、英国は再び海洋の自由のチャンピオンになるのであり、こうした歴史の実例が国際法なるものが便宜主義的なものであることの証左として引用されることも、またやむを得ないことであろう。国際政治におけるパワー・ポリティックスはバーカーの持論である。

「自由と文明の名の下においてオランダがチャンピオンとなって唱えた航海の自由は、英国政府による英国近海における航行制限と同じくらいに不誠実なものである。要は、大きな利益の上がるにしん漁を、オランダが英国の近海で平和的に続けられるかどうかだけの問題であった」

バーカーの言う通り、結局は力がものをいった。

ジェイムズ一世は初めは無許可で操業するオランダ漁船若干を捕らえ、身代金を取ることまでは成功したが、オランダが軍艦で漁船を保護するようになってから、取り締りをやめてしまった。

当時はオランダの海軍力にかなわなかったからである。漁業問題に新たな進展がみられるのも、海軍のバランスが変ってきてからである。

前に述べたように、エリザベス女王の時代でさえも英国の海軍は比較的閑却されていたが、女王とドレイク、ホーキンスなどが次々に世を去ってからは、英国海軍はほとんど放置され、老朽化するにまかせられていた。しかし、オランダ、フランスの海軍が増強されてくるにつれて、これに対抗する必要が生じてきて、一六三四年にはチャールズ一世は海軍力増強に乗り出した。

チャールズ一世がこのために利用したShip moneyは、有事に際して軍艦を建造するために、国王が議会の承認なしに沿岸都市に課税出来るという中世以来の特権を利用したものである。チャールズ一世は、必ずしも「有事」でなかったこの時に、この制度を使うのに成功したことに味を占めて、その後、この制度を乱用したため議会の反対から内戦を招き、遂には処刑されるにいたるという因縁のある税金なのであるが、とにかくこれで軍艦十九隻、武装商船二十六隻の相当に強力な海軍力が出来上がった。

そこでチャールズは、一六三六年に一六〇九年の布告の再確認を宣言し、海上の取り締りを強化した。オランダも情勢の変化に危機を感じて護衛の軍艦を派遣し、英蘭関係は一触即発の状況となった。

この危機的状況は次の二つの理由で一応は回避される。

一つは、チャールズがその娘メアリをオランダ総督のウィリアム二世と結婚させることにしたので、チャールズのオランダに対する敵意がやわらげられたことである。その結果、漁業問題から来る英蘭衝突は、ちょうど一六四九年にチャールズが処刑され、一六五一年にその婿のウィリアム二世が急死するまで延期されることになる。

もう一つは、まさにその Ship money 乱用の故に内戦が勃発して、オランダとの戦争どころではなくなるからである。バーカーは、英国内の国内対立がなければ、もう一六三六年の時点で英蘭戦争が始まっていたかもしれないと言っている。

## 読みを誤ったオランダ

今になってふり返ってみれば、英蘭戦争は避け得た戦争だったと言えるかもしれない。繊維問題は両国間の雰囲気を極端に悪くして、戦争の心理的背景の一つを作ったけれども、それだけでは戦争に進展しない問題であった。オランダに押されて英国繊維業が不振だったとはいえ、英国には国内市場も海外植民地もあった。とくに、歴史をマクロ的に見れば、国際市場ではスペインの衰退期、英国の興隆期であり、戦争しなければならないほど追いつめられていたわけではなかった。

戦争の一番の引き金となった漁業問題は、オランダが入漁許可制を受諾さえすれば解決した問題である。入漁料の額などは、イギリスにとっては今までゼロだったお金が急に入ってくる話なのだから、いくらでも交渉の余地はあったであろう。

しかし、あと知恵で考えれば、ほとんどどんな戦争でも避け得た戦争ということになって来る。今の日本人は、この程度の繊維問題や漁業問題ならば、現在の日米関係なら簡単に解決していただろうから心配ないと思うかもしれないが、言うは易くてもいざとなると難しいのかもしれない。日本の最近の経験でも、経済摩擦は一つが終るとすぐ別の問題と、次々に今まで経験しなかった新しい形で訪れてくるものである。お米の問題などは、これに本当に直面しなければならないこととなると、繊維や牛肉やオレンジなどと比較にならないぐらい難しい問題であろう。

オランダにとって漁業は父祖代々、開発し育成して来た基幹産業であり、オランダの富の源泉である。今の日本のお米の問題よりもはるかに重要な、オランダという国の存立に関する問題であり、一歩も譲歩出来ないと考えられていたことは想像に難くない。実際そうだったのであろう。そんなことをいっても、航海条例を押しつけられたり、その結果戦争に追い込まれて負けるよりも、多少の入漁料を払って解決しておいた方がよかったことは、あとでみれば誰の目にも明らかであるが、そうなる前に、そこまで客観的状況を見極めて適切な政治的決断を下すことは容易なことではない。

別の角度からいえば、オランダは情勢判断の読みを誤ったのだともいえる。

商売でも賭事でも戦争でも、いちばん難しいのは降り時を知ることであり、いちばん危険なのは甘い判断をして降りるチャンスを失うことである。英国の世論と議会がどこまで反オランダ的になっているのか、スペインの脅威の減少が国際政治にどういう影響を及ぼすのか、英蘭間の海軍バランスの変化、英国の政情の推移などについてオランダ側の判断が甘かったので、降り場を失ったのだともいえる。

十七世紀のオランダの場合は、判断が甘かったというより、無知、無関心だったという方が正しい。

英国の内戦のお蔭で危機がいったん遠のいたのも、情勢判断を閑却させた一因であったろう。また当時、オランダが内政の争いに没頭して、外をかえりみる余裕がなかったことも事実である。そしてまた、その結果として、オランダ史上はじめての無総督時代を迎え、国家的立場から国際情勢を判断する中央集権的機能が欠如していたため、気がついた時はもう戦争を避ける方法がないところまで行っていた、というのが実情であった。

不断の情報収集と、日々、月々、絶えざる情勢判断や見通し、これだけは何時どの時代でも国家の存立に関する大事である。

かつて二度にわたって、いわゆるニクソン・ショックが来たことがあった。直接の原因の一つは、繊維問題で日本が降りるタイミングを失したことから来ている。当時、ワシントンにいた私は「どうしてこんなことになったのだろう?」と、牛場大使と一緒に過去一年間のカレンダーを繰ってみたことがあった。

そして発見したのは、当時の沖縄返還、万博などの天下泰平ムードもあって、たしか一年近くも日米のトップ・レベルが十分に意思の疎通をはかる機会がなかったということである。そのために、一九七一年のはじめ以来、数カ月の間にアメリカのトップ・レベルの政策的思考の中に大きな変化が起っていたのを、つい見逃してしまっていたのである。

気がつかないうちに周囲の情勢がすっかり変っていた——これがいちばん怖ろしいのである。

# 第八章　戦備も戦意もないまま戦争へ

一六四九年、クロムウェルは遂にチャールズ一世の処刑命令に署名し、英国は共和国となった。クロムウェルは国王を処刑したが、彼自身は決して冷酷無残な人ではない。敬虔なピューリタン、優れた軍人、良き政治家であって、チャールズの説得にも努力したのであるが、チャールズは頑迷固陋《ころう》でどうにもならなかった、というのが実情だったらしい。他方、急進派の部下のつき上げもあって、チャールズを助け切れなかったである。

しかし、当時のヨーロッパでは国王の弑逆と共和国の宣言は大きなショックであり、各国の王党派はもとより激昂した。

オランダはまさに世襲の総督家とオランダの政治家の抗争のまっ只中であり、オレンジ派は当然、王党派ということになり、オレンジ家の親戚でもあるチャールズの処刑を怒った。折柄、延々たる英蘭交渉の最中だったクロムウェルが派遣した英国側代表団の一人が、オレンジ派の暴漢に殺されるなどの事件も起きて、英蘭間の雰囲気はますます悪化した。

ところが、翌一六五〇年十一月にウィリアム二世が早逝し、オランダの方も無総督時代を迎えると、英蘭関係は好転するチャンスが訪れる。

クロムウェルは、強い宗教的信念を持ったピューリタンであった。彼の対オランダ政策の基本は、彼の治世の全期間を通じて、英国とオランダという二つのプロテスタント共和国同士の友好協力にあった。対オランダ強硬策を推進したのはむしろ議会だった。王制を倒し、権力を一手に掌握して意気揚々たる議会は、景気のよい対蘭強硬策を次々に支持し、推進した。

結果としては、クロムウェルのイデオロギー的親オランダ政策は、経済摩擦からくる議会の対蘭強硬意見に押し切られ、戦争になるのであるが、クロムウェルはその後もあらゆる局面において、オランダに理解のある宥和《ゆうわ》的態度を示している。

この間の関係は、ロン・ヤス時代のレーガン大統領が、米議会や米行政府内の対日強硬論を抑えて日米同盟関係を推進しようとしたのにも似ている。

## 英蘭交渉再開

クロムウェルはウィリアム二世の死後、時を失せず、一六五一年三月には英国最高裁判所長官セント・ジョンを首席とする二百名にも達する使節団をハーグに派遣し、英蘭交渉を再開した。この英蘭交渉がどうして決裂したかについても、バーカーはホラント州の政治家の責任を追及するのに急であるし、デ・ウィット伝は自己弁護の傾向を拭い去り難く、現在のわれわれとしては判断が難しいので、比較的公正と思われるウィルソンの記述を引用してみる。

「交渉は三月二十五日に始まり、セント・ジョンは冒頭、両国の宗教、政治形態および経済的利益についての相互の共感に基づき、『相互の真の共通利益のために』かつて存在したいかなる同盟よりも『より緊密な同盟と連合《ユニオン》』を達成することを提案した。

オランダ側がどう答えてよいのかわからなくてためらっているのを押し切って、とにかくオランダ側にイエスと言わせたが、それでもセント・ジョンはまだオランダ側の誠意を疑って、具体的提案として、両国が両国の自由を共同で防衛するために、二つの国の連合（コンフェデレイション）を作ろうというところまで提案を行った。

ここまで来ると、英蘭間の合意の真の障害が何かはすぐにわかってきた。州政治家達は政治的同盟を結ぶ気持はなかった。むしろ、複雑な外交関係から解放されて自由になりたいというのが、彼らの外交政策の哲学のエッセンスであった。彼らの関心は貿易であり、海運であり、漁業であって、彼らにとって関心のある唯一の国際的合意は、彼らの経済的利益を維持し拡大することを保証することだけであった。

やっと六月の半ばになって、オランダ側は各州間の面倒な手続きを了して、三十六条からなるオランダ側の対案を提出した。この各条項を見れば、オランダ側が何に関心を持っているかは明らかである。その第二条では、防衛的な意味での同盟という考えに対しては、漠然とした讃辞を呈してはいるが、それからあとはすぐに経済問題に移る。

漁業は自由とし、許可を必要としない。航海と通商は自由とする。英蘭両海軍は、敵の船の積み荷の中にあったお互いの国の貨物は没収してもよい（当時、英国が交戦していたのはスペインかフランスだったので、スペイン、フランス船がオランダの貨物を積んでいる可能性はほとんどないから、オランダは全く痛痒を感じない条項である）。こういう規定だけならば、オランダの船は中立船だから、たとえ英国の敵の貨物を積んでいても没収されないことになる。たしかに戦時禁輸品のリストは提示されたが、そのリストは短いものであり、武器、軍需品にかぎられていた。したがってオランダは、穀物、肉、塩、ワイン、油など、『食糧など日常生活に必要なものは一般的にすべて』英国の敵に対して供給してよいことになる。

英蘭両代表団が異なった目的を追求していることは明らかであり、かつこの二つの異なる目的は相互に矛盾するものであり、歩み寄りの不可能なものであった」

今から考えてみれば、オランダにとって戦争を避ける最大のチャンスは、経済的にはどんな摩擦はあろうとも、政治的な運命共同体の面を強調して英国との関係の調整をはかることであったと思う。

ウェストファリア条約で世界的な宗教対立の時代は去ったとはいえ、オランダも英国と同じように、衰退しつつあるスペインと興隆しつつあるフランスというカソリックの二大君主国の脅威から全く自由な身ではない。イデオロギー的な同情者を英国の行政府、議会、世論の中に見出す余地はまだいくらでもある。まして、クロムウェル自身が率先してイデオロギー的同情者なのである。

英国との同盟を強調するのを避けようとするだけでも英国のオランダ支持者を失望させるのに、英国が現に交戦状態にあるフランスやスペインへの輸出禁止品目の数の削減を提案したり、輸入については、オランダ船による輸入を事実上自由にしようという提案を行う無神経さ、これでは救いようがないという感じがする。

ただ、オランダの国内情勢から見れば、同盟問題に対するオランダの政治家の優柔不断もわからないではない。総督派は総督制を廃止されたのだからただでさえ憤懣やる方なく、デモを行って英蘭同盟支持と思われる政治家の家の窓や英国代表団に投石し、大陸で復辟《ふくへき》を期しているチャールズ二世やオレンジ公万歳を叫んだりしている状況だったから、同盟を強行するには多大の政治的リスクを伴った。

また、バーカーによれば、オランダの政治家達は、イギリスの共和制は何時までもつのかという疑念もあり、君主制へ復帰する可能性のあることも見越して中立的態度をとっていた。「中立は政策ではない。国家の安全のためには、政治家が態度をはっきりさせなければならない時にあたっては、中立というのは何か弱みがあるところから来る不決断の証し以外の何ものでもない。国内と国外の説明を使いわけたり、また態度を次々に変えて妥協による平和をはかるとか、道義論で説得するとか、あるいは逆に政府には決意はあるなどとか言ってみても、それはオランダ国内向けに対してだけしか効果はなかった。英国人はオランダ側の態度が揺れ動くのに業を煮やし、オランダの政治家の不誠実さと詐術を公然と批判するようになった。英国の使節団は数カ月を無益な交渉に費やしたあとで引き揚げ、英蘭間の緊張はますます激化した。それに対してオランダがしたことは、代表団のあとを追って贈物をしただけだった」

またバーカーは、オランダ側が交渉を延々と続けたのは、その間に雰囲気が少しはよくなるかと思って引き延ばしを図ったからだったとも言っている。そのこと自体が逆効果だったが、それぱかりか、その期間に両国関係をさらに悪化させる事件も相次いだ。

折柄、オランダのトロンプ提督は英国の王党派私掠船の根拠地である英国西端のシリー島を攻撃したが、イギリス人の眼からは海峡通航の戦略的要地をオランダが占領しようとしているように見えた。

またオランダはデンマークと条約を結び、十四万ギルダーを払って海峡の無料通行権を得たが、英国はこれをオランダによるバルティック貿易独占の意図と見て厳重に抗議し、両国は直ちに交渉に入った。

しかしオランダは、従来とも、もしオランダの繁栄と安全にとって生命線ともいうべきものがあれば、それはバルティック貿易である、というほどに東方貿易を重視していたので、譲歩する意図は全くなく、交渉ははじめから成功の見通しはなかった。

## 航海条例発布

セント・ジョンはオランダ側の引き延ばし作戦と駆け引きにほとほといや気がさして、六月二十日にハーグを離れた。そして八月五日には英国閣議はいわゆる航海条例を議会に提出し、議会は同年十月九日にこれを採択する。

条例の内容は改めて説明するまでもないであろうが、比較的単純明快である。

英国に輸入される商品は、それが生産された国または出荷された港から直接に（オランダを中継せず）英国に運送されなければならない。それを運ぶ船は英国船か生産地（オランダ固有の生産品はほとんどない）または通常の出荷地の船でなければならない。アジア、アフリカ、アメリカの産品は外国の船（当時はほとんどオランダ船）で輸入されてはならない。塩蔵魚、魚油などは、英国の船で捕獲され英国人が加工したもの以外は輸入してはならない。英国またはその属領からの魚の輸出は英国船を使わなければならない。沿岸の貿易は完全に英国人に所有されている船だけに許される。

一見してわかる通り、この条例はオランダを狙い打ちにしたものであり、オランダは事実上、英国及びその属領との取引から全く締め出されることになる。

英国がここまでの激しい措置を打ち出すのには、もちろん今まで述べて来た通り、十七世紀のはじめ頃に英国人が金銀の流出を心配しだして以来、半世紀の背景と試行錯誤の経緯がある。

しかし、航海条例の直接の引き金となったのは一六四九年の不況だったようである。不況に悩んだ業界から、とくに英国の東インド会社、レヴァント会社、東方貿易会社等から外国からの輸入制限を厳しくするようにとの陳情があり、これが閣議から議会に伝達され、議会の審議の後、一六五〇年三月に設置された貿易評議会が業界の意見聴取を始めた。

その結果、中世以来、オランダとの貿易の特許を持っているマーチャント・アドベンチュアラーズをほとんど唯一の例外として、他の会社はこぞって保護貿易を希望し、航海条例の原案となるようなアイディアが数多く提案された。

こうして一年間、いろいろな利益主張の調整が行われたが、ウィルソンによれば「問題それ自体は新しいものではなかった」が、新たな要素として「深刻な不況と海軍力の充実による自信」とがあった。

私は、日本経済の将来を考えると、世界経済の不況が何よりも怖い。考えただけで背筋が寒くなる。

マーカンティリズムの経済理論に対する最大の批判は、国際経済は必ずしもゼロ・サム・ゲームではなく、相互に裨益《ひえき》する面もあるということである。しかし、世界貿易の伸びがゼロか落ち込むようなことにでもなれば、世界の貿易は必然的にゼロ・サム・ゲームにならざるを得ない。もはや理論の問題でなく、現実の問題である。そうなった時、世界が保護主義に走ることはまず避け難いように思う。その時に起る、経済的だけでなく心理的、政治的摩擦をいかに日本が凌いで行くかということは、今から真剣に考えておく必要があろう。

さて、こうして航海条例の骨組みは出来上がってきたが、これを書き上げたのはセント・ジョンだったらしい。英国の歴史家達の考証によると、航海条例の文章は簡潔にして明快であり、役人や商人の書いたものでなく、法律の訓練を受けた人の作であり、セント・ジョンの筆になるものと推定されている。

そんなことはどうでもよいのであるが、われわれにとって慄然たるものがあるのは、英蘭両国の連合までを主張したセント・ジョン自身が、オランダにとって致命的な打撃となるようなこの条例を書き上げたという事実である。また、クロムウェルも夏までの交渉が挫折して以来、戦争が起きるまではオランダを庇《かば》っていない。むしろ、オランダをたたく気持になっていたようである。

交渉の当の相手に挫折感を与えることの怖さ、これはニクソン・ショックの一因となった繊維交渉の時に、日本側と交渉して失敗した相手が一人一人反日的となって行ったことを想い出しても思い当ることである。

交渉の当事者は当然、交渉に成功して手柄を立てたいのだから、失敗した場合の挫折感は大きい。また本人が好むと好まざるとにかかわらず、双方の間に立って妥協を見出そうとして、多少本国で評判が悪くなっても本国側の説得もするわけであるから、交渉が挫折した際の相手に対する憤懣はそれだけに激しいものがある。

## 事態を甘く見たオランダ

さて、航海条例に驚いたオランダは、直ちに新たな交渉団を派遣した。しかし、前の交渉さえも妥結しないいままなのに、それに加えて航海条例の撤廃を要求するのは至難の業だった。

それでもなおオランダ側は事態を甘く見ていたし、オランダ国民に対しても甘い見通しを述べていた。ウィルソンは、「オランダ側はこの英国の新しい政策は特別の利害関係を持つ一握りの人々によって作られたと誤解していたが」と述べた上で、しかし、航海条例は各方面の利害関係を調整して極めて巧みに作られた条例であり、広汎な支持を得ていたものであった、と指摘している。

日米間の防衛・経済摩擦で、対米協力に消極的な論者が必ずすることの一つは、米国の要求は必ずしも米国の真意でないという情報を流すことである。毎年、防衛予算の時期になると、必ず「米国は日本の防衛力増強は内心、望んでいない」という情報が流れる。また、本当はアメリカはお米の輸出など問題にしていない、というような話も流布される。米国は言論の自由な国だから、適当につまみ食いをすれば、どんな議論でも引っぱって来て引用できる。

しかし、言論の自由なアングロ・サクソン世界とのつき合いで必要なのは、ありあまるほどの情報の中で、どれが真に価値のある情報で、どれが将来、政策となって出てくる意見であるかを見極める洞察力である。

しかし、いったん党争となると、洞察力などは誰も問題にしなくなる。ただ国内で自分の言っていることに都合がよく、相手に都合の悪い情報だけをふりまわせばよいことになる。

戦争の惧れがあるなどと言ったら、たちまちオレンジ家と軍の復権につながると思っているブルジョア政治家にとって、事態を甘く判断する以外に選択の余地はない。その見通しが本当に正しいか、本当に戦争にならないかは別の問題なのである。そして、その結果、判断を誤り、国民を怖るべき惨禍に導くのである。

ここでまた、バーカーを抄訳してみる。

「オランダの政治家は、オランダの貿易に対するこの驚くべき打撃を、たいしたことがないように説明しようとした。オランダ人は、航海条例はオランダに対するよりも、より一層英国に対して損害を与えるから、いずれは撤廃されるだろうと信じていた。いや、少なくとも信じているように振舞った」

ここでバーカーは、「英国の輸出品に対する各国の高関税は、各国の方にとって害が大きいのですぐに撤廃されるだろう」と言っている、二十世紀初頭の英国の自由貿易論者の政治家と全く同じだと言っている。今の日本でも、半導体規制などはアメリカ側の方が損害が大きいから云々というような議論もあるのだから、当時の英国でもそういう議論があったのであろう。

しかし何よりも怖ろしいのは、国際的摩擦が高じると、自分の国は損をしても相手の国に与える打撃の方が大きければよい、という論理になってくることである。戦争などはその最たるものであり、自国民の血を流しても相手をつぶせばよいということである。「お互いに損することはやめよう」という論理が通用するのならば、世の中、戦争というものはないことになる。しかし現に戦争というものがあるのが人類の現実である。

「たしかに航海条例の短期的影響は英国にとって不利であった。英国の船舶の建造費はオランダより高かったので、たちまち船の不足が生じ、運賃や船の値段は高騰し、英国の外国貿易は落ち込んだ。英国の船は航海条例後の一六五三年には三〇パーセント値上りし、船員の給料も高騰したので、英国のロシア貿易やグリーンランド貿易は完全に麻痺状態になってしまった。また、必要な物資が手に入らなくなった消費者からも不満の声は高かった。

しかし、航海条例は英国にとってたしかに不利益（アンプロフィタブル）だったかもしれないが、それまで世界の貿易をほとんど独占していたオランダにとっては破滅的（ルーイナス）であった。かくて航海条例は英国を偉大な海運国とし、英国の海上覇権と世界帝国の礎石を築いたものである」

そして、バーカーも引用しているように、自由貿易論のチャンピオンであるアダム・スミスさえも航海条例を支持している。

アダム・スミスは『国富論』の中で、貿易に対する国家の制限は必ず経済にとって有害であることを繰り返し説きながら、それが国家の安全保障に関する場合は例外であると言っている。アダム・スミスは、「国の安全は国の繁栄よりもはるかに重要であるのだから、航海条例は英国のあらゆる貿易規制の中で、おそらく最も賢明なものである」と述べ、航海条例が英国のオランダに対する敵対感情に基づくものであることは否定はしないが、「その敵意は、より深い考慮に基づく英知が勧告したのであろうものとまさに同一の目的、すなわち英国の安全を危くする唯一の海軍力であるオランダの海軍力を減殺するという目的に向けられたものであった」と言っている。

当時から英国の史家の間では、航海条例が英国の商業的利益だけのためか、英国の安全保障のためかについての論争がある由である。

ウィルソンは、オランダの経済的優越がイギリスの安全保障に対する脅威だった、というような通俗的な議論は間違っていて、オランダは平和主義の国だったと論じ、それが彼の著書 *"Profit and Power"* の一つの論点となっている。

客観的な叙述としては、ウィルソンの方が正しいのだろうと思う。ウィルソンの本が出版されたのは第二次大戦後であり、大英帝国もすでに昔の夢と洗い流された時期だからである。

戦争の評価というのは何年経っても難しいものである。戦争中は、戦争を正当化して国民の支持を得るためにプロパガンダが必要である。侵略戦争でも自衛戦争と称するのは通常のことである。それが勝った方の側の歴史書には、偏向史観となって何時までも残ってしまう。

英蘭戦争も感情的な嫉妬と憎悪を原動力として、英国の商業的利益のために英国が仕掛けた戦争であることは間違いないが、英国をオランダの脅威から守るためだったという説明が行われたことは当然であり、この偏向史観が、その後まだ一世紀しか経っていないアダム・スミスの世代に影響を与えていたことは想像に難くない。

しかし、戦争を仕掛けることが正当だったかどうかの議論から離れて、航海条例が結果として英国の得だったという点については、ウィルソンも含めて英国人の間では誰も反対はない。

アダム・スミスの議論は、航海条例でオランダの海運業と漁業を衰微させ、英国のそれを興隆させれば、海運と漁業を基礎とするそれぞれの海軍力に影響を与え、英国の安全保障に重大な意味のある海軍バランスを有利にするということであろう。戦争の理由とするにはあまりにも間接的過ぎて、牽強付会の感もあるが、国と国との力関係からいえばその通りであろう。

米国の優越、ひいては安全保障は米国の軍事技術の優越にあるのだから、半導体の技術で日本優位を許すと米国の安全保障が脅かされるとか、また日本がソ連に高度技術を横流ししているために米国の安全保障が損《そこな》われているとか、こうした趣旨の表現は、米国の言論の中にいくらでも見つけることができる。それは日本が平和愛好国であり、米国にとって直接脅威であり得ないこととは関係ない話である。

当時のオランダが平和主義の国であったことも、全く間違いない。

本書の冒頭にも引用したが、バーカーは「オランダの政治家達は、国内政治では常に詐術や暴力を使っていたにもかかわらず、国際政治や戦争の問題についてはセンチメンタルな観点に立ってものを考えた。戦争の恐怖については文学的な調子で書き、かつ語っていた」と述べている。

したがって戦争の準備も最後の最後まで引き延ばされ、その結果、軍事バランスに自信を持った英国から次々に強硬な要求を押しつけられることにもなり、また戦争が始まってから終るまで戦備の不十分さに泣いた。バーカーは、オランダ国内の分裂と戦備の不足がなければ英国は戦争にふみ切らなかったかもしれない、と書いている。

しかし、これも当時のオランダ人の立場に立って見ればわかる気もする。

一六四八年のウェストファリア条約は、当時のヨーロッパの人にとっては現代の冷戦の終焉と同じかそれ以上の出来事だったろう。百四十年続いた宗教的対立が終ったのであるから、これでイデオロギー対立と戦争の時代は終ったと思っても無理はない。

しかも、オランダの政治家は軍というものについて、ちょうど戦後の日本の左翼インテリが持っているのに似た考え方を持っていた。

日本の左翼は戦時中だけの記憶から、軍の力を増せば必然的に軍国主義になって行って、戦後の民主主義も失われてしまうと思っている。オランダのブルジョア政治家も、マウリッツ公やウィリアム二世に実力を行使された経験から、軍の力を強くすれば総督と中央政府の力が強くなり、各州の自治権と発言力がたたきつぶされると思っている。

こういう政治的背景を持つ国に、一時ではあっても国際的な平和が訪れれば、すぐに軍備を削減しようという風潮になるであろうことは、われわれの住んでいる戦後の日本を考えればよく理解できる話である。

これに対する反論は、まわりの国が軍備を削減していないのにオランダだけ削減するのは危険だということであり、オランダの国内でもホラント州以外では多数派だった。

やはりこれが常識論なのであろう。周囲の国との軍事バランスに何時も注意を払ってバランスを保つことは、主権国として国際社会に対する最低の義務なのでもあろう。

## 開戦へ

英蘭交渉は一六五二年に入っても続けられたが、雰囲気は悪化する一方だった。

英国は一六四九年以来、フランスと非公式な交戦状態だったので、英国海軍は容赦なくオランダ船を臨検し、そのフランスの貨物を没収した。オランダはそれに抗議して賠償を要求したが、イギリス側は逆に、過去三十年にわたってグリーンランドや東インドやブラジルや、いたるところでオランダから蒙った被害と称するものを列挙して、オランダに対してその賠償を請求した。アンボイナの虐殺事件が英国で大きく取り上げられたのもこの時期である。

アンボイナ事件というのは三十年近くも前の一六二三年、モルッカ諸島のアンボイナのオランダ総督が、英国人が日本人の傭兵とともに自分を襲撃しようとしていると疑って、逮捕、拷問して罪を自白させ、英国人十名と日本人十名を処刑した事件である。

この時期までは英蘭両国の東インド会社はお互いに協力していたのであるが、この事件以来、対立関係に入り、東インドにおけるオランダの優位が確立するという歴史的事件であった。

英国としては、それまでの善意を裏切られたと感じつつも、海軍力の差のために泣き寝入りをし、その後、香料貿易の利権をオランダに独占されたのであるから、憤懣やる方ない事件であり、この時期になってそのうらみつらみが噴出したわけである。

独立戦争時のオランダのスペイン禁輸違反がむし返されたのもこの時である。もう戦争は終ったから昔の話だなどといっても通らない。一緒に戦った時、良き同盟国だったかどうかが改めて問われたのである。

客観的に見て、英国はもう戦争を決意していたのだろうと思う。交渉においても、英国側の条件はどんどん厳しくなった。英国沿海に対する英国の主権主張ももう一度持ち出され、入漁料の支払いや中立船の権利主張の放棄も要求された。

英国が捕獲したオランダ船は二百隻に上ったが、それでもオランダは「忍耐づよい交渉が成功することを信じて、抗議と説教以上の手段には訴えなかった」。

衝突は一六五二年五月に起った。

オランダのトロンプ提督と英国のブレイク提督の率いる艦隊が、ドーヴァー沖で遭遇した。トロンプは旗を下げて敬礼したと言うし、ブレイクはしなかったと言う。どっちが先に発砲したかもわからない。

しかし、戦勝国である英国の歴史が、どっちが先に射撃したかわからない、などと言っているところからすでにあやしい。船の数はオランダの方が多かったが、イギリス艦隊の方が船も大きく装備も優れていた。会戦の結果としてオランダ側が船を二隻失っているところから見ても、英国の方が攻撃的であったと推定できる。少なくとも撃ち合いが始まったあと、戦い続ける意思があったのはオランダ側でなく、イギリス側であったことは明白である。

それでもオランダ政府はこれを偶発事件と考え、事件を話し合いで解決しようとして、さらに使節を派遣して交渉を提案した。しかし英国側は、損害賠償の支払いが交渉そのものを始める前提条件だと主張した。

ここでオランダ側も、これまでと観念した。これ以上、譲歩すると政府の弱腰が非難されて、国内でオレンジ派の力が復活する惧れがある、と判断したのである。戦争の決断もまた政争との関連で行われたことになる。オランダの代表は本国に召還され、七月六日、トロンプは英国艦隊を攻撃する命令を受けた。

この時、オランダ使節のポーは言ったという。

「英国は今や黄金の山を攻めようとしている。そしてわれわれオランダは、鉄の山を攻めようとしているのだ」

こうしてオランダは、十分な戦備も戦意もないままに戦争に引きずり込まれて行った。

オランダは装備と戦略の両方で、明らかにイギリスより不利だった。オランダにとって唯一の優位は、トロンプとデ・ロイテルという名提督を擁していたことだけだったという。この点については すべての史書が一致しているので、ただの悲劇の英雄伝説だけではないのであろう。

装備の差は明白だった。一六五三年時点で、英国海軍は四十門以上の砲を有する軍艦五十八隻を擁していたが、オランダはわずか十五隻しか持っていなかった。しかも、イギリス側の軍艦はオランダにくらべて大型であった。イギリスの最大の軍艦は乗員七百名の規模だったが、最大のオランダ艦は二百五十名の乗員しか乗せていなかった。

ピューリタン革命を通じて海軍は革命派だったので、英国議会は海軍に同情的だった。王制を倒して絶対権力を握った議会は、海軍増強の予算は惜しみなく通した。

ちょうどこの時期は、海軍の歴史の変り目だったという。商船を武装させて戦闘に使う習慣は廃れつつあり、戦闘だけの目的で造られた軍艦が登場して来た。とくに大砲が重視され、大きな船に大きな火力を持たせて相手の船を撃破するという、その後、戦艦大和、武蔵にいたる三百年間の大艦巨砲主義が始まっていた。

オランダは、この点ではバスに乗り遅れていた。デ・ウィット伝によれば、オランダの政治家は戦闘用専門の船が必要だということがどうしてもわからず、数よりも質が物をいうことを理解できなかった。いずれにしても、武装商船ならば戦争が終れば商船に使えるのだから、その方が得だと思っていた。デ・ウィット自身、どうやら軍艦というものが必要だと気がついて来たのは、オランダ海軍が英国海軍にさんざんに打ち破られて、オランダの提督達がもっといい船をくれないかぎり出航出来ないと言い出してからである。

これもウェストファリア条約以後の、今でいえばデタント・ムード、オランダの内政事情から来る反軍思想を考えれば十分に理解出来ることである。

ほとんどすべての戦闘において、オランダ側の優れた操船技術、射撃技術にもかかわらず、あるいは、ある場合にはオランダの船の方が数的には多くても、結局はイギリス側の優勢な火力が勝負を決めている。

## 地政学上の優劣

火力の差と並んで戦争の帰趨に決定的な影響があったのは、両国の地政学的な優劣の差であった。英国通商路は大西洋に向って西に開いていたのに対して、オランダの貿易は英国の島によって扼されている。東方貿易も、デンマーク北方の海峡の出口は英国海軍進出の脅威に曝されている。また一年の四分の三は偏西風が吹いているという気象条件の下では、英国の諸港を出航した軍艦は容易に集結して戦闘力を集中出来るのに対して、オランダ側は出港に手間取り、英国側に準備の時間を与えた。

地政学的にも、オランダにとって英国だけは絶対に敵にしてはならない国だった。もともとイギリスはオランダ独立戦争以来の兄弟国であり、英国との戦争などはオランダは夢にも考えていなかったが、いざ戦争となると、イギリスと戦争することの不利益は予想を超えるものであった。

オランダの海軍は、ドーヴァー海峡を通るオランダ商船隊の護送の任務と、英国海軍撃滅の二つの任務を与えられ、一つの戦略目標に集中することが許されなかった。

スペイン艦隊を撃滅した栄光をになうトロンプは、英国艦隊の捕捉殲滅が主要任務と考えていた。しかし、東インドから、地中海から、スペインから船団が帰って来る予定が入る度に、オランダの政治家は業界の激しい陳情を受け、トロンプに船団護送の命令を下した。

開戦当初、オランダ側はトロンプの能力を信じて勝利を期待したが、悪天候、不運も災いして、トロンプははかばかしい戦果を挙げられなかった。

もともとトロンプはオレンジ派だったが、その国民的声望のためにブルジョア政治家も反対し切れず司令官になっていたので、トロンプはたちまち解任された。といってトロンプなしにはどうにもならないので、やがて再任されるが、トロンプの晩年は、党争のために投獄の憂き目に遭いながら、自ら戦死するまで戦い抜いた李舜臣の生涯にも似ている。しかし、李舜臣の死は勝利の栄光につつまれるが、あとで述べるように、祖国の悲運を目のあたりにしながら死ぬトロンプの心情は哀れである。

トロンプの任務の困難さは、任務復帰を許されてのちの十二月の書簡に明らかである。

「敵を捕捉撃滅するか船団を護送するか、もしこの二つの任務のうち一つだけ与えられたとしたらどんなに幸せであろうか」

英国側の戦略には迷いはなかった。

六月にブレイクが受けた命令は、第一目標は東インドから帰って来る船を積荷ごと拿捕することであった。東インドから来る船はまさに宝の山であり、拿捕する毎に国民は喝采し、士気は上がった。第二次英蘭戦争の時の捕獲船を査察したサミュエル・ペピーは、「部屋は香料で充満し、歩くと膝まで没した。これだけの富が散乱している光景は世界でも誰も見たことがない」と描写している。

第二の目標は、オランダの漁業を妨害し漁船を捕獲することであり、第三にはオランダのバルティック貿易を妨害することであった。あくまでもオランダの経済的優位の破壊に焦点をしぼった戦略的発想である。

戦争のはじめの時期ではオランダ艦隊は、大西洋からドーヴァーにさしかかる船団の護送の任務にはおおむね成功している。しかし、もとより損害が皆無というわけにはいかない。その都度、相当数のオランダ船は英国側に拿捕され、またオランダ艦隊はイギリス海軍の優勢な火力によって次第に損耗していった。

一六五三年三月のいわゆる「三日間海戦」では、ドーヴァー海峡で船団護送中のトロンプ艦隊とブレイク英国艦隊が真正面から衝突した。トロンプは果敢に戦い敵に多大な損害を与えたが、遭遇戦毎にオランダ側の損害の方が甚大だった。オランダ側はフランス海岸に向けて追いつめられ、英国側は遂にオランダ護送船団という大獲物を捕捉したと思った。しかし「驚嘆すべき操船術《ステユーペンダス》」によってトロンプは「不可能と見られた」脱出に成功して、船団をオランダに連れ帰った。

しかしそれ以降は、ドーヴァーの制海権はイギリスに移った。あとから来る東インド、西インド、地中海からの船団は、スコットランドの北方を迂回しなければならなかった。

トロンプはもはや二つの任務の遂行は無理と判断して、英国艦隊を打破するまではオランダ船は出ないで欲しいと頼み、一応説得に成功したが、実際はそうも行かなかった。

港は出港したい船でいっぱいになるし、オランダ船団は続々北から帰って来る。そこでトロンプは、もう一度、船団を率いて北上しがてら、南下してくる船団を迎えるために出撃した。そこで、これを迎撃した英国艦隊との間でギャバードの海戦が行われたが、ここでも次々に新手の巨艦を建造して来る英国海軍の火力には敵すべくもなく敗退した。そして、その後はオランダ艦隊は港に閉じ籠り、オランダの海岸は英国艦隊により封鎖された。造船能力は圧倒的にオランダの方が大きかったにもかかわらず、オランダ政府にはまだ、巨艦を造ってトロンプにそれを与える意思がなかったのである。

もはや魚の水揚げは全くなくなり、貿易は完全に停止し、穀物の値段は暴騰し、十万人から十五万人が餓死状態になったという。銀行・企業の倒産解雇が相次ぎ、東インド会社の株は暴落した。レンブラントもその被害者の一人で、ラファエロ、ミケランジェロなどのコレクションを含む全財産を五百ポンド相当の額で手放したという。さしもの繁栄を誇った市街も荒廃して、餓えた失業者の群れは掠奪、強盗に走った。

植民地経営にも、もちろん手がまわらなくなり、西インド会社の本拠であるブラジルがポルトガルに奪回されるのもこの時である。

トロンプは八月三日、もう一度出撃の命を受けた。ギャバードの海戦以来、各港にばらばらに逃げ込んだ兵力を集中させるだけでも困難な作業であり、これを克服しての再出撃だったが、またもや英国艦隊の火力に散々に打破られ、多大の損害を蒙って港に押し戻された。

この戦いでトロンプは戦死し、もはやオランダにとって戦いに勝つ望みは絶たれた。

# 第九章　クロムウェルの夢と現実

第一次英蘭戦争（一六五二〜五四）から第二次英蘭戦争（一六六五〜六七）を経て、一六七二年のルイ十四世の大規模なオランダ侵攻にいたるまでの二十年間にわたって、オランダの外交、内政の責任をになうのはヤン・デ・ウィットである。

正式な職名はホラント州のペンショナリーである。ペンションを受け取る人、つまり国家から給料を貰う傭われ人というほどの意味であろう。政府の官吏を公僕と呼ぶオランダ＝アングロ・サクソン系の政治思想から生まれてきた呼び名であろうが、実際は、現在でいえばホラント州の総理大臣にあたる。そして、ホラント州の持つ絶大な発言力を背景にして、実際はオランダ全体の首相であり、この二十年間の無総督時代においては、オランダの大統領といってよい権力者であった。

当時のオランダ内の激しい党争を反映して、デ・ウィットの人物についても毀誉《きよ》褒貶《ほうへん》さまざまである。バーカーはデ・ウィットを、胸中、党利と私利のみあって国家がなかった人物として、その詐術、不誠実さを激しく批判している。

英百科事典の記述はおおむね出版された時代の穏健中正な意見を代表していると考え、これにあたってみると、人物評価については慎重にコメントを避けつつも、冒頭、「十七世紀ヨーロッパにおける第一級の政治家である」と述べた上で、その業績を紹介している。

個人的能力が卓越していたことについては誰も異論はない。真面目な勉強家で、その挙措動作において謙虚さも知っていたという。他面、会話の達人で、楽器を奏で、歌を唱い、ダンスを踊るのに巧みであり、どんなスポーツでもこなす万能選手で、とくに乗馬の名人だったという。

学校の成績は極めて優秀で、とくに法律と数学に優れ、彼が二十五歳になる前に書いた数学の論文は、解析幾何学の最初の教科書となった。卒業後は法律を職業としたが、バーカーは「法律家として有能であり、教養が深く、野心に満ち、道義については便宜主義であった。こういう人間は口舌と詐術の世界では大いに出世するものであり、それは極めて危険なことである」と断じている。

デ・ウィットとともに法律を学んだ彼の兄弟の一人は、デ・ウィットについて問われた時、首を振りながら「彼は高く翔び過ぎる。あれでは普通の死に方は出来ないだろう」と言ったという。

また、生涯、彼の宿敵であったフランスのコルベールは、「デ・ウィットはその敵でさえも讃嘆する多くの美点を持っている。しかし欠点もある。彼は個人の利益を国家の利益よりも上に置く」と評したという。現に政府の要職をことごとく親類縁者に占めさせたのも事実である。先にも述べたその無残な最期は、やはりその人間の中に利己的なものがあることを民衆が知っていたからであろう。一言でいえば人徳のなさを表しているものであろう。

## 国を誤った秀才デ・ウィット

しかし、オランダの命運にとってもっと大きな問題は、その党派性であった。デ・ウィットの父ヤーコブ・デ・ウィットは州政治家の代表的人物であり、ウィリアム二世に反抗して幽囚の身となり、ウィリアム二世の早逝がなければ処刑されていたかもしれなかった。オレンジ家と総督制は彼にとっては「親の仇」であり、彼は一貫してそれを信念として公表して憚らなかった。

私怨といえば私怒であるが、ここまでの政治的信念となると私怨と公憤の区別も難しい。ただ彼はその信念、あるいは偏見を、国家的利益より上に置く傾向があったことは否めない。やはりデ・ウィットは、その内政・外交における数々の輝かしい業績にもかかわらず、長い眼で見てオランダの衰亡を招いた一因となった人物であるという評価は正しいのであろう。

デ・ウィットがホラント州のペンショナリーとなったのは、トロンプが戦死する一カ月前、一六五三年七月、彼が二十八歳の時であった。しかし、その前から彼は議会の英国関係委員会や海軍委員会の有力メンバーであったし、正式就任前に相当の期間、ペンショナリーの代理も務めているので、実際には第一次英蘭戦争前からオランダの対英政策には深く関与している。

トロンプの艦隊への最後の出撃命令もデ・ウィットの指令による。

英艦隊の間を通り抜けて無事帰ってきた漁船の報告によれば、英艦隊は大部分引き揚げて六十隻しかいない、という情報によるものだった。しかし、九十隻の艦隊を率いて出撃したトロンプはたちまち圧倒的に優勢な英海軍に迎撃され、悲運の最期を遂げた。その間、デ・ウィットは沖合の砲声を聞きながら勝利の報を待っていたというが、結果は無残な敗戦だった。

しかし、戦争はこの海戦後、小康状態になる。

英艦隊は長い海上封鎖に疲れているところだったので、この海戦の勝利を機に一部引き揚げて封鎖を緩めた。オランダ側はそのすきに護送商船隊を外に出すことに成功し、一息つくことが出来た。

デ・ウィットがしなければならないことは、まず弱体化してしまったオランダ艦隊を再建することと、トロンプの後任司令官を任命することだった。

トロンプは、オランダ人から「敬愛する父」と呼ばれる国民的英雄であった。葬儀は盛大を極め、デ・ウィットも惜しみなくその功績を讃えた。しかしバーカーは、「政治家達は彼らの失策でトロンプを殺しておきながら、この英雄の死に際して壮大な記念碑を建てて、単に言葉をもってこれに報いた」と責めている。

トロンプの敗戦についてどこまでホラント政治家の意図的なものがあったか、また葬式でデ・ウィットの流した涙が真か偽りか、これはデ・ウィットの人格にも関することであり、今となっては断定する根拠もない。

ただ、トロンプの死後、海軍の統制がデ・ウィットにとって楽になったことは否めない。デ・ウィットは、トロンプの後任の候補に上っていた三人の実戦経験豊かな海軍提督を斥けて、オレンジ家の敵であり、自分の友人であったオブダムという陸軍大佐の職にあったオランダ貴族を任命した。オブダムは海戦の経験が全くなかったので、海軍の軍政の実権はデ・ウィットの掌握するところとなった。デ・ウィットは早速、新造艦五隻の名前を、オレンジ家のプリンスの名から各州の名に変更させたりしている。

デ・ウィットは海軍の実権を握ってからもしばらくの間は、提督達の要求にもかかわらず、大艦巨砲の海軍専用船の必要を理解しなかった。

新しい船の建造にあたっても、従来の仕様にしたがうよう指示する一方、オブダムに対して、テームズ河口を封鎖して英国を圧服させる作戦を期待していた。

デ・ウィットが英蘭の火力の差に気づき、また今から急いでも作戦に必要な艦隊を夏頃までに整備するのが不可能なことを覚ったのは、就任後半年たった一六五四年に入った頃からであった。その間、オランダの海外貿易はイギリス海軍の眼を盗んで細々と続けるだけで、オランダ経済はどんどん窮乏して行った。

## クロムウェルの理想

このオランダの窮境を救ったのがクロムウェルだった。もともとクロムウェルの理想は、国内には汚れのないピューリタン国家を作り、外交面では新教徒国の連合を作って、ローマ・カソリックの脅威に対抗することにあった。

しかし、議会はそれぞれの選挙区の経済的利益を代表して、オランダ批判が強かった。しかも議会は、王制を廃して国家権力の中枢となったばかりで意気軒昂であり、「積極的な重商主義と神の名の下の愛国主義の結合であり」、また「行動力と猪突猛進型の議員に満ち満ちていて」、オランダに対して強硬策を主張し、クロムウェルはその統制に苦しんだ。

それでもクロムウェルは、戦争直前の経済摩擦の絶頂期においてさえ、英蘭国家連合の提案まで行った。レーガン時代に、日米経済摩擦のまっ只中で、米加自由貿易協定になぞらえて日米自由貿易が提案されたことも思い出される。

クロムウェルが英蘭関係に果した役割は、たしかに八〇年代にレーガン大統領が日米関係に果した役割に似ている。レーガン大統領はしばしば米国議会や閣議内の反日論を、ソ連に対抗する日米同盟の重要性を理由に抑えた。しかし、議会の圧力には手を焼き、時として「自分としては日本の立場もわかるが、議会対策上、こうこうしてくれれば有難い」という言い方で日本の譲歩を要請したこともあった。

しかし、当時は英国史上最初で最後の共和制の揺籃期であり、クロムウェルはレーガンよりも議会に対する立場が強かった。

まず、議会そのものが追放されてしまう。政治権力が国王の手から議会に移れば、今度は各種の利益代表の集団である議会で権力争いや、汚職、腐敗が起るのは当然の成り行きである。これでは何のためにピューリタン革命をやったのだ、という不満が革命の中心勢力である軍の中に鬱積して、議員達を追放してしまった。

それは、英蘭戦争の主な戦闘が終局にさしかかっていた、一六五三年四月のことである。ここでクロムウェルは、オランダたたきの声が強かった議会の制約から解放されることになる。

次の議会は、各教区から推薦されたピューリタン的情熱に燃えた人々の中から指名された「聖人達の議会」だった。近代の民主主義が確立されていく前の、革命の試行錯誤が繰り返されていく過程で、誰もが一度は思いつくような政治的実験が実際に行われた例である。

もし明治十年に西郷隆盛の軍が東京まで制圧していたならば、内政面ではおそらく同じようなことを考えただろうと思う。つまり、維新の志士達が命を捨てたのは、こんな腐敗した政府を作るためだったのかという問題意識から発して、士道の鑑《かがみ》のような清廉潔白な有徳者のみを集めた政府を作ろうというような試みである。

もちろん、この試みも当然のように失敗し、この「聖人達の議会」は「短期議会」と呼ばれる。

やはり、いかに利権争いの場となっても、その前の「長期議会」の方がデモクラシーの正道であり、それだけに「長期」間、もったのであろう。

「聖人達の議会」も、クロムウェルにとって決して扱い易いものではなかったようであった。「キリストの来臨を待つ準備をするためには、海域の安全が確保されねばならない」というような対蘭強硬論もあったという。

しかし、クロムウェルは慎重に、かつ強い信念を持って、その理想である英蘭両プロテスタント国の反スペイン同盟の実現を追求した。

六月にはオランダの代表団も到着した。クロムウェルはセント・ジェイムズ・パークを散歩しながら、オランダ側代表にこう語ったという。

「英国もオランダも通商と貿易の繁栄を求めている国であり、この問題についてお互いに守るべき規則がはっきりしないかぎりは、安定した平和は得られない。オランダの産業の発展は妨げられるべきではない。しかし、英国も地理的に海運に恵まれており、この利点は奪いようもない。世界は両国を容れる十分な広さを持っている。もし両国民が完全な相互理解に達し得れば、われわれ二国が世界の貿易そのものとなるであろう」

そして七月三十一日、英国の閣議はオランダ代表団に驚くべき提案を行った。

「英国人とオランダ人は一つの主権の下に属する。それぞれの国内法はそのまま残るが、この連合共和国内の住民は完全に平等な条件の下に居住する」

そして、オランダ側があまりに抜本的で突飛な提案だといって難色を示すと、クロムウェルは「単なる同盟だけでは永続の保証がない。それでは、オランダはただ軍事力を回復し、新たな同盟国を見出すまで時を稼いでいるのかもしれない」と不快の色を示したという。そしてクロムウェルは、航海条例が廃止されれば、オランダの海運貿易業は平等の条件の下では英国より強い競争力を持っているのだから、それが合邦をオランダが受け容れた場合、英国が払う代価となるとまで考えていたという。

クロムウェルの側からみれば、論理は一貫している。オランダは英蘭合邦案を拒否して戦争に入り、戦争に負けつつあるのだから、和平の条件は合邦だということである。

しかもそれは、併合ということではなく、同じイデオロギーを持つ二つの邦《くに》の全く平等の条件による合邦であり、経済的にはむしろオランダの得になるではないかという、クロムウェルの側からすれば理想と善意のかたまりのような提案である。

しかし、内政でピューリタン国家を創ることが夢に終ったと同じように、外交で英蘭のプロテスタント共同体を作るという考えも夢でしかなかった。

もちろん客観的にみれば、航海条例がなくなって英蘭自由市場が出来ることは、オランダにとっても最善の解決であった。しかし、オランダの国家的統一さえも拒否して各州の主権独立を唱えている国民に対して、しかも各州の満場一致という小まわりのきかない政治体制の国民が、主権を放棄して英国と一緒になるような提案を受諾できようはずはない。

したがって、交渉はまた延々と続いた。

しかし先に述べたように、一六五四年に入る頃からデ・ウィットも、戦局が挽回困難なことがわかってきた。他方、クロムウェルは、五三年十二月には短期議会も解散させて事実上の独裁者となり、自らの理想を他からの束縛もなく追求出来る立場になった。

事実、一六五四年四月に成立したウェストミンスター平和条約は、ほとんどの歴史書が驚きの念を表明しているほど寛大なものであり、対蘭強硬派の重商主義者からはオランダに甘すぎるという批判を招いている。

そんなことは、議会の発言力が強い民主政治ならば出来るわけはない。新教徒連合の理想を抱いていたクロムウェルが独裁的権力を握っていることが、オランダに幸いしたのである。

英国は沿海に対する主権も主張しなかったし、入漁料について何ら触れるところはない。ただ、ドーヴァー海峡を通過するオランダ船に、英国軍艦に対して敬礼をする義務が課されただけである。その他にオランダに不利な点としては、オランダは「アンボイナの虐殺」に対して賠償を払い、また航海条例はそのまま存続することになった。

ウィルソンやケネディに言わせると、それよりも実質的に意味があったのは、戦争の直接の損得であった。戦争中、英国の商船隊はほとんど無傷であったのに対して、オランダ側が英国に捕獲され、破壊された船舶と積荷の価値は莫大なものがあった。また、戦争末期の海上封鎖のためにオランダの産業が蒙った被害は甚大であり、そのお蔭で英国の商業は繁栄した。その損得の差は、この期間の両国の関税収入の増減の数字にはっきりと表れている。

## オレンジ家排除条頃

ところで、クロムウェルの執心の英蘭合邦はどうなったのであろうか。

結論としては、ホラント州が今後、オレンジ公をいかなる公職からも排除すること――いわゆる「排除条項」――を約束することで結着している。

クロムウェルの理想はプロテスタントの連合国家を作ることであった。しかし、それがだめでも最低の条件として、オランダのウィリアム三世が総督の地位につき、クロムウェルの共和国の敵となるような事態だけは絶対に避けねばならなかった。

現に英蘭戦争の形勢が悪くなるにつれて、ゼーラント州などは、まだ幼児であるウィリアム三世を総督と海軍司令官に命じて挙国体制を作ることを、正式に提案している。もしそうなると、オランダ亡命中のチャールズ二世の妹であるメアリが母親として後見人になってしまう。

それを避けるためには、オランダ全体としては無理としても、その中で最大の実力者であり事実上の拒否権を持つホラント州が、その排除を約束してくれればよい。

ただ、この排除条項が成立した経緯は、全く藪の中である。デ・ウィットはあくまでも、この条項は和平を得る条件として不本意ながらクロムウェルに押しつけられたものだと弁明し、反対派はデ・ウィットが自分で考えてクロムウェルに知恵をつけたものだとして、デ・ウィットに国家反逆の烙印を押している。

ただ、デ・ウィットが何と言おうと、この条項はデ・ウィット自身が最も欲したものであることは明白である。

排除条項の存在が明らかになるにつれて、連邦議会において、各州は次々に排除条項反対の声明を発した。これに対抗してデ・ウィットは、自ら「帰納論」と題する論文を草してこれを議会で読み上げた。

この「帰納論」は、単に議会における答弁の資料というよりも、デ・ウィット自身の哲学を表明したものである。それは、いわゆる「ウィッテのメモワール」の中の記述と同じ思想に基づくものであることから見ても、明らかである。

その内容は、まず排除条項をホラント州が受諾したことや、ホラント州が独自に外国と取り決めを結ぶことはユトレヒト連合の規約違反でないという、客観的に見てかなり無理な論理を展開したものである。そしてまた、君主に支配される政府よりも、政党政治家に支配される政府の方が望ましいという思想を述べたものである。

また、排除条項を正当化するパンフレットも出版され、「国家元首は原則として個人の利益によって導かれるので、通常は国家の利益に反する」と論じた。また過去にオレンジ家にかかった経費も公表され、六十五年間に二千万フローリンもの金がオレンジ家によって吸い上げられたとの誹謗も行われた。

この排除条項をクロムウェルのもとに届けた経緯も、まるでメロドラマである。

クロムウェルとホラント州の間に、この密約が交されようとしていることを知ったオランダ議会は、排除条項反対を多数で可決し、これをクロムウェルに送ることとした。

デ・ウィットは、排除条項の方が先にクロムウェルの手許に着いて既成事実が出来るよう、ホラント出身であるロンドンのオランダ大使に訓令した上で、さらに用心のため、オランダ議会の決議を英国に伝達するに際して、暗号化させるよう議会工作を行った。暗号を使わせれば、その暗号化と解読に手間取るから、それだけ送付が遅れるという計算である。

種々の歴史の記述は錯綜し相矛盾するが、ウィルソンは平和条約の内容はさし引き英国にとって有利だったという分析に基づいて、「その代りに、英国は、オレンジ公をホラント州の公職から排除することに同意した」と淡々と述べている。

これだけ紛糾した問題について、とくに資料的証拠も挙げず、独断的ともいえるような記述であるが、あるいは最近では、デ・ウィットから申し出たということが史家の間の常識となっているのであろうか。

私は個人的には、排除条項はクロムウェルとデ・ウィットの合作だと思う。外交の衝にあたる者が、デッドロックを避けるために相手側に知恵をつけることなどは古今東西いくらでも例があり、珍しいことではない。

ただデ・ウィットが、オレンジ派の非難を避けるために、これは押しつけられたものだと言って、持ち前の才弁で糊塗《こと》しようとしたために歴史の記述が混乱し、さらにはデ・ウィット自身の人格について識者、民衆の間に深い不信の念を残してしまったのだと思う。

## オランダの復興

第一次英蘭戦争はクロムウェルの善意で収拾をみたが、英国内の反オランダ感情は一向に収まらなかった。

一つには、オランダ経済は戦後、直ちに繁栄を取り戻したが、戦勝国英国としてはもとより面白かろうはずがない。バーカーは、「戦争後、オランダの海運、貿易は再び力強く拡大し、オランダの富は急速に増大した。オランダの富は英国の嫉妬を招き、戦争で見せたオランダの弱さは英国の侮蔑を招いた。英国世論は極めて反オランダ的になった」と書いている。

ジョナサン・イスラエルの *"Dutch Primacy in World Trade 1585~1740"* は、国税収入や海運の豊富な統計を縦横に駆使した実証的な論文であるが、オランダ経済が躍進した時期は、まず一六〇九年から二一年までであり、その後、いったん落ち込んでから、一六四七年から七二年までオランダ経済の絶頂期を迎えることを論証している。

モデルスキーは、オランダの覇権の絶頂期は一六三九年までとし、バーカーは一六四九年までと言っているし、フランスの歴史学の泰斗ブローデルは、一六五〇年以降オランダ経済は衰退すると言っているので、イスラエルの説は従来の通説を覆したことになる。とくに、イスラエルが自らパラドックスと呼んでその謎を解き明かそうとしているのは、一六四七年から七二年までの絶頂期こそ、まさに二度の英蘭戦争でオランダが痛めつけられた時期だということである。

しかし、世界の海運貿易の覇権を英国に奪われるということと、その後もある期間、高い経済水準を維持したということは別のことであり、両立し得ないことではない。その間、英仏経済がもっと躍進していれば、比較上の優位は失っても、オランダもヨーロッパ全体の成長の中で、ある程度の割り前にあずかってもおかしくはない。

イスラエルが指摘しているのは、十七世紀においては英国はまだ経済的には規模が小さく、フランスやスペイン帝国の方がはるかに大きな貿易相手であり、英国の経済封鎖はさして大きな打撃ではなかったということのようである。

それもある程度、事実なのであろう。しかし常識で考えても、オランダの繁栄が続いたことは当然であろう。日本もドイツも惨憺たる敗戦の荒廃から二十年で復興している。有史以来のオランダ人の勤勉さ、完全主義、半世紀間蓄積した教育水準、技術水準、合理的な経済システムがある以上、少しぐらいの敗戦ならばすぐ復興するはずである。

まして第一次英蘭戦争は、クロムウェルのプロテスタント連合の理想のために中途半端で終っている。約千二百隻と推定される商船が拿捕《だほ》され、海上封鎖でほぼ一年間経済が麻痺しただけの話だから、平和が来て、年間二千隻の造船能力を誇るオランダの造船所を動かしさえすれば、一年もすれば元通りに戻ることは眼に見えている。

しかも、英国の保護主義といっても、この段階では尻抜けであまり実効はなかったらしい。漁業の制限は平和条約においてクロムウェルが敢えて主張しなかったので、時々、英国側の許可を得さえすれば、実質は前と同じだった。

航海条例も実施は困難だった。その最大の理由は、英国には当時まだ船舶の登録制度がなかったので、訊問された船が、この船は英国船だと宣誓さえすればそれですんだからである。

現に航海条約が続いて実施された第一次英蘭戦争のあとでも、当時の英国の海運業界は、「オランダ人の海員によるオランダ製の船によって」英国の貿易が握られているからどうにかしろ、という表現で陳情している。

また、積んである物資の原産地証明も不完全だった。ウェストミンスターの平和条約でスペインとの交易は制限されていたが、スペインから銀を持ち帰る途中のオランダ船団が英国に訊問されて、「スペインの貨物は積んでいない」と答えたという。理論的にいえば、積載していた銀はすでにスペインのものでなく、オランダのものだったからである。

また、ニューイングランドの英国人は「良き隣人である」ニューアムステルダムのオランダ人との交易を続けたので、英植民地産品を定義するのも難しかったらしい。

保護主義立法も多くはそんなものかもしれない。はじめは原則の問題として死活にかかわる問題のように思って反撥するが、力の差でいかんともし難く、実施されてしまったあとでは、いろいろ現実的な対処方法も抜け穴もあるものなのであろう。

ウィルソンによれば、クロムウェルがオランダとの早期和平を急いだあまり、ウェストミンスター条約の条項には、意味不明で何のことかわからない文言が多いというが、たしかにそういう個所もある。

またそれだけに、和平後も英国の対蘭世論は一向に収まらず、オランダ非難の声は高くなるばかりだった。議会が無力だった時期なので、その世論はもっぱらパンフレットと呼ばれる新聞の前身をなす論説誌によって行われたが、クロムウェルが事実上、独裁者だったので、戦争の危機はどうにか避け得た。

しかし、あらゆる局面で英蘭関係は戦争前夜だった。スペインと貿易を続けるオランダ船の臨検捜索は、絶えず緊張を醸《かも》し出した。航海条例違反のかどでも、三百隻以上のオランダ船が拿捕されている。英蘭の東インド会社同士の間でも衝突はあった。そのすべての事件において、オランダとの和平を欲するクロムウェルの自制が事態を救っている。そのクロムウェルが死んでからは、もはやオランダいじめの歯止めはなくなってしまった。

クロムウェルの死後、共和制末期の一六五九年に、スウェーデンとデンマークの間の海峡の制海権をめぐって、英国がスウェーデンの側について五十隻の強力な艦隊を送った時は最大の危機だった。

オランダは英国と戦争する気はなかったが、「母なる貿易」バルティック貿易はあまりにも重要だった。そこで七十八隻の大艦隊を送って、英国艦隊のそばに碇泊させて牽制し、遂に戦争にいたらずして英艦隊を撤収させた。これが相互の自制が見られた最後であった。

そして一六六〇年のチャールズ二世の王政復古以降、事態は坂道を転がり落ちるように戦争に向っていった。

## オランダむしり

チャールズ二世がオランダから英国に帰る時は、オランダ政府は「見え透いた目的で」盛大な送別の宴を張ったが、チャールズは滞在中の冷遇を忘れなかった。また彼は元来、気質的にフランスの宮廷が好きで、オランダのブルジョア社会が肌に合わなかった。

このあたりから先は、第一次英蘭戦争にいたる過程の繰り返しといってよい。ただ、英国のオランダたたきは、戦争でオランダが弱みを見せて以降は、ただもう吸血鬼、高利貸などの罵詈雑言の言いたい放題になり、オランダの財貨ならば多少掠《かす》め取ってもそれが正義のような雰囲気となって、オランダいじめが前よりも公然と行われるようになっただけの違いである。

一六六〇年には、新しい航海条約が成立した。新法の旧法との違いは、法が達成しようとする目標がむしろ限定的になって、実施可能なものにしぼられたことにある。貨物も、それまではオランダ以外の国で生産されたもの、という実証困難な表現だったのを、品目の種類で決めてしまった。したがって、バルティック沿岸から来る材木、ピッチ、タールなどの造船の材料や、地中海からくる果物、ワイン、食用油などの品目の輸送からオランダ船は排除された。

船籍についても、英国人が所有している外国製（ほとんどオランダ製）の船舶は登録することにして、その場で英国船を擬装出来ないようにした。漁業については、イギリスの漁業ではとうていイギリスの消費を満たすことが出来ない現実を認めて、単に魚の関税を倍にすることにした。

一六六〇年の船舶条例はそれで完結するものでなく、それから始まって、実施可能な制限はどんどん追加された。はじめはオランダ製の船を使わざるを得ないことを認めて、英国籍への登録を認めたが、二年の間にオランダ製の船を多量に買って英国の船団が完成した時には、オランダ船の購入は禁止され、それまでに登録されなかった船は外国籍船として課税の対象となった。

しかし、何よりもチャールズ二世とオランダとの関係を悪くしたのは、例のクロムウェルと約束したオレンジ家排除条項を、デ・ウィットが撤廃しなかったことである。

英国との和平を得る代償として、やむを得ずクロムウェルに押しつけられた、というデ・ウィットの説明が本当ならば、クロムウェルの共和国がなくなった以上、こんな屈辱的な条項は自分から廃止してしかるべきものである。

若いウィリアム三世の後見人を誰にするかなど若干の問題はあり、それが口実となったようであるが、結局はデ・ウィットがどうしてもこの条項を維持したかったのである。それは次のデ・ウィットの演説に明らかである。

「英国国王の権威をもってしても自由な国に何かを強制させることは出来ない。私はホラントの名において反対する。ホラントが反対しないのならドルドレヒト（デ・ウィットの出身の町）の名において、それが駄目なら私の家族の名において、それが駄目ならば私一人でも反対する」

内政干渉反対というとカッコいいようであるが、クロムウェルに押しつけられたという排除条項の方がよほど内政干渉であって、それを支持した人の言える言葉ではない。

まして、それがオランダを次の戦争に追いやった主因の一つとすれば、その責任は重大である。もうあとは英蘭間にはまともな交渉もなく、英国はオランダが追いつめられて、これでは戦争しかないと観念するまで、露骨な挑発を繰り返すだけであった。

一六六一年から六三年にかけて、英国艦隊は西アフリカのオランダ植民地を掠奪し、その砦をことごとく占拠した。これに対してオランダは、六四年にデ・ロイテルの率いる艦隊を派遣して、一つを除くすべての失地を奪回した。逆恨みではあるが、英国の世論はこの屈辱に激昂し、反蘭感情は燃え上がった。デ・ロイテルは、サミュエル・ペピーも認めているように、非難の余地なく紳士的に行動したのであるが、英国世論はデ・ロイテルの「ギニアの蛮行」を憤った。

英国はこの「恨み」を晴らすために同じ年、ニューアムステルダムを攻略してニューヨークと名づけ、他の北米のオランダ植民地も奪取した。

六四年になると、まだ戦争は始まっていないのに、英国艦隊は航行中のオランダ商船を片はしから捕獲して、積み荷とともに戦利品とした。「国際法がこれほど公然と不正に侵犯されたことはかつてない」と言われたほどである。一六六五年三月、宣戦が布告された時は、すでに二百隻のオランダの商船が拿捕されていた。

もうこの時期から後は「オランダたたき」ではなく、公然たる「オランダむしり」の時代に入ってしまったといえる。

事実上の戦争が始まっているのに英国の宣戦布告が遅れたのも、英国の策略という。英国側は戦争前に軍艦用の資材をオランダで大量に買いつけて、オランダの倉庫を空にした。オランダ商人は迫りくる危険にもかかわらず、高値で売れさえすれば喜んでいくらでも売ったという。

こうして無理やりに押しつけられた戦争なので、緒戦はオランダのすることはすべてチグハグだった。

オブダムの率いる主力艦隊は風向きが悪いのでしばらく戦闘開始を待とうとしたが、政府から矢の催促でやむを得ず出撃した。結果は、オランダ側は十八隻の艦と四人の提督と七千人の水兵を失い、英国側の損害はわずか船一隻と兵員六百名という惨憺たる大敗北だった。オブダムもこの戦いで戦死した。

その後任についても、水兵の間に人望があったトロンプ二世はオレンジ派として斥けられ、党争がらみの複雑な人選を経て、デ・ウィット自身の指揮の下にデ・ウィットの弟コルネーリス・デ・ウィットが就任し、トロンプ二世やデ・ロイテルが実戦を担当する形となった。

その後の海戦は詳しく書く余裕もないが、いずれの側にも決定的な勝利がないまま続き、英国側はオランダの港を襲撃して多くの船を焼き、オランダ側はテームズを溯行して沿岸を砲撃し、英国民に心理的衝撃を与えた。

それよりもオランダに損害を与えたのは、英蘭戦争の機に乗じて隣国の小国ミュンステルが無頼の群衆を糾合して、オランダの富の掠奪のために侵入して来たことである。オランダは無総督時代となってから、地上軍は実質的に解散してしまったので、なすすべを知らなかった。

司令官の任命は当初から党争の的となり、やっと任命された司令官も党争に束縛されて実効的な指揮はとれなかった。歴戦の兵士達は、経費節減のためにとうの昔に解雇されていたので、貧民街から急遽、若者を徴集したが、全くものの役に立たず、国土の大半はほしいままに掠奪され、住民は暴行と恐怖に曝された。

「ミュンステル条約の時には、スペイン軍を打ち破った世界一の精兵を誇ったオランダは、今となっては暴徒の集団にも対抗出来なくなった。かの有名なオランダ軍に残っていたのは、その名と制服だけだった」

ミュンステルの雑軍はフランスから傭った軍隊で追い払ったが、時のフランス大使はルイ十四世に対して、「オランダが急募した軍隊では、フランス軍歩兵六千、騎兵二千をもってすれば敵ではない」と書き送り、「この親愛なる友であり同盟国である国に対する侵略」を考えていたルイ十四世を大いに喜ばせたという。

英蘭間の海戦は一勝一敗を繰り返して長引き、オランダは疲弊し、英国も戦争に倦んできた。その頃、一六六六年九月にプディング・レインで始まった火事は五日にわたってロンドンを火の海と化し、市の三分の二を焼き払った。また疫病の大流行で十万の生命が失われ、英国の経済は麻痺した。このロンドンの大火と疫病が、一六六七年のブレダの英蘭平和条約をもたらした。もし戦争が続いていれば、オランダ中の産業は破産し、革命が起っていただろうと言われる。

平和条約では、オランダは東インドの香料の産地は保持したが、全北米の植民地を手放した。

そして、この時点からオランダの海上覇権は失われ、世界貿易の中心がアムステルダムからロンドンに移る時代が始まるのである。

# 第十章　カルタゴ滅ぼさざるべからず

第二次英蘭戦争時における、英国のオランダに対する憎悪もすさまじいものがあったが、同じ頃から、フランスのオランダに対する敵意も露骨になってきた。しかし、オランダはフランスを頼りにしていた。

オランダのブルジョア政治家は、その強い反軍思想のために軍の役割を忌み嫌って、国の安全保障はもっぱら平和外交に頼ることとし、出来るかぎり多くの国と同盟条約を結んだ。またバーカーによれば、三十年戦争の頃は、オランダとの同盟は「現在の英国との同盟がそうであるように」すべての国から希求され、オランダはよりどり見どりの立場にあったという。その中でもフランスとの同盟は、オランダの安全保障の基本と考えていた。

オランダはフランスに対して同盟の義務の履行《りこう》を求めたが、フランスはオランダとの同盟義務を守る気は、はじめからなかった。もともとスペインという共通の脅威があっての同盟であって、今となってはむしろフランスの戦略目標として、英蘭双方が戦って相傷つくことを期待していた。

オランダが同盟義務の履行を迫る度に、フランス側は外交的に言を左右にしていたが、執拗に要求されたのに対して、フランスの外相は次の言い方で、フランスがオランダを信用していないことを明らかにしたという。

「もしわれわれが今日、英国を敵にすれば、明日は貴国は英国と組んでわれわれを攻めに来るのであろう。かつて貴国は悪しき政策をとり、われわれを信頼していないことを示した」

この「悪しき政策」とは、スペインとの平和交渉におけるオランダの背信のことである。

他の同盟国からも「よい忠告は得たが援助は何ら得られず」、オランダのブルジョア政治家は「すべての同盟国に見捨てられたことを知って驚愕した」という。これも、オランダの情報不足といえる。

国民の間の反オランダ感情は、イギリスにおけるよりフランスの方がもっとひどかったという。「十七世紀半ばのヨーロッパにおいて、オランダ経済力の蜘蛛の糸にがんじがらめになっていることに対する憤懣の強さでは、ルイ十四世治下のフランスほど激しいところはなかった。商人、製造業者、宮廷は、等しくオランダの商業活動に対する敵意を洩らした」とイスラエルは書いている。

一六四八年の背信は決して忘れられなかった。シャマは、「フランスのオランダたたきの人々は、オランダが一六四八年にスペインと単独講和を結んだのは、オランダという国が義務を履行する名誉というものを理解し得ない国だからだと論じた」と書き、さらに、「オランダ人はその国民性としてそういうことをしたのであり、その国民性は低劣で破廉恥なものであるのだから、強制的に性格を変えるような手荒なことをしないかぎり直らない、というフランスの偏見と敵意は容易に払拭《ふっしょく》出来なかった。それが一六七二年の戦争の目的の一つともなった」とまで言っている。つまりは異文化人種論である。

これだけの反感と敵意があることに気づかない情報音痴！　あるいは、それを認めればブルジョア政治家の失政を認めなければならないので、敢えて無視したのかもしれないが、その中でフランスに同盟義務の履行を迫る無神経さ——やはり当時のオランダの外交には構造的な欠陥があったように思う。

もう、このあと仏蘭戦争までは、さまざまな紆余曲折はあったにしても、「カルタゴ滅ぼさざるべからず」と同工異曲である「オランダ滅ぼさざるべからず」というフランスの鉄の意思で、歴史が動いて行ったといって過言でない。

## コルベールの意図

フランスのマーカンティリズムは、コルベールに始まるとされている。一六六一年にマザラン枢機卿のあとを継いで、フランスの行政をになったコルベールは、ルイ十四世の主宰する経済会議を新設し、そこに新しい関税率表の案を提出した。

その目的は、⑴輸出関税は削減する、⑵フランスの製造業に必要な原料輸入に対する輸入関税は削減する、⑶フランスで製造出来る工業製品の外国からの輸入を阻止するような輸入関税をかける、ことにあった。

今から考えれば、どこの国でもしている自国産業保護政策の典型である。それまで関税は、国庫収入を最大にする目的だけでかけられていた。それを、これからはもっぱら産業保護と輸出振興の目的のために使うことに決めたぞという、いかにもフランス流の傍若無人の合理主義であり、世界経済史上の革命といわれているものである。コルベールもまた、時代を先取りした天才であった。金の話などは貴族、騎士の口にすべきことではなかった中世が明けたばかりの時代に、経済政策のための国王の御前会議創設などということは、当時の常識を超えている。

そして、その当面の対象は、フランスの経済を支配しているオランダであった。そしてまた、これはオランダに対して極めて有効な武器であった。

当時、オランダの対仏輸出は対英輸出の数倍あり、フランスはおそらくオランダにとって最大の輸出市場だったと推定される。オランダ経済の死活的利害がからんでいたのである。

コルベールは就任早々から、フランスに入港する外国船に一トンあたり五十スーの税金をかけたが、対象となる船はほとんどオランダ船ばかりだった。オランダは、これはオランダの海運に「破滅的な」打撃を与えると抗議した。

あとから考えれば、こんなことはオランダいじめのほんの手始めだったが、オランダ側はその度に「破滅的」と受け取り、やっとそれに慣らされた頃にまた新しい「破滅的」な打撃を繰り返し受けるようになる。

オランダのデ・ウィットは常に報復手段よりも平和的な説得を優先させようとしたが、私の知っているかぎり一度も成功していない。この時も、関税収入を増やすためならば、フランス船も含めて一律に課税した方が得ではないかと説得しようとしたが、コルベールの目的はもはやそこになかった。

ダンケルクを無税港として、オランダの港の商売を奪った時も、オランダ側は「それではフランスの関税収入が減るではないか」と説得しようとしたが無益だった。フランスの大使は慇懃無礼にオランダの好意的忠告に感謝した上で、ダンケルクの後背地であるフランドルからオランダに移住して行った商人達がダンケルクに帰って来るのなら、フランスは関税収入ぐらいは損をしてもかまわないと答えている。

オランダの犠牲の上に、フランスの海運、貿易、産業を振興しようという大目的に立った、非情の論理が見事に貫かれているのを発見するばかりであった。

コルベールの新しい関税率表は一六六四年に施行され、アムステルダムの市会は、フランスの目的はどうやら「オランダの経済に打撃を与え、それをフランスに移すことにある」らしいと気づいている。

しかし、第二次英蘭戦争のためにオランダは効果的な対抗措置もとれなかったし、フランスの方も、当面、英蘭双方が疲弊するのを望んでいたので、英国がオランダを攻撃している最中に、それ以上激しいオランダいじめをすることは差し控えていた。

しかし、第二次英蘭戦争が痛み分けに終ったあとは、フランスのオランダいじめは仮借なかった。一六六七年のコルベールの関税率表には、オランダの経済界は動顛した。六四年の関税率表でも、すでにオランダ経由の輸入品には相当な関税がかけられ、とくに東インドの香料とか精製された砂糖とか、フランス政府が振興しようとしている貿易、産業については狙い打ち的に禁止的高関税がかけられたが、今度は繊維製品、陶器などのオランダからの主要輸入品についての関税は倍に、鯨油は四倍に、精製された煙草は七倍に上げられた。これは事実上の経済戦争の宣戦布告であった。コルベールの意図はもはや明々白々だった。

一六六九年に、コルベールは駐オランダのフランス大使に書いている。

「世界の貿易は二万隻の船で行われている。すべての国はそれぞれの国力、人口等に応じて応分の分け前を持つべきだ。それなのにオランダは一万五千から一万六千の船を持ち、フランスは五、六百隻しかない、この状態を修正するためにフランス王は出来るかぎりのことをする用意がある」

オランダとしては打つ手がなかった。報復をしても、それがまたオランダの通商を傷つけることは目に見えている。平和的説得は何の効果もない。といってそのまま放置するわけにもいかず、結局、一六七一年一月に、仏蘭貿易の大宗であるワインには手をつけずに、フランスのブランデーの輸入を禁止し、絹の関税を上げる部分的な報復措置をとった。

コルベールは冷笑して言った。

「オランダ人のしていることは、十万クラウンの金貨を持って一文無しと賭けをしているようなものだ。われわれは失うものがないから何もリスクはない。ただ儲けるだけだ」

そしてオランダ側の報復が決定された五日後には、再報復としてにしんと香料の関税をまた上げた。そこでオランダ議会も意を決して、遂にフランスのワインと酢などの禁輸にふみ切った。

オランダ側の計算では、フランス、英国、スウェーデン、デンマークの余剰の船を全部集めても、フランスのワインを輸出する能力はなく、またそれだけの量のワインを扱う倉庫能力はオランダ以外どこにもないので、フランス支配階級の本拠であるワイン生産地経済に大打撃を与えるだろうということであった。

たしかに、ワイン禁輸でフランスの受ける打撃は甚大なものがあった。しかし、それならばもう戦争しかない。事実、それから半年後に戦争は始まる。それなのにオランダは、再び戦争の準備がないままに戦争に押し流されるのである。

## ルイ十四世の外交戦略

これに先立ち、一六六七年にルイ十四世の軍はスペイン領ネーデルラントに侵入している。

ルイ十四世は、スペイン王フィリップ四世の最初の夫人の長女と結婚していたので、フィリップ四世の死に際してフランスの法学者の助けを借りて、スペイン領ネーデルラントの継承権を正当化する理論を作り、それを理由に侵入したわけである。

オランダは、フランスの侵略はヨーロッパの力の均衡を覆すと訴えて、英国とスウェーデンの援けを求め、同盟を結んだ。

この三国同盟の成立を見て、ルイ十四世は兵を引いた。これがデ・ウィットの外交の最大の功績として、後世の歴史家から評価されているものである。

歴史家よりもまずまっ先にその成果を讃えたのは、オランダの政治家自身であった。オランダ政府はこの外交的大勝利を記念してメダルを鋳造し、次の言葉を彫り込んだ。

「法の支配を強め、宗教の濫用を矯正し、王達を援け、守り、和解せしめ、海洋の自由を保障し、勇気と力をもって輝かしい平和を達成し、ヨーロッパの安寧を回復した記念にオランダ議会はこのメダルを鋳造せしめた」

オランダがヨーロッパの平和を守る調停者となったことを誇ったのである。

オランダの市民政治家としては、こういうことをする内政上の必要があった。二度の英蘭戦争で十分な対応が出来なかったケース毎に、総督制の復活とオレンジ家の復辟《ふくへき》が議論される。ウィリアム三世もそろそろ成年に達してくる。デ・ウィットとその側近は総督制廃止以来、いかにオランダの内政、外交がうまく行ったかを国民に誇示する必要があり、そのために相当な宣伝活動をしている。このメダルの鋳造もその一つである。

しかしバーカーは、「この文句は単に馬鹿げているだけでなく、内容はフランスに対して極めて侮辱的だった」と書いている。これだけでなく、この「勝利」を記念したいろいろな言動が、

「オランダの内政と何の関係もない」ルイ十四世をますます怒らせてしまったという。またフランスの劇作家ラシーヌは、「オランダは自らの繁栄に眼がくらみ、オランダを今まで何度も援けてくれた国の恩を忘れ、その敵と組んでヨーロッパに法を施し、フランス王の行動を制約したと誇っている」と書いている。

さらにバーカーによれば、この三国同盟そのものも実態はお粗末なもので、英国はフランスとオランダを対決させる目的で参加しただけであって、条約締結のその日に英国の閣僚が、「これでもなお、オランダともう一度戦争になるかもしれない」と洩らしていたことを引用している。

また、ルイ十四世が兵を引いた理由も、フィリップ四世が遺した幼児が病弱で今にも死にそうだという情報を得たため、むしろその死を待ってスペイン帝国全部を継承しようとして撤兵したものであり、第二次英蘭戦争で疲れ切っていた英蘭の力では、フランスの侵入は防げなかったであろうと観測している。

こういう説もそれなりに真実であろうが、やはりルイ十四世としても右のような全体の状況を総合的に判断した上で、「また次の機会に」という決断を下したものであり、デ・ウィットの外交的功績もあったことは否定できない。

しかし、その成功がオランダ側の自己満足と油断を招き、ルイ十四世の側には、再びオランダによってスペイン領ネーデルラントの併合を妨げられた恨みとなって残るのである。

その後、ルイ十四世の外交戦略は、当然、英国を籠絡することに向けられた。

英国のチャールズ二世はもともとフランス好き、オランダ嫌いであって、先の三国同盟の締結に際しても、ルイ十四世の弟オルレアン公フィリップに嫁している自分の妹アンリエッタ王女を通じて、弁解の手紙を送っている。

一六七〇年、ルイ十四世はアンリエッタを特使として、常に歳費の不足を歎いている王及びその側近に十分な金銭的な報酬を用意し、加えて十八歳の絶世の美女ケルアイユを侍女として献上し、遂にチャールズ二世がルイ十四世のヨーロッパ政策を支持する条約を勝ち取った。ケルアイユは、常に童女の如きあどけなさを失わなかった美女だったというが、たちまち王の心を捉えて王の寵妾となり、ポーツマス公爵夫人の称号を賜わり、その子はリッチモンド公爵となったが、その間、忠実にルイ十四世の命にしたがってフランスのために働いたという。

これは、英国近世史において宮廷外交というものが存在した、最後のエピソードである。ケルアイユを派遣するにあたって、ルイ十四世は本人とその家族に十分な褒奨金と資産を与え、将来、生まれる子供に与える財産まで前もって保証した。

しかしルイ十四世も、それをはるかに上まわる利益を得ている。ルイ十四世がチャールズから得たものは、スペイン帝国の継承権を支持する約束であった。もし実現されれば、世界的なスペイン大帝国、ネーデルラント、南部イタリアもフランスが領有し、フランスが世界の王者となることを意味する。

実際には、カルロス二世が、その後、毎年のように長くはもつまいと言われながら、三十余年も生き続けたため、画に描いた餅となるのだが、チャールズ二世がその約束を守るかぎり、常にその可能性はあった。その意味でも、後年、名誉革命でウィリアム三世が英国の王位に就いたことは国際政治上、大きな意味があった。

ついでに宮廷外交的な挿話を続けると、チャールズの妹アンリエッタはルイ十四世の特命を全うして意気揚々とフランスに引き揚げるが、アンリエッタの滞英中の素行を知った夫のオルレアン公フィリップは、帰国したアンリエッタを毒殺してしまったという。

ともあれ、ここにおいてフランスのオランダ征服計画のための外交戦略は完成し、あとは侵入の準備をするだけとなった。

## 「カルタゴ滅ぼさざるべからず」

コルベール就任以来のフランスの軍備の増強は目覚ましかった。一六六一年のコルベール就任時、十八隻の軍艦しか持たなかったフランス海軍は、六七年には四十隻、七二年には百九十六隻を擁する大海軍に成長していた。陸軍もルーヴォアの改革で増強され、ヨーロッパ最精鋭の陸軍となり、五十万の兵を挙げることが可能となった。

これに対するオランダの臨戦態勢はお粗末の一語に尽きる。

一六六七年のブレダの平和条約が結ばれるや否や、ホラント州はすでに長い間、空位となっている総督の地位を、国軍司令官の職からさらに「未来永劫に」切り離す法令を発出した。それ以降は、国軍全部を統合指揮する司令部は存在しないことになった。

フランスとの戦争が近づくにつれて、当時、二十二歳に達していたオレンジ公ウィリアムを、総司令官に任命しようという提案が議会に提出されたが、ホラント州はこれに反対し、四カ月間議会でもんだ上で、戦争直前になって名目のみ与えて、議会が選出する八名の代理が常にウィリアムに随伴して、実際の戦争指導を行うという妥協が成立した。

この間の党争は、どうみても醜悪というほかはない。「何とも不思議なことには、個人的な感情が公共の利益よりも優先していた」という当時の描写は、掛け値のないところであろう。また「デ・ウィットや政治家達にとって、外国から屈辱を受ける方がオレンジ家や国家統一党が権力を握るよりも望ましかった」という描写もある。

こんな状況では戦備は一向に進まなかった。デ・ウィット自身が認めているように、四十五の国境の町を守るのに十万人が必要なのに、一六七一年にオランダの軍隊は三万一千六百人から三万七千百五十五人に増員されただけだった。しかも歴戦の傭兵は、経費節約のために一六五〇年、六五年、六八年、六九年の兵員削減で解雇され、新募の兵の士気は極めて低かった。

フランス軍の侵入準備は大規模かつ露骨なものがあり、国境近くのノイスの倉庫には二、三十万人分の弾薬食糧が集積された。それを先制攻撃すべしとの提案も行われたが、政治家の多数決ルールの下では、こんなことは決定し得べくもない。決定が得られないまま補給の完備を待って、フランス軍が侵入して来るのを待つだけとなった。

そればかりか、オランダからノイスへの弾薬調達すら妨げられなかった。フランス側は意図的にオランダの武器弾薬を買い占め、オランダ商人は喜んでそれをフランスに売った。フランスが軍備を始めると硝石が品薄になり、ヨーロッパ中でオランダ東インド会社の倉庫にしかストックがなくなった。しかし、東インド会社のオファーにもかかわらず、オランダ政府はこれを自分のために抑えることをせず、自由に売らせた。

ウェーゼルの知事は、弾薬を積んだ船四隻がノイスに向ってウェーゼルを通過した際に、ウェーゼルは弾薬が不足しているのでこれを押収して不足を補おうとして政府に進言したが、政府から自由通行を許せという命令を受け、やむなく通過させた。その後も、何度も弾薬を積んだ船がラインを溯行してノイスに向うのをみすみす見送ったという。

こうしているうちにも危機は刻々迫ってくるので、どうにかしなければならない。もうこうなると欧州の調停者の誇りも何もない。一六七二年一月四日、駐仏オランダ大使はルイ十四世に対

して、フランスの過去の恩義に感謝した上で、

「オランダはフランスの要求することには、何でもしたがいます。われわれの自発的な屈従の意思を受諾して頂く方が、血と財宝を費やして得る勝利よりも、もっと輝かしい勝利ではないでしょうか。犯罪人でさえ裁判なしに断罪されないのですから、われわれを犯罪人よりひどく扱わないで下さい」と卑屈なまでのオランダ議会の屈従の意思を伝えた。

これに対するルイ十四世の一月六日の返書は、単に「オランダが過去のフランスの恩義を認めたことに満足するが、ルイ十四世の即位以来の期間、オランダはフランスに対する義務を怠るべきでなかった」と答えただけで、フランスはさらに戦備を急いだ。ルイ十四世のメモワールにも、「戦争の原因はオランダの忘恩と侮辱と許し難い思い上がりである」と記してあるという。

ところでイギリスはどうだったのであろう。チャールズ二世は、事実上、ルイ十四世から定常的な小遣いを貰って、その政策を支持する立場にあった。

しかし、それだけで戦争が出来るものではない。むしろ、フランスからの支持要請があろうとなかろうと、当時の英国では対オランダ戦争は常に国民の支持を受ける戦争であった。その理由は第一次第二次の英蘭戦争と全く同じであり、二つの戦争がいずれも中途半端で終っていただけに、ますます強いものがあった。

それは、上院議長でロード・チャンセラー（大法官）のシャフツベリー侯爵が行った議会演説に最もよく表れている。

「英国王とフランス王はそれぞれの国益を考えて、すべての君主国、とくに英国の敵である国であり、かつローマにも比すべき世界的帝国を建設するにあたっての唯一の障害であり、貿易と海

上覇権の唯一の競争者である国に対して、共同してあたることになった。カルタゴ滅ぼさざるべからず。かの政府は引きずり落されねばならない」

しかし、戦争の口実を作らなければならない。そこで、七一年七月テンプル駐蘭大使をオランダから召還するに際して、途中でオランダ艦隊を挑発するように命じた。

しかしオランダ側は挑発に乗らず、「今の大砲発射はどういう意味ですか？」と鄭重に問い返してきたので、これは成功しなかった。そこで、中近東からの財貨を積んでワイト島沖の碇泊地に向って平和的に航行しているオランダの商船隊に向けて、「回教徒や海賊でさえも、かかる信義に背くやり方を恥とするであろう」といわれた攻撃を行い、それに続いて七二年三月に宣戦布告が行われた。

### 惨憺たる敗戦

フランスの方は堂々と国際法の礼譲にしたがって四月六日に宣戦を布告し、そのあとで攻撃を開始した。同時にミュンステルとケルンの大僧正も対蘭戦争に参加したので、オランダは同時に四カ国から海陸の攻撃を受けることになった。

陸上侵攻軍はフランスの精兵九万にミュンステル、ケルンからの参加も含めて十二万である。政争に引き裂かれてろくな戦備も整えていないオランダが、これに対抗出来るはずもない。最初の四十日間で四十の都市や城砦が、ほとんど抵抗なしに降伏した。

その負けぶりは見るも無残というか、呆れ果てたものであった。

当時の戦争はほとんど城砦戦であり、スペイン戦争以来、オランダの諸都市はヨーロッパで最も完備した城砦を持ち、難攻不落を誇っていた。したがって住民に守る気さえあれば、侵入軍よりもかなり少数の兵力でも十分守れたはずである。戦争が始まったというニュースを聞いて、フランス書簡文学で有名なマダム・セヴィニェは、スペインに対するオランダの抗戦の例を想起しながら、「今度の戦争ほど危険な戦争はない」と書いている。

現にバーカーが「輝かしい例外」と呼んだフローニンゲン市の司令官は、フレデリック・ヘンドリック公とともに戦った歴戦の強者であり、千二百名の守備軍で攻撃軍に一万の損害を与え、守備側はわずか百名の損害で市を守り切っている。

しかし、各都市の守りは見る見るうちに崩壊した。ルイ十四世は、降参すれば都市の特権の維持を約し抵抗すれば掠奪すると脅したので、はじめから戦意がなく降参した町も多かった。その理由は、市民が戦争に飽きて、こんなことで論争しているより降伏した方が早いと思ったケースもあり、市の有力者がフランスの賄賂をもらって降伏の使節を送った場合もあり、また戦おうと思っても弾薬がなく、あるいは弾薬があっても木の砲台が腐って使いものにならず、城壁の修復も放置されたままで、新募の徴兵が初めから戦意がなかった場合もあった。

ズヴォーレの場合は、軍には抗戦の意思があったが市民が降伏を決めたので、軍はやむなく市外に退去した。逆にネイメーヘンでは、市民は勇敢に抗戦したが、傭兵がフランス軍の方が給料が高いという理由で降伏してしまった。

デフェンテルの市の責任者は初めから降参するつもりだったが、市民が抗戦を主張するので自ら突撃隊長となって、城門から突出したまま敵に降伏文書を手渡した。

ユトレヒトはアムステルダム正面の戦略的に枢要の地であり、政府は防衛を命じたが、市当局は戦争の準備のために市の自慢の花壇と遊歩道が破壊されるのをいやがって、命令にしたがわない。ウィリアム公自身兵を率いて増援に駈けつけたが、市は城門を閉じてウィリアム公の兵を入れず、食糧も供給しなかった。ウィリアム公は兵を残して市に入り抗戦を訴えたが、市は説得に耳を藉さず、まだ周辺の都市が陥ちる前から、ルイ十四世に降伏の約束の使節を送っている。

こうしてフランス軍はアムステルダムに迫った。アムステルダムこそ最強の城砦を誇っていたが、市当局者の多くは降伏を主張し、有力者の家族はすでに町を捨てて脱出し、ユダヤ人達は掠奪をしない代償としてコンデ公に金二百万をオファーしていた。フランス軍がアムステルダムの城門の前に現れれば、アムステルダムはもう降伏するムードだった。

アムステルダムから十マイルのナールデンは、アムステルダム防衛の最重要な拠点だったが、四百名の守備兵は百二十名のフランス側の騎兵隊が到着するや降伏した。

騎兵隊は一部を分派してマイデンの町に向った。マイデンは、その砲台がアムステルダムに通うすべての水路を制し、また主要な水門はマイデン付近に集中している、アムステルダムの死命を制する地点だった。マイデンの町は直ちに町の鍵を渡そうとしたが、その時、一人の女性が町の城門のつり上げ橋をはね上げて、先遣隊の入城を拒んだ。

そして、しばらく経って騎兵隊の本隊が城門に到着した時は、すでに急派されたオランダ軍が町を守っていた。その翌日、マイデンの水門は開けられ、アムステルダム周辺は海水が浸入して攻略作戦は当面不可能となった。マイデンが占拠されていれば水門を開けることさえ不可能となったわけであるから、一女性がオランダの命運を救ったといってよい。バーカーは、オランダ滅亡の淵に立って、運命が一女性に姿を変えてオランダを救ったと描写している。

## デ・ウィット兄弟に死を！

その頃のオランダ国内の混乱状況は、言語に絶するものがあった。

経済活動は完全に停止して餓えが迫っていた。一六七二年の四月まで繁栄と安穏を謳歌していたオランダの市民生活はたちまち崩壊し、もはや商店も学校も裁判所も門を閉じ、町と道路は避難民で溢れ、市民は陸続として国外に脱れた。

フランスとの降伏の外交交渉は続けられたが、相変らず国内は賛否両論に分れてまとまりがつかなかった。ブルジョア政治家の多くは、オレンジ派に権力を渡すぐらいならばフランスの支配の方を望んだが、他方、フランス側の要求は、降伏派の人々にとってさえも受諾が難しいぐらい厳しいものであった。

一六七二年七月八日には、コルベールはルイ十四世に対して、「オランダの経済活動がそのまま陛下のものとなるより望ましいことはない」の文句で始まるオランダ処分案を提出している。これによれば、オランダはフランスに併合されねばならないが、オランダがその貿易、産業を維持することは望ましくない。オランダはすべてのフランスの製品を無関税で輸入するよう強制されねばならないが、フランスはオランダの海運と商品に好きなだけの税を課する特権を留保するというのである。

そしてコルベールは、オランダからヨーロッパ、アフリカ、アジア、アメリカとのすべての貿易を剝奪する詳細な案を提出している。

これではまるでオランダの植民地化である。英国がインドを征服して英国内の繊維産業を保護し、ベンガルをインド織物師達の白骨の地と化せしめたのに等しい。当時のヨーロッパでは、誰もがオランダという国はすでに滅亡したと信じて疑わなかったという。

しかし、オランダにはまだ数カ月が残されていた。浸入した海水が氷結して、フランス軍が攻撃を再開できるまでの期間である。そして、救いは民衆から起った。まずデ・ウィットの本拠であるドルドレヒトで、ブルジョア政治家に対する市民の反乱が起った。
ドルドレヒトの市民達は市の安全が心配になって、武器庫を見たいと言い出した。市の当局者は別にそれを拒否したわけでもなかったが、鍵を渡すのが少し遅れた。それだけで市民は市当局が鍵を渡すのを渋ったと信じ、「裏切り者!」「俺達を裏切ってフランスに俺達を売り渡したな!」と叫んで暴動になった。

革命とはこんなものであろう。その時の事情の是非は問題ではない。鬱積した不信感が爆発したのである。政治家を一掃して、ウィリアムを迎える以外に国を救う道はないと思ったのである。民衆はそのまま市当局者に迫って、「未来永劫に」総督と国軍司令官を切り離した法令の廃棄を署名させた。

ドルドレヒトの暴動は同じ型でオランダ全土に広がり、一六七二年七月八日にアムステルダムの市民はホラント州議会のすべての議員を罷免し、オレンジ公を迎えることを決定した。デ・ウィットは一カ月にわたって辞職を拒否し、ウィリアム公への書簡で、自分が正しかったことを認めて欲しいと要請した。ウィリアムはそれに答えて、デ・ウィットは軍事を閑却しただけでなく、他の要務が忙しかったので軍事をかえりみる余裕がなかったということは認めてやりつつも、デ・ウィットが正しかったかどうかは他人(ウィリアム)の意見ではなく、自らの過去の行動で判断すべきものだと返事をした。こうして周囲のすべての支持を失ったデ・ウィットは、八月四日に辞職した。

民衆はその後もデ・ウィット兄弟の死を要求し、弟コルネーリスはウィリアム公暗殺の試みの疑いで収獄された。それはおそらく冤罪だったと推定されている。しかしデ・ウィットが監獄に弟を訪ねた機会に、民衆は監獄を破って二人を引きずり出し、惨殺した。屍体は逆吊りにされて裸にされた。一人が指を切り取って「これがオレンジ公の永久排除を誓った指だ」と叫んだ以後は、屍体は群衆によって切り刻まれた。心臓をえぐられ、乳首から性器まで切り取られ、その肉を火に焙って食べた者もいたという。

バーカーは「神経の太い、感情に激しないオランダ人が示した狂気のような怒り」と述べ、ローウェンは「史上、例を見ない憎しみの表現」と述べている。

デ・ウィット兄弟の法的な責任の有無は、もはや問題ではなかったのであろう。オランダのような美しい、豊かな、幸せな国を、こんなにしてしまったのは誰の責任だという、やりようのない怒りと悲しみの表現だったのであろう。

ウィリアム三世は父祖に劣らぬ資質に恵まれた若者であり、無総督時代であった幼年期、少年期を通じて帝王学の下に教育され、父祖伝来の公共のための奉仕の精神を深く教え込まれていた。性格は明朗、活発だったが、幼時以来、祖母と母のいさかいの中で暮したので、なかなか表に立とうとしない慎重な性格だったという。これも曾祖父のウィリアム・ザ・サイレント以来の一族の伝統であり、遺伝もあるのであろう。

戦争の初期に彼を名目的ながら司令官に任命せざるを得なかったのは、彼の人柄と資質に対する民衆の人気があまりに高かったからだという。

ウィリアム三世に残されていたのは数千の手勢と数カ月の猶予だけだったが、彼はまず、それまで義務を怠り降伏した士官を処刑して軍の規律を正した。さらにマイデンの防衛に努め、ナールデン奪回のチャンスをうかがった。

仏英の和平提案も蹴った。とくにイギリスは、バッキンガム公爵を特使として、陽には抵抗がもはや無益なことを説き、陰には多額の賄賂を申し出ていた。これに対してウィリアムは、「そうかもしれない。それならばもうすべては失われたのだ。しかし自分は、次の壕から次の壕へと戦い、最後の壕で死ぬまでだ」と答えたという。

ウィリアムは伯父にあたるブランデンブルク選帝公の援けを求めることに成功し、ついでフランスの覇権を悦ばないオーストリア皇帝とスペインと同盟した。援軍は直ちには来なかったが、よく七二年の冬を持ちこたえ、七三年にはナールデンを奪回してアムステルダムの安全を確保し、十一月には自らケルンに転戦し、オーストリア軍と協力してボンを陥した。ここに、オーストリア、ブランデンブルク、スペインの包囲に直面したフランス軍はオランダから兵を引いた。

英国の世論も議会も、とうに戦争には飽きあきしていた。戦争が始まるとオランダは、英仏共同の海軍力の前に民間船を守ることは不可能と判断して、商船と漁船の出航を禁止してしまっていた。これはオランダ経済には破滅的な影響を与えたが、英国側にとっては過去二回の英蘭戦争と違って、国民の喜ぶ海上の戦利品が全くなくなることになった。しかもその上、大量の失業者となったオランダの船員は、各地で私掠船に乗って英、仏の通商路を妨害し、掠奪に従事した。これでは戦争のうま味が全然ない。

戦闘の末期の六月には、オランダ政府は陸上戦闘の弾薬が欠乏したので海軍への補給を止め、船員の三分の二は海兵隊として陸上の防衛に転用された。その直後の七月はじめに、英国はオランダ襲撃の大艦隊を組織して海から迫って来た。海からの攻撃に弱いアムステルダムには、これを防ぐ手だてはなかった。船も兵員も弾薬も持たないデ・ロイテルは絶望して、「もはや風以外には英国の海からの攻撃を守る手だてはない」と歎いたが、まさにその時に暴風雨のために英国の攻撃は阻止されて、オランダは救われている。オランダにも神風が吹いたのである。

こうして戦いに倦んだ英国は、七四年に平和条約を結んだ。フランスとの講和交渉は長びいたが七八年に妥結した。

## 名誉革命

こうやってオランダはわずかに生き延びたが、その荒廃は眼を蔽うばかりのものがあった。美しい牧場は海水に浸蝕されて泥土と化し、産業の多くは破壊され、あるいは国外に逃れた。

しかも、外部の脅威はこれで去ったわけではなかった。三度の戦争を経ても、英国のオランダ憎さは少しも変っていなかった。それどころか、またもや戦争が中途半端に終っただけに、オランダいじめは依然として国民の支持を得る政策だった。

一六八五年にチャールズ二世のあとを継いだジェイムズ二世は、英国をローマ・カソリックに変えようとして国民の間に強い反撥を買った。そこでもう一度、国民に評判のよいオランダ戦争をして、国民の関心を外に向けようと考えた。そして、私掠船に英国の港湾を基地としてオランダ船を掠奪する許可を与える一方、大艦隊を建造して戦争の準備を進めた。フランスとの関係では、チャールズと同じくルイ十四世から小遣いをもらう関係であり、英国が対蘭戦争を始めればフランスの参加は必至の情勢だった。

先にフランス主導で始まった戦争を、今度は改めて英国主導で始めるということである。すでに疲弊し切っていたオランダは、再び戦争の危機に直面した。戦争というよりも、最後のポエニ戦役にも比すべき、オランダいじめの泥沼の中にオランダ国家が沈んでしまう危機である。

もはやオランダを救えるものは奇蹟しかないと思われた。しかしその奇蹟が起った。

ジェイムズ二世の親カソリック政策は国民の反感を招き、一六八七年頃にはすでに英国内でウィリアムに期待する声が上がっていた。ウィリアムはジェイムズの甥であり、英国国王の継承順位第四位にあったが、ジェイムズの即位前にその娘メアリと結婚していたので、ジェイムズに子がない場合の有力な継承者として期待されていた。

ところが一六八八年にジェイムズに嫡出子が生まれ、このままではカソリック支配が永続することが明らかになった。そこで七月、英国議会のプロテスタントの国王反対派は文書に連名してウィリアムに即位を要請し、十一月にはウィリアムは一万五千の兵を率いて英国南岸に上陸した。ウィリアムが北上するにつれて、英国政府内に国王から離れる者が続出した。とくに、後にマルボロー公爵として、ウィリアム三世死後はオランダを援けて対仏戦争を継続する主役となるジョン・チャーチル将軍が、迎撃に出動しながら矛を翻してウィリアム側についたので、大勢は決した。

ジェイムズはフランスに脱れ、一六八九年一月開会された議会は、いわゆる権利章典を採択してウィリアムを国王に迎えた。ここに王の専制を排除する近代議会民主制度が英国において確立する。これが英国の名誉革命である。一七八九年のフランス革命のちょうど百年前である。それからまた百年して、一八八九年には日本の憲法発布となり、議会政治が始まり、それからまた百年経った一九八九年には東欧の革命が起っている。単なる数字の偶然でもあるが、英、仏、日、ロシアの民主制度の歴史的比較としても面白い。

ここで歴史の舞台は大きくまわり、第二次百年戦争と呼ばれる英仏抗争の時代に入り、オランダは英国の同盟国としてルイ王朝の覇権に対抗して、再びエリザベス女王の時のように英国軍と肩を並べて戦う関係となる。

オランダの世界帝国はもう昔日の影もなく衰微し、世界の最先進を誇ったその経済も、新興の英仏両国の重なるオランダいじめのために二流の地位に転落した。もう政治、軍事においても経済においても、オランダの世界的役割は終り、代ってその運命は大国の手によって翻弄される時代となる。

しかし、その後、三百年間、変転するヨーロッパ政局の中で紆余曲折はあったが、オランダはおおむね英国との友好協力関係を国家の安全保障の基本として、英国の支配する七つの海にまたがる世界海上帝国の中に共生して、平和と繁栄を享受して今日にいたっている。

十七世紀のオランダを偉大ならしめた勤倹、清潔な国民性は今なお脈々として生き続け、オランダに国際社会の中で尊敬さるべき地位を与え、現在もオランダは世界で最も美しい国の一つとして残っている。そして春ともなれば、チューリップは栄光の過去も悔恨の歴史も知らず、色とりどりに咲き乱れている。

このオランダ史の持つ意味、とくに日本の将来にとって持つ意味については次章において結びとして考えたいと思う。

# 終章　歴史の教訓

十七世紀のオランダ史から学び取れることは多々ある。

まず第一に、これからの日本は、当時のオランダのように、世界中の嫉視の中で生き延びていかねばならないのであろう。

シャマの『富める故の悩み』の第四章は十七世紀オランダの栄華を描写してあますところないが、その冒頭、戦後の耐乏生活の中の英国からアメリカを訪れた英国人の手記を掲げている。

「英国でまだ物資が窮乏している時代に、はじめて大きなスーパーマーケットを見た時の私の印象は、物欲しさと軽蔑と怖れが異常に混ざったものであった。このような過剰な豊富さには、必ずや怖るべき報いがあるであろう。『エクセス（やり過ぎること）には必ず何時か報いがあるものだ』と私は思った」

戦後の廃墟の中からはじめてアメリカのスーパーマーケットを見た私の世代の日本人達は、誰もが改めて敗北感に打ちひしがれ、ただ讃歎と畏敬の念を持ったものである。しかし、同じ戦勝国としてのプライドを持っていた英国人の感じ方は少し違って、嫉妬と罪の意識であり、軽蔑さえ感じている。罪の意識といっても日本人にはピンと来ないであろうが、かつてある英国の外交官が私に語ったことがある。

「私の妻の父は、ある地方の農地も山林も宅地もすべて所有している貴族であるが、私が東京で毎晩パーティーで食べているもの——蝦《えび》、蟹、キャビア、フォアグラなど——を手紙に書けば、それは罪だと言うだろう」

欧米世界の精神的支柱をなしているキリスト教には、禁欲、節制を美徳とし、これに反するものは罪とする思想がある。それはカルヴィン派に代表されるプロテスタントの間で最も強いが、これに刺激されたカソリックの改革派の中にもある。

パリの土産品の店でブランド商品を買い漁る日本人の群を見て、日本人でも恥かしいと思う感覚はある。しかし、ヨーロッパ人の気持にはもっと違うものもあるのかもしれない。それは神を畏れぬ所業に対する反撥であり、「今に報いを待てよ」ということかもしれない。そして、それは何時か行動に表れる危険を蔵しているのである。

シャマもオランダの繁栄を描写するにあたって、何か怖ろしいものを見るような意識——神への畏れか、あるいはこんな豊かさが何時までも続くはずはないという不吉な予感か——で筆を走らせている。

当時のオランダの冠婚葬祭の贅沢さは、オランダ内でもカルヴィン派の人々の顰蹙《ひんしゅく》するところであり、贅沢禁止令もしばしば出されたらしい。しかし、その中で最も厳しい禁止令は、第一次英蘭戦争で英国の海上封鎖を受けて国民が飢餓に瀕した時のものであったが、それでもその内容は、結婚式の披露宴の客は五十名、宴会の期間は二日間を超えてはならないというものであったという。

昨今、日本の結婚式にかかる費用は東南アジアの上流階級をも驚倒させるほどであり、欧米人に話すとただ眉をひそめるだけである。しかし、日本人にはキリスト教の伝統もない。また伝統的な武士の質実剛健の規律を実行し得る家庭も、今やほとんどない。お金がかかり過ぎるという不平以外には、何の反省もなくまかり通っている。問題は、当時のオランダと同じように、これを見た外国人がどう感じるだろうかということである。

ヨーロッパが三十年戦争で窮乏し飢えている時に、オランダでは労働者でさえ給料の三〇パーセントで必要な量のパンが買え、それ以外に肉と酪農品をふんだんに食べていた。

英蘭戦争で海員を募集するためにその食事の質が法令で定められたが、日曜と木曜はハム、羊肉、牛肉、それ以外は燻製や塩蔵の魚と野菜中心で、現在の計算では一日平均四千八百カロリーに達したという。英、仏の旅行者は、オランダ人が活きている魚以外は食べず、また鯖やぼらなどは食用に適さないと言って捨てるのを見て恐怖を覚えたという。

今、東南アジアから日本に輸入される蝦は、すべて寸法が揃っていなければならず、ひげ一本、爪一つ取れていても輸入業者からはねられてしまう。蝦が動くとひげが取れるので、活きたまま直ちに冷凍して日本に送る。そのために目方も増え運賃もかさむが、こうしなければ日本の市場には出せないし、こうした品質管理を学んだ国だけが日本に輸出する能力を持って発展する。

日本人は、こうして品質管理を覚えさせることにより近代化に貢献していると思っている。それはその通りであろう。しかし、これを目のあたりに見る餓えた人々の心の中に、羨望と嫉妬の念が起るのをどうやって抑えられるだろうか。まして、その蝦が載る結婚式の料理の一人前の値段が、彼らのひと月分の給料より高いと聞けばどう思うだろうか。

アメリカは第二次大戦後の世界的窮乏の中で、この世の天国かと思われるスーパーマーケットを誇り、世界の羨望の的となったが、他面、戦後世界の復興に莫大な資金を投入し、自らの市場を広く開放してドイツ、日本、韓国などの国の工業製品を吸収してその成長を助け、かつ四十年にわたって共産側の圧力に対抗して自由世界の安全を守り通した。

豊かさに加えて力があれば畏れられ、実行力があれば尊敬される。しかし今後の日本は、他国に畏敬されるだけの何を持てるのであろうか。まして一度負けた国の繁栄は、カルタゴやオランダの例を見るまでもなく、勝った側の国の反感と嫉視の的となる。畏敬されなければ、いじめの対象となり易い。

## 決定能力の欠如

十七世紀のオランダにも、他から畏敬される何ものかが欠けているという問題点があった。その一つは中央の権力集中の弱さである。

最近、日本バッシャーの一人、ファン・ウォルフレンは、「日本には責任を持って政治的決定の出来る権力中枢が存在しない」という命題を提起している。それこそ十七世紀のオランダの最大の問題点であり、亡国の原因といって過言でないことは、ポール・ケネディ、バーカーなどの歴史家が等しく指摘しているところであるが、現代のオランダ人が同じ表現で日本を批判しているのは歴史の皮肉である。

各州がそれぞれの利益を代表してそれを調整する権力中枢がなければ、政治決定が出来ないことは明らかである。軍備の負担ひとつ取っても、内陸の州は辺境防衛、沿海の州は海軍の増強を主張するし、直接の脅威を持たない州は経費の分担を渋った。蘭英戦争でも、海上防衛の主要責任をになうゼーラントは総督の復帰を希望し、オレンジ家との党争の政敵であるアムステルダムを持つホラントは反対した。そして、それを調整する機能は全く存在しなかった。

政策決定のための権力中枢が弱いと、先見性のある施策は何も出来ない。問題点もその解決方法もわかっていても、それが先見性のある人達にわかっているだけでは何も動かない。識者が予見した通りに事態が悪化して、誰が見てもこれは何とかしなければならないと皆が納得してはじめて動き出す。これではヴィジョンのある外交などしようもないが、それだけでなく、最後の決定にいたるまでの過程で摩擦を激化させてしまう。

折角譲歩しても、相手は感謝するどころか、「どうしても言うことをきかない相手だから少し脅してやったならば、いやいや言うことをきいた」という侮蔑だけが残る。畏敬の念など起りようもない。

「オランダ人がそういうことをするのは、彼らが彼らの性質のまま行動しているからに過ぎない。そして、その性質とは品性低劣で恥知らずである」。だから「手荒な方法でその性格自体を変えさせるしかない」というのが、一六七二年のフランスのオランダ侵略戦争の理由づけの一つとなっている。

もっともその「オランダ人の性格」といっても、非難さるべきことばかりではなかった。現代の尺度から見れば、オランダが驚くべき早熟な近代社会を達成していたが故に、周辺諸国との間に違和感をかもし出したという面もある。嫉妬がある以上、違うということはすでに悪の一種なのであろう。

当時のオランダの諷刺雑誌は各国からの政治亡命者の巣窟となって、各国の元首を仮借なく攻撃し、誹謗中傷もした。各国は怒って抗議をしたが、オランダとしては各州それぞれの言論の自由を抑える手段がなかった。これは十七世紀の世界としては、たしかに異質な文明であった。
また、裁判に時間がかかり過ぎるのも外国を苛立たせた。英国はスペイン禁輸違反をしていたオランダ船を捕らえ、英蘭条約にしたがってその荷主であるオランダ商人の処罰を要求したが、オランダ側が、それを議会から州議会へ、それから市政当局に伝えていく手続きの繁雑さと時間のかかるのに対して英国はしびれを切らして、オランダ側には誠意がなく、ただ引き延ばしをはかっているのだと思った。

またあるケースでは、宣告された刑があまりに軽かったので英国は憤激した。オランダ側の説明では、容疑者はフランドルの人間なので英蘭条約の適用外ということだったが、英国側はオランダが商業利益のためになれ合いで禁輸違反を許したと解釈した。

東芝機械のココム違反事件の罰が軽かったことも、アメリカで不満を買った。日本の法律ではそれしか出来ないのも事実なのであろう。しかし、問題は核の第二撃能力という、日本も含む西側の死活にかかわる共通関心事であった。現行の日本の制度ではそれしか出来ないというのならば、「手荒なことをしても」日本の考え方を変えさせるべきだという気持を、当時のアメリカ人が持っても不思議ではない。

ここで、戦後の日本の制度とは何だろうという疑問も生じてくる。現行の制度の基本的な考え方は、敗戦後、米軍の占領下にそのレールが敷かれたものであるが、戦前の強力な中央集権体制、とくにその極端な形としての軍国主義体制の復活を阻止するのがその目的であった。

したがって、現在の日本の制度の目的は市民的自由の確保にあるのであって、右に述べたような意味で、日本が国家として他国から畏敬されるためのものではない。――こう言ってしまえばそれまでのことである。

しかし十七世紀のオランダのように、各州の個別利益や市民的自由を死守するのはよいとして、その結果、外国との摩擦や外国からの脅威に対処し切れなくなって、各州の個別利益や市民的自由も、その元である国の独立も一緒に失ってしまうのでは、それこそ元も子もない。日本の戦後体制も日本の独立あっての体制であり、独立が失われれば、その体制が保証している自由も何もなくなってしまうことは言うをまたない。

おそらくどんな制度でも、中央の政策決定能力と各個人、各団体の権利との間に、何らかのバランスが必要なのであろう。十七世紀のオランダの場合は、明らかにそのバランスが欠けていたために、対外処理を誤ったといえる。

現在の日本の政治体制にも多くの問題点が指摘されているが、その問題は政治が自分で解決するほかはない。政治以外の力で政治の仕組みを変えさせようという試みは、いまだかつてよい結果を生んだことがない。中央決定の力が弱いという問題も、政治自身による解決を待つのが議会主義の正道である。

ただ、ここで一つだけ、私が前から個人的に考えていることを言わせて頂きたい。

私は少なくとも、ただでさえ弱い中央の決定の力を、役人の縄張り争いでさらに弱めることがないようにすべきだと思っている。

私事にわたって恐縮であるが、私は外務本省に勤務していた時は、「外務省のため」という発言を聞くと横を向いて返事をしなかったものである。繰り返して言われると、「それはどういう意味なんだ?」と問い返した。「国のため」とか、せめて「日本の外交のため」ならわかる。しかし、一外務省のためということはないであろう。ところが、どうもよく聞いてみると、「省のため」を考えるのが昨今の中央官庁の風潮であり、一省だけが超然としてもいられないという。

政治の場で、各種の利益を代表する声が競合してなかなか決定が得られないのは大衆政治の必然であり、それを解決するのが政治である。しかし国の政策を立案して、それを政治の決定に委ねる役割を持つ中央官庁の役人が、それぞれ所管の利益を代表して一歩も譲らないのならば、国家全体の見地を考えた政策は役所からは出てきようがないではないか。省あって国なしということでは、州あって国なかった十七世紀のオランダと同じことになってしまう。

中央官庁の役人は、課長以上になったならば、自分の省のためという言葉は禁句にして、それを言ったら失格にしてはどうだろうか。かつて私は、ある総理にこれを進言した。その時の総理は何でもよくわかる方だったが、笑って言われた。

「自分は常に言っている。『日本の役人は世界一優秀だ』。ただし『権限争いをしなければだ』と」

さすが役人の顔を立てる気配りをしつつ、物事の本質を捉えていられる方だと感銘を受けたのを覚えている。

この問題の解決が難しいことは知っている。しかし、総理の眼にまで見えるほどの状況になっていることは直視すべきであろう。役人を四十年間やって来た身として、あえて問題点の指摘だけでもさせて頂きたいと思った次第である。

なお、今まではとくにお断りする機会もなかったが、本書を通じて私の言葉で述べている部分は、すべて私の個人的見解であることをこの機会に述べさせて頂く。

## はびこる反戦思想

もう一つ、十七世紀のオランダと現在の日本が酷似しているのは、その反戦思想である。軍隊というものは大変お金がかかるだけでなく、ほうっておくとどんどん発言力が強くなって、州政治家の発言力を弱くしてしまう。それが、総督のオレンジ家の力を強くすると絶対君主制のようになって、勝手に同盟を結んだり戦争を始めたりする危険がある、という軍隊性悪説である。軍を強くすればやがて軍国主義的な政府になって、勝手に戦争を始めてしまうという戦後左翼思想のステレオタイプと全く同じである。

その結果、防衛力の質や量も制限され、防衛力整備の目的やその使い方にも政治家の国内的考慮が優先するようになる。敵の攻撃が目前に迫っているのに、先制攻撃も出来ない専守防衛の考え方。それも、ほんとうの専守防衛に徹して、自分からは攻めないが、何時、どこから攻められても国民の安全を守れるような万全の準備をする、というのならば話はわかるが、そうではない。防衛体制の強化をはかる気は全くなく、平和外交にだけ空しい望みを託して、それが失敗した場合のことを考えることも拒否する精神的な態度。そして、敵が攻撃の準備のために営々として軍需補給物資を買い集めているのに、それに対する禁輸も実施出来ないという経済、通商の自由の優先の考え方。どれをとっても、今の日本の反戦思想と驚くほど似ている。

反戦思想の下に軍隊を作ると、おそらく必然的にそういう形になるのであろう。

もっとよく似ているのは、防衛論争のあり方である。オランダでは、防衛論争はそのままオレンジ派とアムステルダム中心の政治家との間の党争であった。党争となると全くのゼロ・サム・ゲームで、相手が一ミリでも得をすれば自分はその分だけ損をする。そうなると、どのあたりがオランダ国家全体の利益にとってバランスの取れたところか、という観点は全く存在しなくなって、ありとあらゆる接点で一ミリも譲るまいという、不毛の戦いが繰り広げられる。

日本の防衛力のあり方についても、どこが妥当なところかということは具体的に明確にすることは難しいとしても、国連平和維持活動のために非戦闘目的で自衛隊を派遣することぐらいは、どこの国でも行っている最低の国際的義務だから当然だということと、国際政治と国際軍事バランスに影響を与え得るような本格的な武力行使をすることは、どこの国にとっても国の命運に関することであり、その歯止めのかけ方には諸説あろうが、いずれにしても、慎重の上にも慎重を期して国民の叡智を結集して判断すべきことだ、という程度のことならば国家のあり方の常識としてとくに反対もあり得ようもないであろう。

しかし、それがいったん党争となると――日本の場合では建前論の意地の張り合いとなると――平和維持活動だろうと非戦闘目的であろうと、自衛隊が一歩国外に出ると、そのまま全面戦争に参加する第一歩になってしまうという議論になってしまって、どのあたりが日本の国と国民の将来の幸福にとって最も望ましいバランスの取れた形か、という視座が全く欠けてしまうのである。

「アムステルダムは現在の平和の果実を楽しむものであり、それは軍隊を維持するのならば不可能となる」という言葉などは、誰が見ても国の安全と平和に関するバランス感覚が全く欠如している。そしてこのオランダの反戦思想は、十七世紀後半のオランダの悲劇の引き金となった。オランダの場合は、最後には英国の名誉革命という歴史上の奇蹟によって救われるが、こんな奇蹟はめったに起るものではないし、あてにするわけにはいかない。

オランダの場合は、当時のオランダの財政で十分まかなえる程度の常識的な軍備を持っていれば、いずれの戦争も避け得たように思う。少なくともオランダは征服の対象でなく、同盟の対象に選ばれたであろう。

ただ、過去十年間の防衛論争の経験で私は、日本の反戦思想そのものについては、そんなに根の深いものではないと楽観視するにいたっている。日本の反戦思想は、主として戦争中に戦争や軍隊の被害を受けた個人的体験が、平和時において国の安全保障の心配よりも優先しているだけの話と思う。

その上に、冷戦四十年間を通じて共産側の主要目標は、一言でいえば日米安保体制と日本の防衛力を少しでも弱めることにあったために、そのためのプロパガンダがいわゆる進歩思想として空気伝染したものであって、オランダのような血みどろの政争がらみの反戦思想とは違うものと思っている。現にソ連が北方領土に地上軍を配備し、アフガニスタンに侵攻した頃は、社会党からさえも日本の安全を懸念する声が聞かれた。

危機を肌で感じさえすれば、日本国民は十七世紀のオランダのように、国が滅んでも自分の党派の主張が通った方がよい、ということにはならないと確信している。

ただ、防衛というものは「治にいて乱に」備えるものであり、危機に気がついてからでは間に合わない。また、国家と軍隊との関係にはある程度世界的な常識があって、あまり風変りであることは対外摩擦をかえって増すことにもなる。

英仏のオランダたたきがとくに公然と激しくなったのは、第一次英蘭戦争でオランダの政治制度と防衛体制の弱みが露呈されてしまってからである。まさに「富は嫉視を招き、弱さは侮蔑を招いた」のである。いわゆる外国の侮りを受ける体制を暴露したので、オランダ非難、中傷の言いたい放題となったのである。

個人の間でも、いじめられ易い人というのはいる。「一寸の虫にも五分の魂」という面魂を持っていれば、いじめられ易いということはない。実際に手を出すかどうかは別問題である。

予測が出来ない将来のことを考えると、日本たたきはアメリカだけではないかもしれない。オランダも、はじめは英国だけがオランダたたきをしていると思っていたが、ふと気がつくとフランスや周辺のドイツ小諸侯までがオランダをいじめにかかってきた。ミュンステルのオランダ侵攻の理由などは、経済摩擦などという高級なものではない。ただオランダが富み、財宝に満ちていて、それを守る軍事力が微弱だったから、英国のオランダたたきに便乗して富の掠奪に来ただけの話である。

## 戦略あっての戦術

英蘭交渉の過程からは学ぶことが多い。後知恵で言えば、妥協で戦争を避けるチャンスは多々あった。とくに、ここで降りさえすれば戦争は避け得た、というチャンスをいくつかミスしている。しかし、それはその都度書いたので、ここでは繰り返さない。

ここでは私は、むしろ戦術論に深入りするのは避けたいと思う。

日米関係を論じていられる大前研一氏、唐津一氏、石原慎太郎氏、盛田昭夫氏などの所論は、いずれも肯綮《こうけい》にあたるところ少なくないのであろうが、それは主として戦術論である。「こう言い返しておけば相手は返答に窮したはずだ」とか、「あやふやなイエスを言って相手に希望を持たせないで、はっきりノーと言うべきだった」というようなことであり、その一つ一つについては傾聴すべきものもあるのかもしれない。

しかし、百戦百勝は善の善なるものではない。議論に勝って交渉に失敗することもある。

戦略さえよければ戦術的な失敗は取り返しがつく。一度や二度、「あの時にはっきりノーと言っておくべきだった」と臍《ほぞ》を嚙んでも、交渉をまとめようという誠意があれば挽回は可能である。逆に戦略が悪ければ、戦術的にいくら勝ってもいずれは負ける。むしろ、戦術的に勝ち進むほど戦略の悪さが露呈するのが遅れて、それだけ大きな破局に導く。

太平洋戦争の例でいえば、硫黄島の防衛作戦は戦術的にはほとんど完璧であった。もし開戦にいたる経緯で、日本が最後までアメリカとの戦争だけは避ける方針で真剣に相互利益の調整をはかり、それでも最後にハル・ノートが来たならば、それを公表し、正々堂々と宣戦布告をした上で開戦していたならば、硫黄島で二万の海兵隊を失ったアメリカに厭戦気分が生じたのは必至で、日本全土が空襲で焦土と化する前に和平のチャンスがあったかもしれない。

しかし、開戦時に真珠湾奇襲のようなことをやってしまってはどうしようもない。

硫黄島と沖縄の善戦は、日本本土の端に取りかかっただけでこれだけ損害が出るのでは、本州に上陸したならば何百万人の犠牲が必要かわからないということで、アメリカに原爆の投下と、ソ連の参戦を決意させる直接の動機となった。

同じ戦術的な成功が、戦略の良し悪しでこれだけ結果が違うのである。

硫黄島の善戦が日本が焦土となるのを防いだというなら、玉砕した戦士達ももって瞑すべきものがあるが、それが広島、長崎の市民と満州、樺太、千島の日本人の悲惨な運命をもたらしたというのでは、戦士達の霊も浮ばれない。すべて大戦略の悪さの罪である。

## 政治姿勢こそ大事

今後の日米摩擦に対処する日本の大戦略は何であろうか。

純粋に経済の面だけを取り上げれば――そういうことが可能かどうかは別として――世界の自由開放経済実現のために協力し、保護主義を抑えようということは、十分に大戦略となり得る。ただ、外圧に屈しては少しずつ自由化に譲歩するというやり方では、大戦略にならない。結果としてやることは同じでも、将来の完全自由化という理念を掲げた上で、国内の問題や相互主義などの問題点を、時間がかかっても一つ一つ現実的な方法で乗り越えようという姿勢が明らかならば、アメリカの国内にも、アメリカ伝統の企業精神と自由競争を深く信奉する理想主義の土壌もあるので、日本理解者も支持者も得られよう。相手側の中に味方を持つということは、古来、大戦略の一つの重要な手段である。

また日本の経済のためにも、それでよいのではないかと思う。今まで「米国の圧力に屈して」譲歩して来た自由化も、日本経済全体から見ると、ヴァイタリティの元にこそなれ、何も損をしていないのを見てもわかる。

しかし、経済問題は何時も双方にプラスの解決があるわけではない。双方の利益がはっきり衝突する場合もあろう。また、世界経済が好調な時は拡大均衡をどこかに見出す余地はあっても、世界不況でも来るとそうもいかないであろう。もっと怖ろしいのは、政治的に対立すると、互恵という理屈は全く通じなくなってしまうことである。政治的対決の場では、自分の肉を切らせても相手の骨を断てばよいという論理になってしまう。

大戦略というものは、右に述べた経済自由化の姿勢も含めて、畢竟《ひっきょう》は政治的姿勢の問題である。十六、七世紀のオランダはまさにそうだった。その時々の英国に対する政治的姿勢が、オランダの命運を決した。

若いオランダが東インドへ、新大陸へと世界的大帝国に発展していったのは、エリザベス女王の下の英国とオランダが運命共同体として、スペインの世界覇権に対して肩を並べて戦っている時だった。その間、英国の海上覇権と通商は次々にオランダに蚕食されて行ったが、英国にとってはそれは大事の前の小事だった。

その間、唯一の英蘭摩擦は、通商や植民地獲得競争ではなく、オランダ商人によるスペイン禁輸違反という、すぐれて政治的問題だった。

スペインの脅威が退潮するにつれて英蘭経済摩擦が高じ、一触即発の情勢となった時に衝突が暫時回避されたのは、両国王室の婚儀のためだった。

その後、英蘭戦争を最後まで回避しようとしたのも、また戦争を寛大な条件で終結させたのも、プロテスタント連合の夢を追ったクロムウェルであった。そして、第二次英蘭戦争の直接の引き金は、デ・ウィットがオレンジ家排除を撤回することを拒んだからである。

そして最後に、滅亡に瀕したオランダが九死に一生を得るのは、英議会がウィリアム三世を英国王に迎え入れたからである。

国家間の関係で政治姿勢の問題が前面に出てくると、経済問題などは本当にどうでもよくなってしまう。

航海条例布告の頃の英国の世論からすれば、撤廃どころか、その一部修正さえ到底受けつけない雰囲気だった。しかしクロムウェルは、政治的な英蘭運命共同体のためならば、航海条例を撤廃して完全な自由貿易にしてもよいとまで、公式に提案している。

レーガンの時代には、日本たたきの中心であるアメリカの議会の有力グループから、米加自由貿易地域になぞらえて、日米自由貿易地域が提唱されている。

当時の日本では、お米の問題一つとっても、とても現実的とはいえない提案として、ごく一部の有識者以外はまともに取り上げなかった。これが遠い将来になって、「あの時、日米自由貿易提案にまともに取り組んでいたら」という死児の齢を数えるようなことにならないことを願ってやまない。

日米関係は今後、まだまだ長い曲折があるであろうから、次に同じような提案が出てきた時に、その機会を大事にして欲しいと思う。すぐの自由化でなく、十年先二十年先の目標でもよいのだから、日米運命共同体を支持する姿勢を示すことがすなわち大戦略なのである。その場合、経済的利益の損得勘定だけでなく、日本の命運を決する政治的姿勢の問題として考えて欲しい。

## 危険な道徳的孤立主義

オランダが英蘭戦争を避けられなかった大きな原因の一つは、自分の安全のための同盟は欲しいが、国際政治における政治的コミットメントをしまいとして逃げてまわったことにある。

バーカーは、オランダが真の同盟という観念を持たなかったことを繰り返し非難している。そして、グロチウスに代表される国際法秩序を主張して権力政治を忌避したことは、英、仏人からは鼻持ちならない偽善と感じられた。

シャマは、オランダは「産業、貿易によって立つ他の帝国と同様に道徳的孤立主義を信奉し、古い世界の汚れた権力政治を超えられると信じていた」と述べ、ただ後の英国や米国のような地理的条件には欠けていたと指摘している。

私は、日本の戦後の道徳的孤立主義は敗戦と占領、そしてアメリカン・リベラリズムの影響と思っていたが、シャマがずばりと定義したところによれば、経済で大成功を収めた経済大国の属性でもあるらしい。

そういえば戦後日本の社会で、いわゆる「体制」の中心であるはずの経済人、経済官僚の中に、世界の権力政治の現実から目をそむけようという、道徳的孤立主義の風潮が牢固としてあるのはどうしてかな、とかねがね疑問に思っていたが、これで説明もつく。

しかしそれには、シャマも言っている通り、基礎的な条件が必要である。

大英帝国も戦後の米国も、海に囲まれている上に、世界の七つの海で海軍力の優位を誇っていた。しかしオランダは、大河と運河に固まれた一種の島国ではあるが、大陸からの攻撃には弱く、また海上では、英国と敵対しないという前提においてのみその通商路を守り、ひいては国民の安全と繁栄を維持し得た。

問題は、十七世紀のオランダも今の日本も、海洋を支配する同盟国との関係がよいかぎりは、道徳的孤立主義という贅沢が許されるが、その道徳的孤立主義をあまりに論理的に貫いてしまうと、その前提条件である同盟関係そのものを否定する論理につながってしまうところにある。

日米安保の下で、国際的な権力政治はアメリカにまかせて、日本がぬくぬくと平和主義の原則を立てて安全と繁栄を享受していること自体はさして実害はないとしても、その平和主義を稚い論理で延長すると安保反対運動になって、同盟、ひいては平和そのものの基礎を揺るがすということになってしまう。

もう今は日米同盟は国民の間に定着していて、安保反対運動をする人もいない。しかし、日本側は日米同盟が大事なこととわかってきたとしても、アメリカ側も「日本と同盟を結んでよかった」と思ってくれるようでないと長続きしない。そのために運命共同体の証しを立てようとすると、それには二の足を踏む日本側の心理構造はまだまだ残っている。この点も、自国の安全のための同盟は欲しいが政治的コミットメントはいやだと逃げまわった、十七世紀のオランダに似ている。

ましてアメリカは、冷戦時代は戦略的に重要な日本を手放すわけにはいかないから、多少、日本のすることに不満でも大事の前の小事として目をつむっていてくれたが、これからはもう少し気をつける必要があろう。イギリスもスペインの脅威がある間は、オランダが滅びれば次は英国が同じ運命と思って庇ってくれたが、スペインの脅威が去った途端に、過去の同盟義務不履行までむし返してオランダをたたいている。

イラン・イラク戦争の最中、アメリカは日本に対し、油送船をイランの機雷から守るためにペルシャ湾の掃海艇派遣を呼びかけた。日本国内でこの派遣に反対した人々の理由は、一言でいえば、そんなことをすると平和主義の原則がそこから崩れていって、軍国主義への歯止めがなくなってしまうということであったと思う。まさにオランダの党争と同じ、ゼロ・サム・ゲームの反戦主義の発想である。

従来とも私は、日本の歴史をふり返ってみてこの判断は誤りだと思っている。

「愚者は経験から学ぶ。予は歴史から学ぶ」と言ったのはビスマルクだったと記憶する。今生きているわれわれの世代の個人体験では、戦前、戦中の軍国主義の記憶が圧倒的に強いので、それ以前の歴史は忘れ去られているが、その前には、旧憲法の下でも日本の議会民主主義がちゃんと軍を抑えていた時代もあった。

大正デモクラシーの頃には、軍人は外に出る時は、軍服では恥かしくて背広を着たという。当時の日本は七つの海を支配している英国と同盟関係にあり、国民が日本の安全に何の心配もなかった。人間は安全に心配がなくなれば、どうしても自由が欲しくなる。それが人情であり、大正デモクラシーが栄えた。

しかし、日英同盟が切られると日本は自分の安全は自分で守らなければならない。孤立して安全を守ると、一〇〇パーセントの安全では不安で一二〇パーセントの安全を求めるようになる。いかに経済的に繁栄していても安全を失えば元も子もないから、自由より安全が欲しい。政治家より軍人の方が国民にとって頼もしく見えてくる。これも自然の人情である。日本人という人種の心情の中には深く軍国主義が根ざしていて、歯止めをかけないとそっちに流れてしまうなどという、そんな馬鹿な話はない。歴史を知らないで個人の経験だけで考えるから、こんな間違った判断をするのである。

日本人も人の子であり、それぞれ自分と自分の家族のことを思えば、まず安全、次いで繁栄、そして自由が欲しい。それが民の心である。そしてその民の心が、周囲の環境によって平和主義にも軍国主義にもなるのである。

日本の国民は、日米同盟によって日本の安全に心配がないかぎり、掃海艇派遣程度の協力をしたからといって、そこからどんどん軍国主義に向うということはあり得ない。そんなことは、現在の日本の国民感情、新聞、議会のシステムを思えば誰でもわかる。

しかし、いったん米国が同盟国としてのつき合いをしない日本に愛想をつかし、同盟を切ってきた場合、私は民の心が軍人を頼りにし、強い軍を求めることはほぼ間違いないと思っている。現に歴史の先例があるではないか。

一九八八年の掃海艇派遣問題では、日本は日米同盟の証しを立てるチャンスを失した。他の形では協力したが、米国世論へのインパクトは弱かった。当時、ニューヨークで会ったアメリカの有識者達が、「掃海艇さえ出せば日米経済摩擦などはどこかにふっ飛んでしまったのに」と言っていたのを思い出す。今後のチャンスは是非大事にして欲しいと思う。

その時、私の頭に閃いたのは、もしあの時、中国がペルシャ湾に艦艇を派遣していたならば、アメリカの世論や議会には中国の方が頼もしい同盟国として映っただろうな、ということであった。二十世紀初頭以来の極東の歴史では、日本と中国のどちらが米国の友人となり敵となったかが、それぞれの国の命運を決して来たという記憶が胸をかすめたのである。

## 同盟か経済優先か

冷戦が終りつつあり、将来の新しい世界秩序に向って模索が始められている現在、理論的にはアメリカ外交の選択の幅はもっと広くなっている。それがソ連である可能性すら排除出来ない。その場合、理論よりも、誰がアメリカ人と肩を並べて汗を流し、生命の危険を冒しているのかが、信頼出来る同盟国かどうかの尺度となろう。

もっと溯って、日英同盟が切れた遠因の一つもそこにあった。第一次大戦当時、西部戦線でドイツ軍の強圧の下に苦しんでいた英国は、同盟国日本から陸軍師団の派遣を要請した。日本は護送用駆逐艦の派遣でお茶を濁したが、その時に派兵したのは同盟国でないアメリカだった。こうして英米両国民が肩を並べて戦ってからは、当然のことではあるが英外交の主軸は英米関係となり、ベルサイユ会議では英国はアメリカの言うことばかり支持して、日本はだんだん孤立化を深め、軍国主義への道を歩むのである。

私が惧れるのは、軍事的な意味でアメリカが日本に協力を求めているうちが花だった、とあとで後悔するようになることである。

米国が共同行動を求めるということは、日本に応分の責任分担を迫っていると同時に、仲間はずれにしないで一緒にやろうと誘ってくれているという面も多分にあることは、アングロ・サクソン世界に長く住んだ人はよくわかると思う。「あいつはどうせつき合わないのだから誘わないでおこう」と思われた時こそ、同盟の黄信号が灯った時である。それを、「やっとアメリカは日本の平和主義体制を理解してくれた」とほっとなどしていることこそ、日米同盟の基礎を揺るがし、ひいては現在の平和主義体制自体の墓穴を掘り、軍国主義への道を開いているのである。

日本に国内的制約があることはアメリカも百もわかっている。日本が何とかそれを克服しつつ、その都度アメリカと協力しようと努力している姿勢を示し続けることが、同盟を維持するために必要なのである。

八〇年代を通じて、他の面での防衛協力では日米同盟の信頼関係はむしろ強化されている。一九八九年、レーガン時代の防衛政策担当者と再会ディナーに招かれたが、皆「レーガン時代の防衛協力は隠れた成功物語だ」と言っていた。

日米同盟にはまだまだ拠って立つべき善意と信頼の人間関係はあちこちに残っているし、日米同盟を今からでも強固にする時間も手段も十分残されていると思う。

日本が今後の世界を生き抜いて行く大戦略は、一言でいえば米国との信頼、同盟関係を維持して行かないかぎり、日本の安全も繁栄も自由もないという現実を決して見失わないことにあると思う。

近代史の上で日本国民が真に安全と繁栄と自由を享受したのは、日英同盟の二十年間と日米安保条約の四十年間である。

ユーラシア大陸のまん中から太平洋に向って進出しようとするロシアの圧力に対抗して、日本の安全を守るためにも、また資源に乏しく通商によってしか活きる路のない日本の繁栄を維持するためにも、そしてその安全と繁栄の自然の帰結として自由とデモクラシーを謳歌するためにも、日本は海洋を支配するアングロ・アメリカン世界と協調していくほかはない、というのが開国以来の日本の宿命である。

それはまた、オランダ史の宿命とも似ている。オランダにとって絶対に戦争してはいけない国は英国だった。また、戦う政治的な必然はどこにもなかった。ただ自己中心の経済利益にだけ専念して、この基本的な地政学的構造を見失ったために破滅的な打撃を受けたのである。一九三〇年代の日本も、日本を取りまく基本的な地政学的構造を見失って破滅的な誤りを犯した。

冷戦の終りが始まって、アメリカ人も日本人も今後の世界にどう生きて行くかの模索を始めたこの時こそ、この基本構造を見失わないことが何よりも大事だと思う。

もうここから先は、オランダ史から学ぶことではない。日本の開国以来の歴史を曇りのない眼で読み返して、日本自身が決めることである。したがって、ここで私のオランダ史の筆を擱《お》かせて頂きたい。

# 追記

「文藝春秋」連載の最終回にあたるこの終章を書き上げた時に、イラクのクウェート侵入が起り、日本は同盟国米国を中心とする国連決議の下の国際的な協力態勢にいかに貢献すべきかが、国民的な議論の的となった。

二六七頁に、イラン・イラク戦争の時のペルシャ湾への掃海艇派遣問題に触れて、「次の機会は大事にして欲しい」と書くが早いか、その機会が訪れたことになる。結果としては、お金の協力だけは何とかしたが、掃海艇の派遣は休戦成立後にやっと実現した。この間の経緯や外国の反応を考えると、もう一度、「次の機会こそ大事にして欲しい」と書かざるを得ないのであろう。

一度ならず引用した、英蘭戦争前後の英国の世論についてのバーカーの記述をもう一度、引用すると、

「英国人は繰り返し同じ疑問を持った。われわれのように強く勇敢な国民が経済的に困窮していて、自分達のための戦いも金を払って他国民に戦ってもらっているような卑怯な商人どもが世界の富を集めているのは、果して正しいことなのであろうか？」

「自分達のための戦い」を、「日本がいちばん必要としている湾岸の石油を守るための戦い」としても、「日本がいちばん必要としている侵略のない平和な世界を作るための戦い」とし

ても、この文章はそのままあてはまろう。また、それが多くのアメリカ人が本当に感じ、言葉にまで出して言っていることなのである。

今回の危機は何とか凌《しの》いだようである。しかし、今後、将来にわたって何時までもこのまま凌ぎ続けられるかどうか、だんだん無理になってくると判断せざるを得ない。次の機会こそ本当に大事にして欲しいと思う。

ただ今回は、政府も自民党も、手を拱《こまぬ》いて何もしなかったわけではない。しようという意思はあったのであるが、国内の反対を抑える過程で手間取り、国際的失望を買ったのである。ことの成否は政治の問題である。

しかし、この間、識者の間で行われた議論は、従来のような建前論や観念論を離れて、国際政治の本質に迫る優れたものが多々あり、まさに戦後四十五年の精神的怠惰を克服し、戦後の日本の安保・防衛論争に一時期を画したものといって過言でない。

現にこの論争のあとになってみると、戦後あれだけ猛威を振るった防衛、安保論争のタブーというのが急に消え去って、何か知的自由といえるような雰囲気が生まれたようにさえ感じられる。

このことは、知的なごまかしを克服し、大所高所からの国と国民の利益に立ち戻って考えるという復元力を日本人が持っている証左として、日本の将来に明るい希望を与えてくれるものである。この拙い本も、日本の将来についての国民的論議に際して、一つの参考ともなれば望外の喜びである。

一九九一年五月　　岡崎久彦

## 追　記

# あとがき

オランダ史を書くのを思い立ったのはバンコック在勤中だった。

熱帯には春夏秋冬がないので、どんな季節だったか記憶がはっきりしないが、たぶん一九九〇年の何時かだったと思う。

一九九〇年と言えば、八九年の末にベルリンの壁が崩れ、冷戦の終りが世界中にひたひたと迫っている時期であった。

タイでもチャチャイ首相は、それまで世界の村八分に遇《あ》っていたベトナム占領下のプノンペン政権との接触を始めて、東南アジア情勢も、冷戦構造の終りへとあわただしく動き出していた。

アメリカから、ディック・ソロモン・アジア太平洋次官補、カール・ジャクソンNSC大統領補佐官、国防省国際関係次官補代理ライト提督などの一行がバンコックを訪れ、日本大使の公邸のランチに全員で来てくれた。

ソロモン氏は年来の旧友であり、私が前任地のサウディ・アラビアで大使をしていた時も、国務省政策企画委員長としてリヤドを訪問し、偶々《たまたま》アメリカ大使が休暇中で留守だったこともあり、政策企画委員一行を引き連れて、私の招待で日本大使公邸のスキヤキ・ディナーに来て、大いに国際情勢を論じたことがあった。

バンコックのランチでは、私は手に入れたばかりのバーカーのオランダ史のフォト・コピーを披露して話題を提供した。

当時の国際状況はバーカーが描いた十七世紀のオランダをとり巻いていた環境と良く似ていた。

冷戦のイデオロギー対立は終った。それはまさに一六四八年のウェストファリア条約で三十年戦争が終り、ヨーロッパにおける新教と旧教の宗教対立が終ったのに比すべき歴史的事態であった。

日米関係の雰囲気も変りつつあった。日米経済摩擦は戦後五十年何時も何らかの形で起っていたが、当時は、ソ連の脅威に対抗してアメリカが必死の防衛努力をしている最中に、日本は相変らずＧＮＰの一パーセント程度しか軍事支出をせず経済の繁栄を楽しんでいる事に対してアメリカの批判は強かった。

それはまた、英国がスペインと死闘している間に、海運貿易国として急成長を遂げ、未曾有の繁栄を達成したオランダに対する英国の嫉視とも共通するものがあった。

しかし、大事の前の小事という事で、日本に対する国内の憤懣を抑えて日米同盟を重視したのはレーガンであり、オランダを庇ったのはエリザベス女王であった。

そのレーガンも、ほぼ冷戦の終りと同じ頃に引退した。そして当時の日本はバブルの絶頂期であり、アメリカの不動産を買い漁っただけでなく、おごりたかぶってアメリカ人の勤労倫理を批判したりして、アメリカ人の感情を逆なでした。そして、その後日米経済摩擦は、ブッシュ政権、クリントン政権と、歯止めもなく悪化するが、その頃はまさにその始まりの時期であり、誰も彼もが日米関係の将来を懸念を以《も》って見守っていた。

私が読み上げたバーカーの本の中でも、とくに、「われわれ（英国人）のように強く勇敢な国民が貧乏していて、自分達のための戦争も金を払って他国民にして貰っているような卑怯な商人どもが世界の富を集めているのは、果して正しいことなのだろうか？」という条《くだ》りには一同腹をかかえて爆笑した。

この皆の反応を見て、私はこの本を紹介して見ようと思い立ったのである。

その後五年間の日米関係は、まさにバーカーが描いた英蘭関係の轍の後を逐うかの如く推移した。それが破局に至るのを救ったのは、主として、情報通信の発達と情報管理の進歩の賜《たまもの》と言ってよい。

英蘭戦争の前の英国議会におけるオランダ批判の凄まじさは今読んでも戦争は不可避だとわかるほどのものであるが、オランダ政府はこれに全く注意を払わなかった。三百年以上前の通信事情では当然とも言えるが、むしろ情報管理の問題だったように思う。

というのは三百年経っても日米戦争前の日本も同じようなものだったからである。戦争前どころか一九七〇年のニクソン・ショックまでそうだったと言ってよい。それまでは情報と言えば共産圏情報の事であり、世界の覇権国であるアメリカの議会民主主義において最も重要な要素である議会の動向の把握にもアンテナを向けなければならないと覚ったのはやっとその頃からである。

それは日本の情報戦略にとっては革命的な変化であった。

その後は、日本の新聞も、議会で上院議員が対日批判をすると、夕刊にはもうそれを報じて、日本に警鐘を鳴らすようになり、もう危険な情報を見落とすことはなくなった。

一九九二年のクリントン政権成立後の日米経済交渉は、過去何度もあったその種のものの中では最も不毛かつ過酷なものであり、その要求はほとんど無理難題と言ってよかった。しかし、日本側は事の重大性を良く認識し、辛抱強くこれに堪えた。もし、オランダがこれだけの情報を持ち、これだけ譲歩していれば十分に破局を避け得たと思えるぐらい、日本は隠忍自重してこの危機を乗り切った。

それでも、その最後の頃は、一ドル八十円を強いられ、輸出産業は破滅に瀕し、八十円の円高は英蘭戦争の前の航海条例と同じだとさえ言われた。

今は、日米の経済情勢は逆転し、経済摩擦も和らいでいる。しかし、経常収支のアンバランスは一向に変らないのだから、今後の経済情勢の変転如何では、危機再発の可能性も依然としてあり、今後ともおさおさ怠りなく米国の動向は注視の要はあろう。

その間、敗戦五十周年前後の歴史認識の問題をめぐって、この本からもう一つの教訓を学び取らねばならなくなった。それは敗戦国の歴史がいかにゆがめられるかということである。

戦争をするためには国民に命を捨てる覚悟をして貰わねばならない。その気にならせるためには味方は神のように正しく、敵は悪魔のように悪いと思ってくれないと困る。これが戦時中のプロパガンダの目的であるが、戦争が終ってからは、負けた方のプロパガンダは死滅するが勝った方のプロパガンダが歴史の正統解釈として残る。

スペインの英国侵攻を阻止したのは、この本にある通り、パルマ公の大群の海峡到着を阻止したオランダ軍の働きにある。海戦の勝敗などは、たとえスペインが勝っても、イギリスに揚陸する兵力が無いのだから大勢に影響はなかった。

この本で紹介したスペイン無敵艦隊覆滅の経緯は、おそらく、過去百年間、英語でも日本語でも誰一人読んでいないであろう。それについての本が出ていないからである。

二度の英蘭戦争の間、イギリスのプロパガンダは、オランダは英国とスペインの戦いの間に自分の利益ばかり求め英国市場の蚕食さえもした、蛭だ、吸血鬼だということだった。

その英国が書いた歴史がオランダの功績を認めるはずもない。それは完全に抹殺されてしまった。

二百年経って、フランクリンなどと同時代人であり、独立の意気盛んなアメリカの歴史家、外交官モトリーが初めてこれを書いたものをここに紹介したのであるが、それから百年以上経って、未だに英国の大百科事典にもオランダの功績についての記述がない。

敗戦国の歴史がいかに不当に扱われるかという厳しい現実がここに見られるのである。

ただ、この本が出てから、オランダ人と接触する日本人がこの本の歴史の話をすると、オランダ人達は眼を輝かせて、「それはわれわれが子供の頃から繰り返し繰り返し聞かされた話だ。どうして日本人がそれを知っているのですか?」と喜ぶという。

そうであるべきであろう。民族が誇りとする歴史は、たとえ、それが外国の史書の中では抹殺されていようとも、その民族の中では脈々として語り伝えられるべきものであろう。

これだけ立派な歴史を持ち、それを誇りとして子々孫々に伝えているオランダという国に敬意を表するとともに、現在の日本の教育事情と思い較べて羨望の念に堪えない。

一九九八年十一月　　岡崎久彦

# 索　　引

## 地　名

### ア　行

アチン　124
アムステルダム　9, 36, 49, 76, 80, 81, 89, 94, 125~128, 131, 138, 147, 148, 150, 154, 157, 170, 174, 227, 232, 241, 242, 244, 246, 254, 258, 259
アユタヤ　33
アールデンブルフ　139, 140,
アルラス　96, 97, 100, 129,
アントワープ　49, 52, 53, 93, 94, 100~104, 106, 109, 110, 126~128, 138, 139, 147, 148, 150, 154
アンボイナ　123,
イープル（イーペル）　48, 49, 52, 101,
ヴァール河　116, 117
ウェストファリア　165, 171, 172, 191, 200, 204, 275
ウェストミンスター　215, 221
ウェーゼル　238
ヴェネツィア　36, 53, 121, 128, 129, 131, 170
エムス河　70
オステンデ　143

### カ　行

カウディン　139
カディス　107
カレー　108, 109, 111, 168
ガン（ヘント）　48, 49, 52, 94, 96, 101
ギャバード　207
ケルン　240, 246

### サ　行

シェルト河　31, 53, 101, 102, 127, 148, 155
ジャワ　33, 123, 124, 126
ジョホール　124
シリー島　192
ズヴォーレ　241
スピッツベルゲン　124
セント・ヘレナ　124

### タ　行

ダンケルク　137, 143, 167, 231
デフェンテル　116, 241
テームズ河　182, 212, 225
デルフゼイル　115
デルフト　83, 85
テルモンド（デンテルモンデ）　101
デン・ブリル　74~77, 91, 92, 151
ドルドレヒト　224, 244

### ナ　行

ナールデン　78~81, 84, 242, 245, 246
ナント　121
ニューアムステルダム（ニューヨーク）　126, 221, 224
ニューグラナダ　122
ニューポールト　137~139, 143, 144
ネイメーヘン　116, 117, 241
ネルドリンゲン　56
ノイス　238
ノヴァヤ・ゼムリア　124

ハ　行

ハーグ　189, 193
ハーレム　80~85, 87, 89, 129
バンダ　123
バンタム　123
ハンブルク　38
ファルサルス　33
フラッシング（フリッシンゲン）　76, 77, 109
ブリュージュ（ブリュッヘ）　48, 49, 52
ブリュッセル　54, 61, 101
フルスト　115
ブレダ　226, 237
フローニンゲン　68, 116, 117, 241
ヘタ河　72
ヘルシンキ　171
ボン　246

マ　行

マイデン　242, 245
マカオ　125, 167
マース河　31, 68, 71, 85, 130
マニラ　33
マルタ　171
ミュンステル　18, 165, 178, 226, 240, 261
メヘレン　101
モンス　77, 78

ヤ　行

ユトレヒト　61, 75, 96, 113, 135, 136, 148, 157, 159, 217, 241

ラ　行

ライデン（レイデン）　85~89, 103, 114, 115, 129
ライン河　31, 37, 68, 116, 128, 130, 167, 238
ラングドック　150
リスボン　111, 120
リーフケンスフック　102
リューベック　38
レパント　96, 100
レフィンゲン　139, 140, 143
ロッテルダム　83
ロンドン　48, 109, 181, 218, 226, 227

ワ　行

ワイト島　240
ワーテルロー　56

人　名

ア　行

アウグストゥス　33, 161
アドルフ　68, 69, 86
アルバ公　54, 64~69, 71, 73~78, 80, 81, 83, 89, 91, 101
アルバート大公　137, 138, 140~143
アレクサンダー大王　42
アレムベルフ伯　68, 69
アンリエッタ　235~237
アンリ２世　53, 62, 112
アンリ３世　112
アンリ４世　121, 133, 156
イサベラ　112, 137, 140
イスラエル（ジョナサン）　30, 122, 127, 168, 219, 220, 229
インファンテ枢機卿　56
ウィクリフ　40, 53
ウィリアム１世（オラニエ公ウィレム）　53, 54, 59~69, 71~79, 82~87, 91~103, 107, 136, 145, 146, 149, 245
ウィリアム２世　155~158, 184, 189, 200, 210

ウィリアム３世　158, 216, 217, 224, 234, 236, 237, 241, 242, 244~246, 248, 264
ウィリアム富裕公　60
ウィルソン（チャールズ）　10~12, 14, 18, 30, 174, 175, 189, 194, 196, 198, 199, 216, 218, 221
ウェリントン　56
ウェルウッド（ウィリアム）　183
ヴォルフェルト（ヘルマン）　123, 124
ウォルフレン（ファン）　253
エグモント伯　64~66, 69, 71
エラスムス　40, 53
エリザベス女王　75, 103~107, 111, 120, 144, 151, 152, 177, 178, 183, 184, 248, 263, 275
エリザベート　112
エルンスト伯　140, 141, 143
オブダム　211, 212, 225

## カ　行

カエサル　33
カトー　50
カール５世　37, 47, 53~55, 61, 63
カルロス２世　236
ギボン　27
グイキアルディニ　36, 94
グーテンベルク　40
グランベラ枢機卿　57, 98
グロチウス　15, 183, 265
クロムウェル　17, 18, 156, 157, 160, 188, 191, 195, 212~224, 264
ケインズ　29
ケネディ（ポール）　8~12, 18, 23, 56, 161, 170, 177, 216, 253
ケルアイユ　236
コケイン　181
コステル　40, 169
ゴルバチョフ　171
コルベール　21, 177, 209, 230~233, 237, 243
コンデ公　242

## サ　行

サヌート（マリノ）　36
ジェイムズ１世　151, 181~183
ジェイムズ２世　158, 247, 248
ジェラール　100
ジャクリーヌ　42
シャフツベリー侯爵　239
シャマ（サイモン）　30, 163, 229, 250, 251, 265, 266
シャルル９世　77
シャルル雄胆公　40, 42, 54
ジョアンナ（フアナ）　47
スキピオ（小アフリカヌス）　10, 161
スミス（アダム）　20, 29, 173, 176, 198, 199
セヴィニェ（マダム）　241
セルデン　183
セント・ジョン　189, 190, 193~195

## タ　行

ダーウィン　29
タキトゥス　33, 35
チャーチル（ジョン）　248
チャールズ１世　17, 156, 160, 167, 168, 184, 188
チャールズ２世　21, 191, 217, 222, 223, 235, 236, 239, 247
チャールズ12世　42
ツキジデス　27
デ・ウィット（コルネーリス）　145, 225, 244, 245
デ・ウィット（ヤーコブ）　210
デ・ウィット（ヤン）　145, 204, 208~212, 215, 217~219, 223, 224, 231, 234, 235, 237, 238,

243~245, 264
デ・オケンド　167
デ・コルデス　125
デ・ヘルプト　76
デ・ロイテル　203, 224, 225, 246
テンプル　240
トライチュケ　52
ド・ラ・クール　15, 32
ドレイク（フランシス）　105, 107, 109, 178, 183, 184
トロンプ（マールテン）　167~169, 192, 202, 203, 205~207, 210, 211
トロンプ2世　225
ドン・キホーテ　42
ドン・ファン　96, 101
ドン・フェデリコ　72, 77, 80, 81, 84

### ナ　行

ナポレオン　6, 56, 121
ニュートン　29
ネック　124

### ハ　行

バーカー（エリス）　9~11, 14, 15, 17, 20, 22, 23, 26~31, 35, 36, 41, 44, 45, 48~52, 55, 59, 91, 97, 101, 102, 112, 121, 123, 135, 136, 144, 152, 154, 158, 160, 170, 179, 182, 185, 189, 192, 196~200, 208, 209, 211, 219, 228, 234, 235, 241, 242, 245, 253, 265, 272, 275, 276
バッキンガム公爵　245
ハドソン　126
バルネフェルト　26, 84, 136, 137, 139, 144~146, 148, 149, 151, 152
パルマ公　100~102, 107~113, 116, 117, 137
バレンツ　124
バンクロフト　25
ハンニバル　73, 144
ハンノ　144
ビスマルク　41, 52, 154
ピョートル大帝　170
ファビウス　73
ファン・デル・ベルフ（ヘルマン）　116
ファン・デル・マルク（ルーメイ・ウィレム）　71, 75, 92, 93
ファン・ヘームスケルク　124, 125
ファン・レイド　101
フィリップ（オルレアン公）　235, 236
フィリップ善良公　45
フィリップ美公　47
フィリップ2世　53, 55, 61~63, 119, 120, 137, 140, 169
フィリップ3世　119, 121, 122
フィリップ4世　234, 235
ブランデンブルク選帝公　246
フランドル伯　48
プリニウス　31
ブレイク　202, 205, 206
フレデリック・ヘンドリック　96, 149, 153, 166, 241
ブローデル　219
ベイラント　150
ヘイン　159
ベーケルソーン　37, 38
ベーコン（フランシス）　175
ペピー（サミュエル）　206, 224
ヘロドトス　31
ヘンドリック　73, 85
ヘンリー8世　24
ポー　203
ボアソ　87, 88
ホーキンス（リチャード）　178, 184
ホメロス　69

ポリビウス　10, 144
ホルテンシウス　79
ホルン伯　64, 65
ポンペイウス　33

マ　行

マウリッツ　96, 100, 103, 104, 106, 112~118, 124, 136~149, 158, 159, 166, 200
マクシミリアン１世　47
マコーレイ　27
マザラン枢機卿　230
マジェラン　105
マヒュー　125
マリー　43, 47
マルクス　165
マルニクス　101
マン（トーマス）　173~175, 178
三浦按針　126, 160
メアリ１世　53
メアリ（チャールズ１世の娘）　156, 184, 217, 248
メアリ・スチュアート　107
メーヘン伯　68
メンドーサ　122, 123
モデルスキー　7, 170, 219
モトリー（ジョン・L）　26, 27, 30, 58~60, 65, 78, 82, 85, 93, 105, 142, 148, 278
モリオソトス　32
モンテスキュー　35

ヤ　行

ユリアナ　60
ヨーステン（ヤン）　160

ラ　行

ラシーヌ　235
ラーリー（ウォルター）　105, 129, 175, 178, 180, 182
リッチモンド公爵　236
ルイ・ウィリアム　114, 116~118, 136, 139, 140
ルイ（ウィリアム１世の弟）　67~71, 73, 77, 78, 85, 86
ルイ14世　21, 154, 208, 226, 229, 230, 233~236, 238, 239, 241~243, 247
ルーヴォア　237
ルター（マルチン）　40, 53, 165
レーガン　10, 151, 189, 212, 213, 264, 270, 275
レスター侯爵　106
レンブラント　207
ローウェン（ハーバート）　30, 145, 154, 156, 158, 245
ロジャーズ　24, 26
ロメロ　82

〈ハプスブルク家系図〉

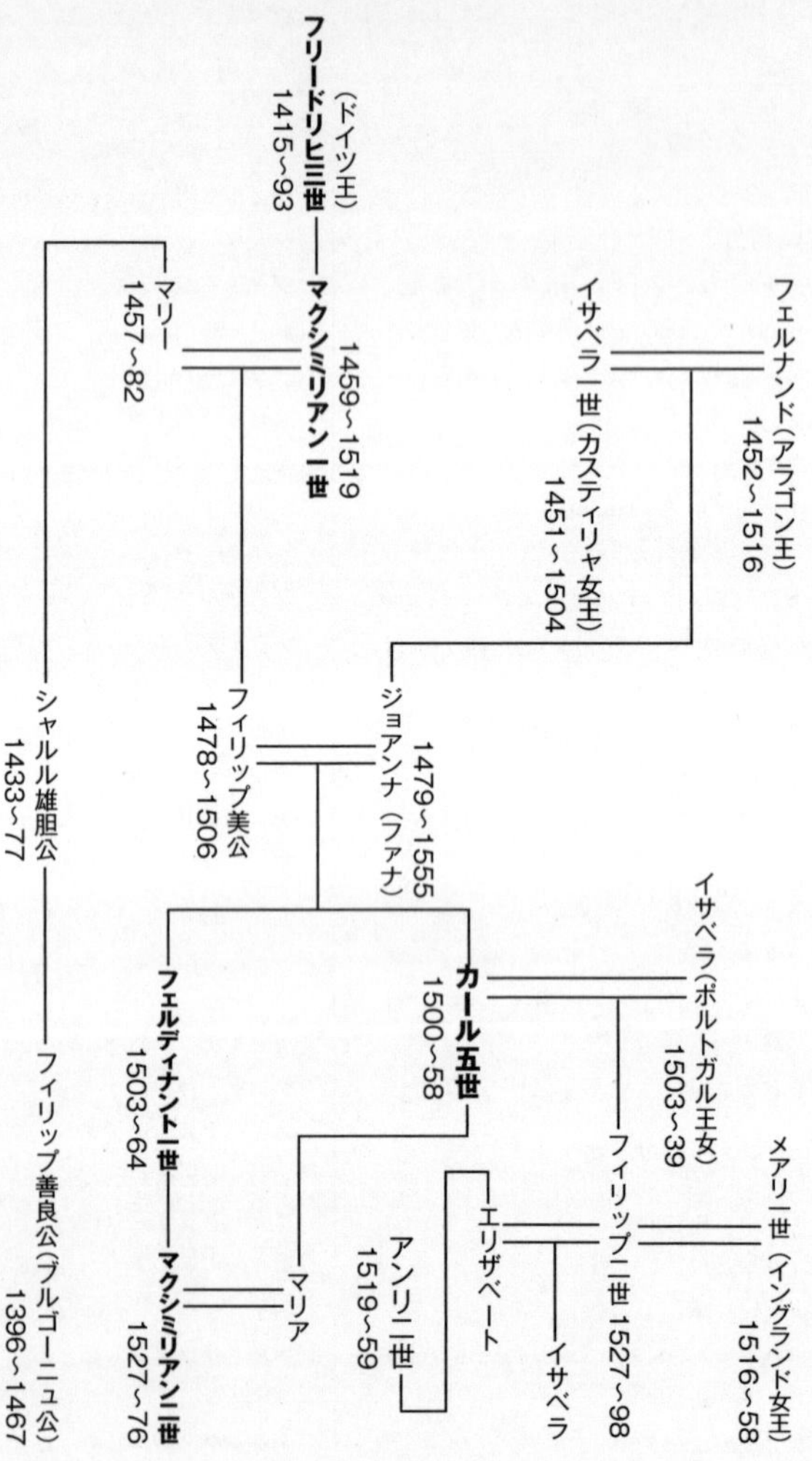


太ゴチックはハプスブルク家出身の神聖ローマ帝国皇帝

〈オレンジ家系図〉

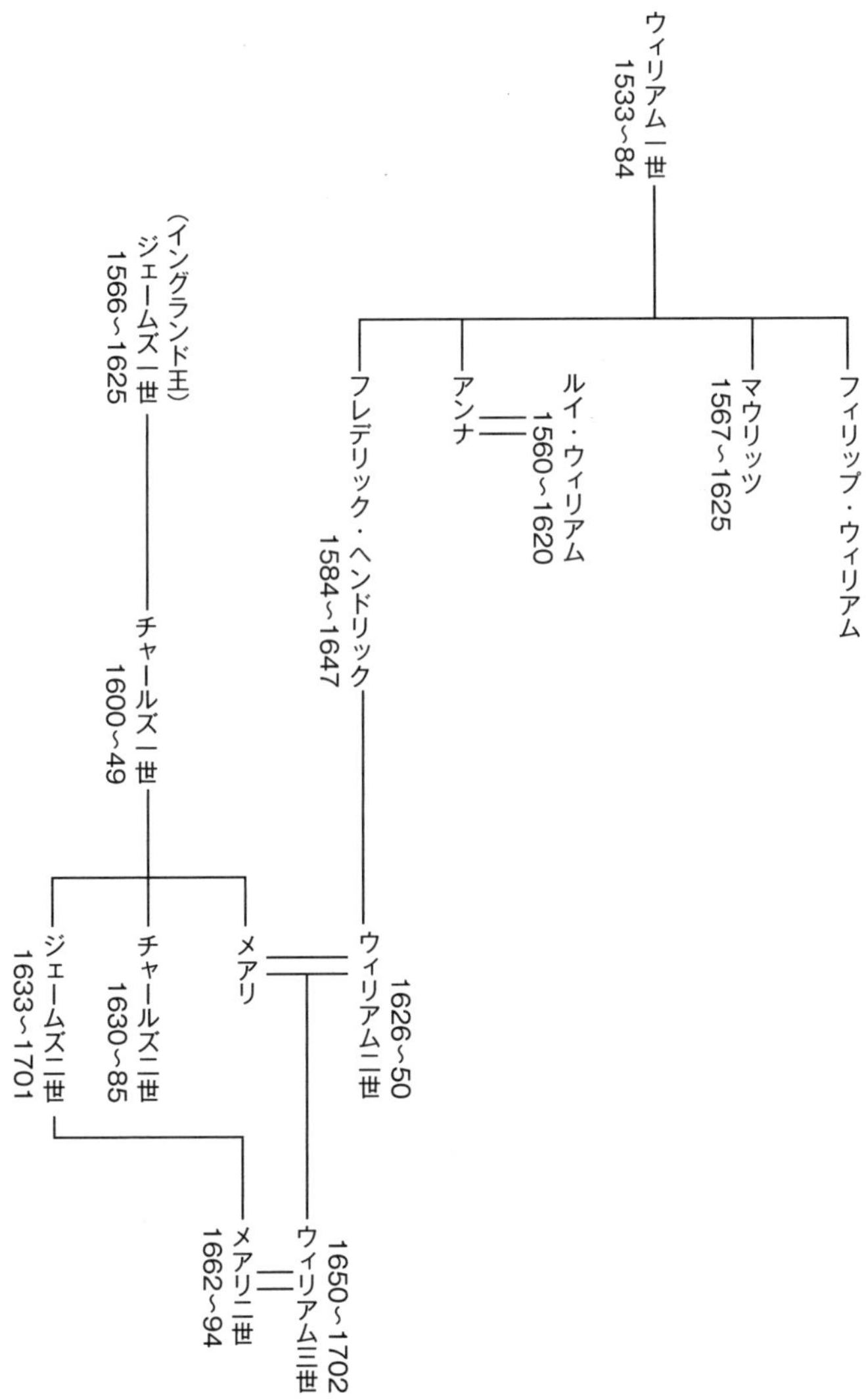
ウィリアム一世 1533~84
フィリップ・ウィリアム
マウリッツ 1567~1625
ルイ・ウィリアム 1560~1620
アンナ
フレデリック・ヘンドリック 1584~1647
（イングランド王）ジェームズ一世 1566~1625
チャールズ一世 1600~49
ウィリアム二世 1626~50
メアリ
チャールズ二世 1630~85
ジェームズ二世 1633~1701
ウィリアム三世 1650~1702
メアリ二世 1662~94

## 著者略歴

岡崎久彦〈おかざき・ひさひこ〉

元外交官。一九三〇年、大連に生まれる。五二年、東京大学法学部在学中に外交官試験に合格し外務省入省。五五年、ケンブリッジ大学経済学部学士および修士課程修了。在米国大使館、在大韓民国大使館、防衛庁参事官、駐米公使を経てジョージタウン大学戦略国際問題研究所、ランド・コーポレーション、ハーバード大学客員研究員を歴任。八四年、初代外務省情報調査局長に就任。同年、在サウジアラビア大使となり、翌年から駐イエメン大使を兼任。八八年、駐タイ大使。九二年退官後は博報堂特別顧問、読売新聞調査研究本部客員研究員を務め、二〇〇二年に岡崎研究所創設。一四年永眠。日本エッセイストクラブ賞の『隣の国で考えたこと』、サントリー学芸賞の『国家と情報』、日本近代外交史の『陸奥宗光とその時代』『小村寿太郎とその時代』『幣原喜重郎とその時代』『重光・東郷とその時代』『吉田茂とその時代』のほか、『戦略的思考とは何か』『日本外交の情報戦略』など著書多数。訳書にキッシンジャー『外交』がある。

# 繁栄と衰退と

オランダ史に日本が見える

二〇一六年三月一七日印刷
二〇一六年四月一〇日発行

岡崎久彦　著

用　紙　竹　尾
印　刷　精　興　社
製　本　加藤製本
発行所　土　曜　社
東京都渋谷区猿楽町
一一—二〇—三〇一

This edition published in Japan
by DOYOSHA in 2016
11-20-301 Sarugaku Shibuya
Tokyo 150-0033 JAPAN

ISBN978-4-907511-37-1　C0022

# 本の土曜社

**大杉栄ペーパーバック（大杉豊解説）**
大杉栄『日本脱出記』九五二円
大杉栄『自叙伝』九五二円
大杉栄『獄中記』九五二円
山川均ほか『大杉栄追想』九五二円
大杉栄『*My Escapes from Japan*（日本脱出記）』
　シャワティー訳、二三五〇円

**坂口恭平の本と音楽**
『*Practice for a Revolution*』一五〇〇円
『坂口恭平のぼうけん』九五二円
『新しい花』一五〇〇円
『独立国家のつくりかた（英訳版）』＊

**マヤコフスキー叢書（小笠原豊樹訳）**
『ズボンをはいた雲』九五二円
『悲劇ヴラジーミル・マヤコフスキー』九五二円
『背骨のフルート』九五二円
『戦争と世界』九五二円
『人間』九五二円
『ミステリヤ・ブッフ』九五二円
『一五〇〇〇〇〇〇〇』九五二円
『ぼくは愛する』＊
『第五インターナショナル』＊
『これについて』＊
『ヴラジーミル・イリイチ・レーニン』＊
『とてもいい！』＊
『南京虫』＊
『風呂』＊
『声を限りに』＊

**二十一世紀の都市ガイド**
アルタ・タバカ編『リガ案内』一九九一円
ミーム（ひがしちか、塩川いづみ、前田ひさえ）
　『3着の日記』一八七〇円

**プロジェクトシンジケート叢書**
ソロス他『混乱の本質』徳川家広訳、九五二円
黒田東彦他『世界は考える』野中邦子訳、
　一九〇〇円
ブレマー他『新アジア地政学』一七〇〇円
安倍晋三他『世界論』一一九九円
安倍晋三他『秩序の喪失』一八五〇円
ソロス他『安定とその敵』九五二円

**大川周明博士著作**
『復興亜細亜の諸問題』＊
『日本精神研究』＊
『日本二千六百年史』＊

**丁寧に生きる**
ベトガー『熱意は通ず』池田恒雄訳、一五〇〇円
『フランクリン自伝』鶴見俊輔訳、一八五〇円
ボーデイン『キッチン・コンフィデンシャル』
　野中邦子訳、一八五〇円
ボーデイン『クックズ・ツアー』野中邦子訳、
　一八五〇円
ヘミングウェイ『移動祝祭日』福田陸太郎訳＊
モーロワ『私の生活技術』中山眞彦訳＊
永瀬牙之助『すし通』＊

**サム・ハスキンス日英共同出版**
『*Cowboy Kate & Other Stories*』二三八一円
『*November Girl*』＊
『*Five Girls*』＊
『*Cowboy Kate & Other Stories*（一九六四年原書）』
　限定十部未開封品、七九八〇〇円
『*Haskins Posters*（七二年原書）』
　限定二十部未開封品、三九八〇〇円

**モダン・ブルース・ライブラリ**
オリヴァー『ブルースと話し込む』日暮泰文訳＊

**土曜社共済部**
ツバメノート『A4手帳』九五二円

**政府刊行物**
防衛省防衛研究所『東アジア戦略概観２０１５』
　一二八五円

＊は近刊
価格本体